图书 影视

史记精编本

张大可 著

四川文艺出版社

图书在版编目（CIP）数据

史记精编本 / 张大可著. -- 成都 : 四川文艺出版社, 2022.11
ISBN 978-7-5411-6467-5

Ⅰ. ①史… Ⅱ. ①张… Ⅲ. ①《史记》－通俗读物
Ⅳ. ①K204.2-49

中国版本图书馆CIP数据核字(2022)第187393号

SHIJI JINGBIAN BEN

史记精编本

张大可 著

出品人 张庆宁
出版统筹 刘运东
特约监制 王兰颖 李瑞玲
责任编辑 陈雪媛
选题策划 王兰颖
特约编辑 李 莉
营销统筹 张 静
封面设计 卷帙设计 QQ: 2649686699
责任校对 段 敏

出版发行 四川文艺出版社（成都市锦江区三色路238号）
网　　址 www.scwys.com
电　　话 010-85526620
印　　刷 北京永顺兴望印刷厂
成品尺寸 160mm×235mm　　开　　本 16开
印　　张 17　　字　　数 270千字
版　　次 2022年11月第一版　　印　　次 2022年11月第一次印刷
书　　号 ISBN 978-7-5411-6467-5
定　　价 45.00元

引言

本书以文白对照的形式，精选《史记》十大名篇作介绍和讲析。想要提高人生修养与阅历，读书是一条重要的途径。读书既要博览，更要选读精品，尤其是那些千百年来传诵不绝的精品，对陶冶性情、序事状物的智慧，定让你受益无穷。《史记》是一部文史名著，鲁迅誉之为“史家之绝唱，无韵之《离骚》”。《史记》全书一百三十篇，五十二万余字，载述中国古代三千年史事，是中国人人必读的一部国学根柢书。但通读全书，实在是一件难事，历代以来有许多选本，名著中再选名篇，究竟谁为上品，很难有确定的标准。凭各人的赏析与兴味，一百人来选，何为十大名篇，会有一百个选本，莫衷一是。本书所选十大名篇，是20世纪国学大师梁启超提出的。梁氏在《饮冰室专集》之七十二有《要籍解题及其读法·史记》一文，文中有如下一段：

> 《史记》文章之价值，无论何人当不能否认，且二千年来相承诵习，其语调字法，早已形成文学常识之一部，故专为学文计，亦不能不以此书为基础。学者如以此项目的读《史记》，则宜择其尤为杰作之十数篇精读之。孰为杰作，此凭各人赏会，本难有确定标准。吾生平所最爱读者则以下各篇：
>
> 《项羽本纪》《信陵君列传》《廉颇蔺相如列传》《鲁仲连邹阳列传》《淮阴侯列传》《魏其武安侯列传》《李将军列传》《匈奴列传》《货殖列传》《太史公自序》。
>
> 上诸篇皆肃括宏深，实叙事文永远之模范。班叔皮称：史公“善序述事理，辩而不华，质而不俚，文质相称，良史之才”。如诸篇者，洵足当之矣。学者宜精读多次，或务成诵，自能契其神味，辞远鄙倍。至如明、

清选家最乐道之《伯夷列传》《管晏列传》《屈原贾生列传》等，以吾论之，反是篇中第二等文字耳。

本书就是将梁启超上述的《史记》十大名篇做出白话翻译版，与原文对照阅读。每篇之后做出笔者的讲析，表达笔者的体悟，与广大读者分享。书后附录《史圣颂》解读，系笔者与友人李永明应陕西韩城市司马迁公园落成征文所撰写的一篇碑文。司马迁在《太史公自序》中明白宣言，《史记》原名《太史公书》，是比肩周公制礼，孔子著《春秋》、述《六经》的圣人之业，司马迁亦宣称“自成一家之言”。但历代以来，学者未有训释“一家之言”，未在文字上评述司马迁为史圣，因此《史圣颂》是第一次用文字定位司马迁为史圣，全面评述司马迁其人及其书《史记》，特此附条亦与读者分享。最终定位，留给历史，留给广大读者评说。

目录

项羽本纪

《项羽本纪》是一篇破例为体的本纪。以名分论，本纪载朝代帝王，项羽未成帝业，名止霸王，司马迁为之作本纪，表现了他的卓越史识和独具匠心的编排。究其旨趣，要点有三。一曰纪实。项羽灭秦，分封十八王，“政由羽出”，故定名本纪以纪实，用以表彰项羽的灭秦之功。二曰通变。秦楚之际，变化剧烈，项羽是一中心人物。项羽定名本纪，编列在秦始皇、汉高祖之间，既符合“通古今之变”的历史序列，又是“见盛观衰”的一个关节点。因项羽是秦始皇者流，以残酷并天下，以强力霸诸侯，故人心不附而骤兴骤亡。三代以德治天下，传世久远。汉行功德，卒并天下。始皇、项、刘三人本纪蝉联并编，上承三代，下启刘汉，构成强烈的对照和转折，用以说明残暴政治是不能持久的。三曰项、刘对比。楚汉相争大事，项、刘两纪，详此略彼，互见互补。项、刘两人品格、功业、成败、兴衰，因蝉联并编而成的强烈对比，是十分鲜明的。

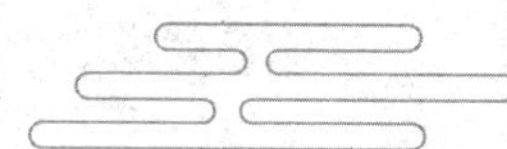

【语译】

项籍是下相人，表字羽。最初起兵时，二十四岁。其叔父叫项梁，项梁的父亲就是楚国将领项燕，被秦国将领王翦所杀。项家世世代代做楚将，受封在项地，所以姓项。

项籍年少时，学习识字书写，没有学成便放弃了；学习剑术，又没有学成。项梁很生他的气。项籍说："学认字写字，能记写名姓就足够了，剑术只能对抗一个人，不值得学，我要学能够对抗万人的本事。"项梁就教项籍兵法，项籍非常高兴。等到学了一阵子，略微知道兵法的大意之后，又不肯学下去了。项梁曾因罪遭栎阳官吏追捕，就请蕲县的狱掾曹咎写信给栎阳的狱掾司马欣，看在过去有交情的分上，事情才得以了结。项梁杀了人，和项籍在吴中逃避仇人。吴中贤能的士大夫都不及项梁。每当吴中有大徭役和丧事发生时，项梁常为他们主办，暗中用兵法组织部署宾客和子弟，借此了解他们各人的才能。秦始皇出游到会稽，渡钱塘江时，项梁和项籍一块儿去观看。项籍说："那小子，我可以取代他！"项梁捂住他的嘴，说："不要胡说，会满门抄斩的！"项梁因此认为项籍有奇才。项籍身高八尺有余，力气很大，能举起大鼎，才气过人，即使是吴中的子弟，也都已畏惧项籍了。

秦二世元年七月，陈涉等人在大泽乡起义。九月，会稽郡守殷通对项梁说："长江以西全都反叛了，这也是上天要让秦朝灭亡的时候了。我听说先下手的能制服人，后下手的会被人制服。我想要起兵，请您和桓楚为将领。"这时桓楚正逃亡在湖泽之中。项梁说："桓楚逃亡，人们不知道他的藏身之处，只有项籍知道。"于是项梁出去告诫项籍持剑在外等待。项梁又进去，和郡守坐在一起，说："请召见项籍，让他接受使命去召回桓楚。"郡守说："好。"项梁召唤项籍进来。过了一会儿，项梁用眼色暗示项籍："可以行动了！"这时项籍就拔出剑来砍下了郡守的头。项梁提着郡守的头，佩戴着郡守的印绶。左右侍卫大惊，场面一片混乱，项籍砍杀了几十上百人。满府的人都感到害怕，屈服于他，没有人敢动手反抗。项梁就召集过去和他有交往的豪强官吏，告诉他们这样做是为了起兵反秦，于是调集吴地的兵士。派人收占所属各县，得到精兵八千人。项梁安排吴中豪杰担任校尉、候、司马。其中有一人没有被任用，便去找项梁诉说。项梁说："从前办理某个人的丧事，让你主办某件事，你没能办成，因此不任用你。"众人就都拜伏了。就这样项梁担任了会稽郡守，项籍担任副将，巡行攻下所属各县。

广陵人召平这时替陈王攻打广陵，没有攻下。听说陈涉败逃，秦兵又马上要到了，就渡江南下，假托陈王的命令拜项梁为楚王上柱国。说："江东已经平定，赶紧带兵向西进攻秦。"于是项梁便带领八千人北上渡江向西。听说陈婴已攻下东阳，就派遣使者想与他联手，一起西进。陈婴是过去东阳县令属下的小吏，在一县之中素来诚实谨慎，被称为长者。东阳的年轻人杀死县令，聚集了几千人，想推举首领，没有适宜的人，就来请陈婴。陈婴以才能不及谢绝，他们便强行立陈婴为首领，县中跟从的有两万人。年轻人想拥立陈婴立即称王，用青巾裹头，标明是异军突起。陈婴母亲对他说："自从我做了你家的媳妇，还没有听说你家先祖以来有过显贵的人。现在你忽然获得这么大的名声，不是好兆头。不如有所归属，事情成功了能够封侯，事情失败了也容易逃亡，并非世人特别注意的人物。"于是陈婴不敢称王了。他对军吏说："项氏世世代代做将军，在楚国很有名望。现在想发动大事，将帅非这等人不行。我们依靠有名望的大族，就一定能灭亡秦朝。"这时众人听从他的话，以军队归属项梁。项梁渡过淮河，黥布、蒲将军也以部队归属他。总共六七万人，驻军在下邳。

这时，秦嘉已经拥立景驹为楚王，驻军彭城东面，想抵抗项梁。项梁对军吏说："陈王最先发动起义，作战不利，不知去向。现在秦嘉背叛陈王，拥立景驹，大逆不道。"于是进军攻打秦嘉。秦嘉的军队败逃，被项梁追击到胡陵。秦嘉回军交战一天后战死，军队投降。景驹逃跑，死在梁地。项梁已经兼并了秦嘉的军队，驻军胡陵，将要领兵西进。章邯的秦军抵达栗地，项梁派偏将朱鸡石、余樊君和章邯交战。余樊君战死。朱鸡石的军队战败，逃奔到胡陵。项梁就领兵进入薛地，杀了朱鸡石。项梁先前派遣项羽另外攻打襄城，襄城坚守不降，攻打不下。等到攻下襄城后，项羽把襄城军民全部活埋了。回军报告了项梁。项梁听说陈王确实死了，召集各部将领在薛地会合，商议大事。这时，沛公也从沛地起兵，赶来参加。

居鄛人范增，年纪七十岁了，一直隐居在家，好出奇计。前来游说项梁说："陈胜失败本属应当。秦朝灭亡六国，楚国是最没有罪的。自从怀王入秦国一去不返，楚国人一直到如今还在怀念他，故而楚南公说：'楚国即使只剩下三户，灭亡秦国的也必定是楚国。'现今陈胜首先起事，不拥立楚王的后代却自立为王，他的势运不会长久。现在您在江东起兵，楚地蜂拥而起的将领都争着依附您，这是因为项家世代为楚将，能够重新拥立楚国的后代啊！"项梁认为他的话有道理，就在民间访求楚怀王的孙子，一个名叫心的人，他当时流落在民间，替人家牧羊。项梁拥立他为楚怀王，用以顺从人民的愿望。陈婴担任楚国的上柱国，赐封五个县，辅佐楚怀王建都盱台。项梁自称为武信君。

项梁休整了几个月，领兵攻打亢父，和齐国的田荣、司马龙且的军队一起援救东阿，在东阿大败秦军。之后田荣便率军回去，驱逐了齐王田假。田假逃到楚国。田假的相国田角逃到赵国。田角的弟弟田间原先是齐国的将军，留在赵国不敢回去。田荣拥立田儋的儿子田市做齐王。项梁已经攻破东阿的秦军，于是乘胜追击。并多次派遣使者催促齐国发兵，想联合他们一起西进。田荣说："楚国杀掉田假，赵国杀掉田角、田间，我就出兵。"项梁说："田假是盟国之王，走投无路来投奔我，我不忍心杀他。"赵国也不肯杀掉田角、田间来和齐国做交易。齐国也就不肯出兵帮助楚国。

项梁派遣沛公和项羽攻打城阳，攻下后屠杀了全城的人。然后向西行进，在濮阳以东攻破秦军，秦军退入濮阳城里。沛公、项羽就攻打定陶。定陶没有攻下，便率军撤离，往西攻城略地，一直到雍丘，大败秦军，杀死了李由。回军攻打外黄，外黄没有攻下。

项梁从东阿启程，向西行进，打到定陶，再次打败秦军，项羽等人又斩杀了李由，因此更加轻视秦军，都露出骄傲的神情。宋义就劝谏项梁说："作战胜利后将领骄傲士卒怠惰的，之后一定会失败。现在士卒稍有松懈，而秦军数量一天天增加，我很为您担心。"项梁不听，就派宋义出使齐国。宋义在路上遇到齐国使者——名字叫显的高陵君，说："您是即将要会见武信君吧？"高陵君回答说："是的。"宋义说："我认定武信君的军队必定失败，您慢慢走就能免去一死，走得快就会赶上灾祸。"秦朝果然调动了全部机动军队增援章邯，攻打楚军，大败楚军于定陶，项梁战死。沛公、项羽离开外黄攻打陈留。陈留坚兵固守，不能攻下。沛公、项羽一起谋划说："现在项梁军队战败，士卒都很害怕。"于是两人与吕臣的军队会合，一起向东撤退，靠近怀王。吕臣驻军在彭城之东，项羽驻军在彭城之西，沛公驻军在砀县。

章邯攻破项梁军队以后，就认为楚地的军队不足担忧了，于是渡过黄河攻打赵国，大败赵军。在这个时候，赵歇为赵王，陈馀担任将军，张耳担任国相，赵国君臣全都逃到巨鹿城。章邯命令王离、涉间围攻巨鹿，章邯驻军在他们南面，修筑甬道给他们运送粮食。陈馀担任将领，统领数万人驻扎在巨鹿以北，这就是河北军。

楚军已经在定陶被打败，怀王恐惧，从盱台去了彭城，合并项羽、吕臣的军队，亲自统率。任命吕臣为司徒，吕臣的父亲吕青为令尹。任命沛公为砀郡守，封为武安侯，统领砀郡的军队。

当初，宋义所遇见的齐国使者高陵君显还在楚军之中，见到楚王说："宋义认定武信君的军队必定失败，过了几天，军队果然失败了。军队未曾作战却能预见失败，这可以说是懂得用兵。"楚王召见宋义，同他商议大事，非常欣赏他，就安排他担任上将军；封项羽为鲁公，担任副将；范增担任末将，援救赵国。各部将领都归属宋义，号称卿子冠军。宋义行军到了安阳，停留了四十六天却不进军。项羽说："我听说秦军把赵王围困在巨鹿，我们迅速领兵渡过黄河，楚军在城外进攻，赵军在城内接应，一定可以打败秦军。"宋义说："不是这样。能叮咬牛的牛虻却不能咬破小小的虱子。现在秦军正在攻打赵国，如果打胜了，兵将们一定会精疲力竭，我们可趁机消灭；秦军如果战败，我们就统领军队大张旗鼓地向西进发，必定能够推翻秦朝。所以不如先让秦、赵两军相斗。披甲执锐，我不如您；坐着运筹策略，您不如我。"于是下令军中说："猛如虎，执拗如羊，贪如狼，倔强不听指挥的，一律斩杀。"宋义派遣他的儿子宋襄去辅助齐王，亲自送他到无盐，饮酒聚会。当时天气寒冷，下着大雨，士兵又冷又饿。项羽说："现在正是应该合力攻秦之时，我们却长久停留不前进。如今正赶上饥荒，百姓贫困，兵士们吃的是芋头和豆子，军中没有存粮，宋义却在饮酒聚会，不领兵渡黄河从赵国取得粮食，和赵国合力攻秦，而说什么'利用他们的疲惫'。以秦的强大，攻打刚刚成立的赵国，结果必定是攻占赵国。赵国被攻占，秦国会更加强大，哪有什么疲惫可以利用呢！况且我国的军队刚遭挫败，楚王坐不安席，集中全国的兵力粮草交给将军，国家安危，在此一举。现在不体恤士卒而谋取私利，不是国家的栋梁之臣。”项羽早晨晋见上将军宋义，就在宋义的帐中砍下了他的头，出来向军中发布命令说：“宋义与齐国密谋反叛楚国，楚王密令让我杀了他。”这个时候，将领们个个畏服，没有人敢抗拒。都说：“首先拥立楚王的是将军家，现在又是将军诛灭了乱臣贼子。”就共立项羽为代理上将军。项羽派人追赶宋义的儿子，一直追到齐国，杀了他。项羽另派遣桓楚向怀王报告情况。怀王就任命项羽为上将军，当阳君、蒲将军都归属项羽。

项羽杀掉卿子冠军以后，威震楚国，名声传遍诸侯之中。于是派遣当阳君、蒲将军率领两万士兵渡过漳河，援救巨鹿。初战告捷后，陈馀再次请求增援。项羽就统率全部士卒渡过漳河，沉掉所有船只，砸破饭锅用具，烧掉营垒，只携带了三天的干粮，借此向士卒表示决一死战，没有退还之心。楚军一到就包围了王离的军队，与秦军相遇后，交战多次，截断他们的甬道，大破秦军，杀了苏角，俘虏了王离。涉间拒不降楚，自焚而死。此战，楚军奋勇当先居诸侯军之首。巨鹿城下，诸侯援军有许多座营寨，都不敢出战。等到楚军攻打秦军时，诸侯军将领都在壁垒上观看。楚军战士无不以一当十，楚军杀声震天，诸侯军无不人人惊惧惶恐。当打败了秦军，项羽召见诸侯军，诸侯军将领进入辕门时，没有不跪着前行的，没有人敢抬头仰视。项羽从此成为诸侯的上将军，各路诸侯军都隶属于他。

章邯的军队驻扎在棘原，项羽的军队驻扎在漳南，两军对峙，尚未交战。秦军屡次后撤，秦二世派人责问章邯。章邯恐惧，派长史司马欣回都城报告。司马欣到了咸阳，在司马门停留了三天，赵高不愿接见，流露了不信任的意思。司马欣觉得恐惧，逃回军中，不敢走原路。赵高果然派人按原路追赶，没有追到。司马欣回到军中，报告说：“赵高在朝中当权，在下位的人不敢有所作为。现在作战如果能够胜利，赵高必定嫉妒我们的功劳；如果不能胜利，更免不了一死。请将军仔细考虑。”陈馀也给章邯写信说：“白起担任秦将，南征楚都鄢郢，北征坑杀马服君赵括，攻城夺地，不可胜数，最终却被赐死。蒙恬为秦将，向北驱逐戎人，开拓榆中数千里土地，最终被斩于阳周。这都是什么原因呢？功劳太大，秦朝无法全部封赏，就借法律杀了他们。现在将军担任秦将已有三年，士卒损失伤亡以十万数计，而诸侯军纷纷起事，数量越来越多。

赵高一贯阿谀奉承，长时间蒙蔽二世，如今形势危急，也担心二世皇帝要杀他，所以他想借用法律诛杀将军来推卸罪责，派人替代将军来逃脱他的灾祸。将军您在外时间太久，朝内多有仇人，有功是死，无功也是死。况且上天要灭亡秦朝，无论愚人智人都已看清。现在将军已不能入朝直谏，只能在朝外等着做亡国之将，孤兵无援却想长久支撑，难道不可悲吗！将军为何不回兵，与诸侯联合，共同攻打秦国，瓜分秦地为王，面南而坐，称孤道寡。这跟身伏斧砧，妻子儿女被杀相比，哪个划算呢？”章邯心中犹豫不决，暗中派遣一个名叫始成的军候出使项羽军，想要订立和约。和约尚未订成，项羽派蒲将军夜以继日地领兵渡过三户津，驻扎在漳河以南，与秦军接战，再次打垮了他们。项羽统率全军在污水上进攻秦军，把他们打得大败。

章邯派人进见项羽，想要订立和约。项羽召见军官们商议说：“粮食缺乏，我想答应他们的和议。”军官们都说：“好。”项羽就与章邯约好在洹水南面的殷墟上会晤。完成了订盟礼仪，章邯见到项羽流下眼泪，给他讲赵高的事情。项羽就封章邯为雍王，安置在楚军中。让长史司马欣担任上将军，统率秦军作为先锋。

到了新安，诸侯军中的官兵以前服徭役防守边疆路过关中时，秦朝的官兵对待他们大多粗暴无礼；等到秦军投降了诸侯军，诸侯军中的官兵经常乘胜把秦军作为奴隶俘虏使唤，随意折辱他们。秦军官兵多私下议论说：“章将军等人骗我们投降了诸侯，现在如果能够入关破秦，是大好事；如果不能，诸侯军俘虏我等去东方，秦朝必定会杀尽我们的父母妻儿。”诸将暗中听到这样的议论，报告给项羽。项羽就召见黥布、蒲将军等商议道：“秦军官兵人数还很多，他们内心不服，到了关中不听指挥，事情必定危险。不如杀掉他们，只带章邯、司马欣、都尉董翳进入秦地。”于是楚军乘夜色在新安城南攻击坑杀了秦兵二十多万。

项羽向咸阳推进。函谷关有军队把守，不能进入。又听说沛公已经攻下咸阳，项羽大怒，派遣当阳君等攻打函谷关。项羽军破关进入，到达戏水西面。沛公驻军霸上，还没有和项羽相见。沛公的左司马曹无伤派人对项羽说：“沛公想在关中称王，让子婴当相，奇珍异宝都占为己有。”项羽大怒，说：“明天早晨犒赏士兵，给我打垮沛公的军队！”当时，项羽有兵四十万，驻扎在新丰的鸿门，沛公有兵十万，驻扎在霸上。范增劝说项羽道：“沛公在山东时，贪图财宝，喜好美女。现在进入关内，不取财物，不近女色，这表明他的志向不小。我让人观察了他那边的云气，都显出龙虎形状，五彩缤纷，这是天子的气象。赶快进攻，不要错过机会！”

楚国左尹项伯，是项羽的叔父，一直与留侯张良相处友好。张良这时跟随沛公，项伯就连夜骑马到沛公的军营，私下会见张良，把实情全部告诉他，想叫张良跟他一起走。说：“不要跟沛公一起送死。”张良说：“我是替韩王护送沛公的，沛公现在情况危急，逃走是不义的，不能不告诉他。”张良于是就进去，把一切都告诉了沛公。沛公大惊失色，说：“这怎么办？”张良问：“谁替大王出的这个主意？”沛公答道：“有个臭小子劝我说：‘据守函谷关，不要接纳诸侯，可以占有整个秦地称王呢。’因此听了他的话。”张良说：“大王估计您的兵力足够抵挡项王吗？”沛公沉默不语，说：“本来就不如，这该怎么办呢？”张良说：“请让我去告诉项伯，就说沛公不敢背叛项王。”沛公说：“您为什么会和项伯有交情呢？”张良说：“在秦的时候项伯与我相交，项伯杀了人，我救了他。现在事情危急，幸亏他来告诉我。”沛公说：“他与您谁大谁小？”张良说：“他比我年长。”沛公说：“您替我请他进来，我要以兄长的礼节接待他。”张良出去，邀请项伯。项伯就进入会见沛公。沛公举杯向项伯敬酒，相约结成儿女亲家，说：“我进入关中，公私财物秋毫不敢接近，登记官民户籍，封闭府库等待将军。之所以要派遣将领把守关口，是为了防备其他强盗出入和非常情况。日夜盼望将军到来，怎么敢反叛！请您详细向将军说明，我不敢背弃恩德。”项伯答应了，对沛公说：“明天不可不早早前来向项王谢罪。”沛公答应说：“是。”于是项伯连夜离去。回到军营中，把沛公的话详细地报告给项王，趁机说道：“沛公不先攻破关中，您怎么敢进来呢？现在人家有大功劳却要攻击他，这是不道义的，不如就此好好善待他。”项王答应了。

沛公第二天一大早就带着一百多人马来拜见项王，来到鸿门，谢罪说：“臣与将军协力攻秦，将军在黄河以北作战，我在黄河以南作战，然而没有料到我能先入关攻破秦军，能够在这里再次见到将军。现在有小人说坏话，让将军和我产生嫌隙。”项王说：“这是沛公的左司马曹无伤说的，不然，项籍怎么会这样呢。”项王当天就留沛公一起喝酒。项王、项伯面朝东坐，亚父面朝南坐。亚父就是范增。沛公面朝北坐，张良面朝西陪坐。范增多次给项王递眼色，三次举起所佩玉玦来暗示，项王默然不应。范增起身，出来召唤项庄。

对他说："项王心软不肯下手，你进去之后上前敬酒，敬完酒请求舞剑，趁机刺杀沛公于座席上。不然的话，你们这帮人终将被他俘虏。"项庄就进去敬酒，敬酒完毕，说："君王与沛公饮酒，军中没有什么可以取乐的，请让我舞剑助兴吧！"项王说："好。"项庄拔剑起舞，项伯也拔剑起舞，常用身体掩护沛公，项庄没有机会刺杀。这时张良出去，走到军门处，见到樊哙。樊哙问："今天的事情怎么样？"张良说："很危急！现在项庄拔剑起舞，其实一直在打沛公的主意。"樊哙说："事情这样紧急，请让我进去，与沛公同生共死。"樊哙立即带剑拿盾进入军门。双岗卫士举起交叉的矛戟想阻止他，樊哙侧过盾一撞，卫士仆倒在地，于是樊哙就进去了。揭开帷帐，面西站立，瞪大眼睛看着项王，头发竖起，两边眼角都睁裂了。项王按剑挺身问："来客是干什么的？"张良说："这是沛公的陪乘，叫樊哙。"项王说："壮士！赐他一杯酒。"就给了他一大斗酒。樊哙拜谢，站起身喝了。项王说："赐他猪肘。"又给了他一条生猪肘。樊哙把盾牌扣在地上，把猪肘放在上面，拔剑切了大口吞吃。项王问："壮士，能再喝酒吗？"樊哙说："臣连死尚且不躲避，一杯酒难道还值得推辞！秦王有虎狼一样的心肠，杀人唯恐杀不完，处人刑罚唯恐不重，天下人都背叛了他。怀王同将领们约定：'先攻破秦军进入咸阳的在关中称王。'现在沛公先打败秦军进了咸阳，秋毫无犯，封闭宫室，军队退回到霸上，等待大王的到来。之所以派将领把守关口，是防备其他强盗出入和意外情况。这样劳苦功高，没有得到封侯的奖赏，却听信小人谗言，想杀有功之人。这是继续走秦朝灭亡的老路，我认为大王不应该这样做。"项王无话可答，说："请坐。"樊哙紧靠张良坐下。坐了一会儿，沛公起身上厕所，趁机招呼樊哙出来。

沛公出去后，项王派都尉陈平召唤沛公。沛公说："刚才出来，没有告辞，怎么办呢？"樊哙说："干大事不拘小节，行大礼不怕小的责备。眼下人家是屠刀和砧板，我们是鱼肉，还告辞什么？"于是沛公决定离去。留下张良致歉。张良问："大王来时带了什么？"沛公说："我带白璧一双，想献给项王；玉斗一双，想献给亚父，正赶上他们发怒，没敢进献。你替我献上吧！"张良说："遵命。"当时，项王驻军在鸿门，沛公驻军在霸上，相距四十里。沛公就丢下车马侍从，独自骑马，脱身而走，樊哙、夏侯婴、靳强、纪信等四人持剑拿盾，徒步随行，从骊山而下，顺着芷阳小路走。沛公对张良说："从这条道到我们军营，不过二十里。估计我已回到军营，您再进去。"沛公已经离去，估计已从小路回到了军中，张良这才进去谢罪，说："沛公没有酒量，不能告辞。谨让小臣张良奉上白璧一双，敬献大王；玉斗一双，敬奉大将军。"项王问："沛公在哪里？"张良答："听说大王有意责罚他，脱身独自离开，已经回到军营里了。"项王便接受了玉璧，放在座席上。亚父接过玉斗，扔在地上，拔出剑来击成碎片，骂道："唉！这小子不足以共谋大事。夺取项王天下的，必定是沛公了！我们这些人眼下就要成为他的俘虏了！"沛公回到军营，立刻杀了曹无伤。

停留了几天，项羽领兵向西屠戮咸阳城，杀死了投降的秦王子婴，烧毁秦的宫室，大火三月不灭；劫掠秦朝的财宝和妇女运往东方。有人劝说项王道："关中有山河为屏障，四塞阻险，土地肥沃，可以定都称霸。"项王一看秦朝宫室都已被焚烧而残破，又思恋家乡，想要向东回转，就说："富贵不回故乡，好比穿着锦绣衣服在夜间行走，谁能看得到！"说客说："人家说楚人像猕猴戴了人的帽子，果真是这样。"项羽听到这话，以鼎镬煮杀了说客。

项王派人向怀王报告情况，请示善后的事。怀王说："按约定办。"项王就尊称怀王为义帝。项王想要自己称王，就先封众将相为王。他对众将说："天下开始发难时，暂时拥立诸侯的后裔为王，以便讨伐秦朝。然而亲身披甲执剑首先起事，风餐露宿在外作战，经历了三年，才灭掉秦朝平定天下的是各位将相和项籍的力量啊！义帝虽然没有功劳，但作为诸侯的后代，也该分给他土地，尊他为王。"将领们都说："好。"于是划分天下，封将领们为侯为王。

项王、范增怀疑沛公想要占有天下，但事情业已和解，又不愿意违背约定，担心诸侯背叛，于是暗地里商量说："巴郡、蜀郡道路艰险，秦朝流放的人都在蜀中。"就对大家说道："巴郡、蜀郡也是关中的土地。"因此封立沛公为汉王，管辖巴、蜀、汉中，定都南郑。而把关中划分成三部分，封秦朝降将为王，来阻挡汉王。

于是项王封章邯为雍王，领属咸阳以西的地区，定都废丘。长史司马欣，过去任栎阳狱掾时，曾有恩于项梁；都尉董翳，最早劝章邯投降楚军。因此封司马欣为塞王，领属咸阳以东至黄河地区，定都栎阳；封董翳为翟王，领有上郡，定都高奴。迁徙魏王豹为西魏王，领属河东地区，定都平阳。瑕丘人申阳，是张耳的宠臣，最先攻下河南郡，在黄河上迎接楚军，因此封申阳为河南王，定都洛阳。韩王成仍居故地，定都阳翟。赵将司马卬平定河内，多有战功，因此封司马卬为殷王，称王于河内，定都朝歌。迁徙赵王歇为代王。赵国的国相张耳向来贤能，又跟从项王入关，因此封张耳为常山王，领有赵地，定都襄国。当阳君黥布为楚将，战功常居第一，因此封黥布为九江王，定都于六县。鄱君吴芮率领百越兵协助诸侯，又随从入关，因此封吴芮为衡山王，定都邾县。义帝的柱国共敖带兵攻南郡，功劳多，就立共敖为临江王，定都江陵。改封燕王韩广为辽东王。燕将臧荼跟随楚军援救赵国，便一同入关，因此封臧荼为燕王，定都于蓟。改封齐王田市为胶东王。齐将田都跟从楚军共同援救赵国，又追随项王入关，因此封田都为齐王，定都临淄。先前被秦所灭亡的齐王田建的孙子田安，在项羽正渡河救赵的时候，攻下济北数座城邑，领兵降项羽，因此封田安为济北王，定都博阳。田荣多次背弃项梁，又不肯领兵跟随楚军攻打秦军，因此不封立他。成安君陈馀舍弃将印离去，没能跟从入关，但一向听说他贤能，有功于赵国，又听说他在南皮，因此就把南皮周围三县封给他。番君的部将梅鋗功劳很多，因此封他为十万户侯。项王自封为西楚霸王，领统九郡，定都彭城。

汉元年四月，诸侯在戏下解散，各自前往封国。项王出关到封国，派人迁徙义帝，说："古代帝王拥有土地，方圆千里，一定要建都在河流的上游。"于是派遣使者把义帝迁往长沙郡的郴县，催促义帝动身。义帝群臣渐渐叛离他，项王就密令衡山王、临江王把义帝杀死在长江中。韩王成没有军功，项羽不让他赴封地，带他一起到彭城，废黜为侯，后来又杀掉了他。臧荼到达封国，就驱逐韩广到辽东，韩广不听，臧荼在无终杀掉韩广，兼并了他的土地。

田荣得知项羽改封齐王田市到胶东，而封齐将田都为齐王，大怒，不肯让齐王到胶东，因而带领齐军反叛，迎战田都。田都逃到楚国。齐王田市害怕项王，就逃到胶东前往封国。田荣恼怒，追击到即墨，把他杀了。于是田荣自封为齐王，向西进军杀死了济北王田安，兼并了三齐的土地。田荣授予彭越将军印，让他在梁地反叛。陈馀暗地里派张同、夏说劝说齐王田荣说："项羽为天下主宰，不公平。现在把原来的诸侯封在荒凉不好的地方，却把他的大臣将领封在富庶繁荣的地方，赶走原来的主人，使赵王向北居于代地，我认为这样做是不可以的。听说大王起兵，并且不听从不公正的命令，希望大王资助陈馀一些兵力，让我去攻打常山王，以此恢复赵王原有的封地，请拿我的封国做您的屏障。"齐王答应了他，于是派兵到赵国。陈馀征发三县全部的兵力，和齐军合力攻打常山国，大败常山军。张耳逃走，归附汉王。陈馀在代地迎接原来的赵王赵歇返回赵国。赵王因此立陈馀为代王。

这时，汉王回军平定三秦。项羽听说汉王已经全部兼并了关中，将要东进，齐国、赵国又背叛他，大怒。于是任命原来吴县县令郑昌为韩王，来抵挡汉军；命令萧公角等人攻打彭越。彭越打败了萧公角等人。汉王派张良招抚韩地，就给项王写信说："汉王失去了应得的封职，希望得到关中，一如盟约所说，就停止军事行动，不敢向东出兵。"又把齐国、梁地的反叛书送给项王说："齐国想与赵国合力消灭楚国。"项王因此无意西进，而向北攻打齐国。项王征调九江王黥布。黥布称病不去，只派部将带几千人随行。项王从此怨恨黥布。

汉二年冬天，项羽向北进军到城阳，田荣也领兵会战。田荣战败，逃回平原，平原的百姓杀了他。项羽于是北进烧杀，踏平了齐国的城郭房屋，坑杀了田荣手下投降的全部士卒，掳掠了齐国的老弱妇女。在齐攻城略地，直到北海，到处烧杀抢夺。齐人重新相聚反叛项羽。这时田荣的弟弟田横召集了几万齐国逃亡的士卒，在城阳反叛。项王因此停下来，连战多次，没有攻下城阳。

春天，汉王统率五个诸侯国为主力的兵马，共五十六万人，向东攻打楚国。项王听此消息，命令将领们攻打齐国，而自己带领精兵三万人南进，从鲁县出兵胡陵。四月，汉军已经全部进入彭城，掳掠那里的财货、珍宝和美女，每天摆酒聚会。项王就绕到汉军西边，在天刚蒙蒙亮时，从汉军背后的萧县发起进攻，向东压迫，抵达彭城，中午时分，大败汉军。汉军全部逃走，掉进谷水、泗水，死亡十余万人。汉兵向南逃入山地，楚军又追击到灵璧东南的睢水上。汉军退却，被楚军逼压，多被杀死，十余万汉军都掉进睢水，睢水都被堵塞而不流动了。楚军将汉王包围了三重。这时大风从西北刮起，折断树木，掀掉屋顶，飞沙走石，天昏地暗，迎面扑向楚军。楚军大乱，溃不成军，汉王和几十名骑兵左冲右突才得以逃走。汉王经过沛县，想携带家眷西逃；楚军也派人追到沛县，捉拿汉王家眷。汉王家眷全都逃走了，没能与汉王会合。汉王在路上遇到孝惠帝和鲁元公主，就带他们坐车一起逃。楚军骑兵追赶汉王，汉王慌急，便把孝惠帝、鲁元公主推落车下，滕公每次都下车抱他们上车。像这样重复了三次。滕公说："虽然危急，不能快赶，但您怎么忍心抛弃骨肉呢？"汉王终于得以逃脱。他寻找太公、吕后，没有遇上。审食其随太公、吕后走小道寻找汉王，反而碰上楚军。于是楚军把他们一起带回去，报告给项王，项王一直把他们安置在军中做人质。

这时，吕后的哥哥周吕侯为汉王领兵驻守下邑，汉王走小路去投奔他，陆续召集了一些士兵。到达荥阳，各路败军都汇集起来，萧何也紧急征调关中未登记服役名册的老弱全部开赴荥阳，汉军声势重新大振。楚军从彭城出兵，经常乘胜追击败逃的汉军，与汉军在荥阳南面的京邑、索亭之间大战，汉军挫败楚军，楚军因此不能越过荥阳而西进。

项王援救彭城，追赶汉王到荥阳，田横也得以收复齐地，立田荣的儿子田广为齐王。汉王在彭城吃了败仗，诸侯都重新依附楚而背叛汉。汉王驻扎在荥阳，修筑甬道通到黄河，用来取得敖仓的粮食。

汉三年，项羽多次侵夺汉军的甬道，汉王粮食缺乏，心中恐惧，请求讲和，划分荥阳以西归汉。项王想听从讲和。历阳侯范增说："汉军容易对付了呀，现今放弃不攻打，以后一定要后悔。"项王就与范增急速围攻荥阳。汉王忧虑，就采纳陈平的计谋离间项王。项王的使者来了，为他备办牛、羊、豕三牲俱全的筵席，端出之后刚要开宴，汉王一见使者，假装惊愕地说："我以为是亚父的使者，原来竟是项王的使者。"随即更换筵席，拿来粗劣饭食给项王使者吃。使者回去报告项王，项王就怀疑范增与汉王私下有联系，渐渐剥夺了他的权力。范增大怒，说："天下事势已大致成了定局，您自己努力办吧。希望您赐我这把老骨头回乡为民吧！"项王答应了。范增还未走到彭城，就因背上的毒疮发作而身亡。

汉将纪信劝说汉王道："事情已经危急了，请让我假扮成您去欺骗楚军，您可以乘机逃出。"于是汉王连夜派二千女子披着战甲走出荥阳东门，楚兵四面围攻。纪信乘坐黄屋车，车子左边插着用牦牛尾做的大旗，喊着："城中粮尽，汉王投降了！"楚军一起欢呼万岁。汉王带着几十名骑兵从城西门逃出，奔向成皋。项王看见纪信，问道："汉王在哪里？"纪信说："汉王已经逃走了。"项王烧死了纪信。

汉王派御史大夫周苛、枞公、魏豹等把守荥阳。周苛、枞公商量说："魏豹是反叛的国君，我们难以和他一起守城。"就共同杀了魏豹。楚军攻下荥阳城，活捉周苛。项王对周苛说："你给我做将领，我任命你做上将军，封侯三万户。"周苛骂道："你若不赶快投降，汉军很快就要俘虏你，你并非汉王的对手！"项王发怒，以鼎镬煮杀了周苛，杀了枞公。

汉王逃出荥阳后，向南到宛县、叶县，遇到九江王黥布，一边行军，一边收集士兵，又一次进入成皋。汉四年，项王发兵围攻成皋。汉王逃跑，独自与滕公从成皋北门逃出，渡过黄河奔向修武，投奔张耳、韩信的军队。各位将领陆续从成皋逃出，前来追随汉王。于是楚军拿下了成皋，准备西进。汉王派兵在巩县抵抗，阻止楚军西进。

这时，彭越渡过黄河到东阿攻打楚军，杀了楚军的将军薛公。项王亲自往东攻打彭越。

汉王得到淮阴侯的军队，想要渡黄河南进。郑忠劝阻汉王，于是汉军停止前进，在黄河北岸修筑营垒驻扎下来。汉王派刘贾领兵增援彭越，烧毁楚军粮草辎重。项王东进打败了他们，赶跑彭越。汉王这时领兵渡过黄河，又攻占了成皋，驻军广武，就近取食敖仓的粮食。项王已经平定东海，回军向西，与汉军对峙在广武，相持了几个月。

这时候，彭越多次在梁地反楚，截断楚军粮食供应，项王为此而忧虑。项羽做了一张高大的砧板，把刘太公放在上面，通告汉王说："今天不快点投降，我就烹杀太公！"汉王说："我与你一起为臣子，接受怀王的命令，曾相约'结为兄弟'，我的老爹就是你的老爹。如果一定要烹杀你的老爹，那么盼你能分给我一杯肉汤。"项王大怒，想杀了太公。项伯说："天下大事不可预料，况且图谋天下的人是不顾及家人的，即使杀了他也没有益处，只能增加祸患罢了。"项王只好作罢。

楚、汉两家长久相持，胜负未决，青年壮丁苦于行军作战，老弱疲于水陆运输。项王对汉王说："天下战乱纷纷扰扰几年了，只是因为我们两人的缘故，我愿与汉王独身挑战，决一雌雄，不要平白地使天下百姓受这等罪啊！"汉王笑着谢绝说："我宁肯斗智，不愿斗力。"项王命令壮士出营挑战，汉军中有善于骑马射箭的楼烦，楚将挑战好几次，每次都被楼烦射杀。项王大怒，就亲自披甲持戟挑战。楼烦正要射箭，项王睁大眼睛，大声呵斥，楼烦两眼不敢正视，两手不敢发射，掉头逃走，奔回营垒，再也不敢出来。汉王派人暗地里打听，才知道原来是项王。汉王大为吃惊。这时项王靠近汉王，隔着广武涧对话。汉王数落项王的罪行，项王发怒，要求一战。汉王不听，项王埋伏的弓箭手射中了汉王。汉王负伤，逃入成皋。

项王听说淮阴侯韩信已经夺取河北，攻破齐、赵，正要进攻楚国，就派龙且前往迎战。淮阴侯与龙且交战，骑将灌婴出击，大败楚军，杀死龙且。韩信趁势自立为齐王。项王听说龙且的军队战败，则惊慌起来，派盱台人武涉前去游说淮阴侯。淮阴侯不听。

这时，彭越又一次反楚，攻下梁地，断绝楚军粮食。项王就对海春侯大司马曹咎等人说："谨慎地把守成皋，即使汉军挑战，也千万不要与他们交战，只要不让他们向东进兵就行了。我十五日之内一定诛杀彭越，平定梁地，再回来同将军会合。"于是项王东行，在进军途中攻打陈留、外黄。外黄没有及时攻下，几天以后才投降。项王发怒，命令十五岁以上的男子都到城东，准备活埋他们。外黄县令门客的儿子才十三岁，前去劝说项王："彭越强行劫持外黄人，外黄人恐惧，因此权且投降彭越等待大王。大王来了，又全部活埋他们，百姓怎能有归顺之心？只怕从此往东，梁境内十多个城邑都恐惧，不肯投降了！"项羽认为他的话有理，就赦免了要活埋的外黄人。外黄东直到睢阳等地的人，听到这个情况都争着归顺项王。

汉军果然多次向楚军挑战，楚军都不出战。汉军派人辱骂楚军，一连五六天，楚军大司马曹咎恼怒了，指挥军队出战渡汜水。士兵刚渡到一半，汉军出击，大败楚军，尽得楚军货物钱财。大司马曹咎、长史董翳、塞王司马欣都在汜水边自刎了。大司马曹咎是以前蕲县的狱曹的属吏，长史司马欣也是以前栎阳的狱吏，两人曾经有恩于项梁，因此之故项王信任他们。这个时候，项王在睢阳，听到海春侯战败，就领兵回来。汉军正在荥阳东面包围钟离昧，项王来了，汉军畏惧楚军，全部逃往附近险要地带。

这时，汉军因为粮食充足而士气旺盛，楚军疲惫粮食告罄。汉王派陆贾劝说项王停战，要求放回太公，项王不答应。汉王又派侯公去劝说项王，项王就与汉王订下条约，平分天下，鸿沟以西归汉，鸿沟以东归楚。项王答应这个条件，就归还了汉王的父母妻子。军中官兵都喊万岁。于是汉王封侯公为平国君。侯公躲藏不肯再露面。汉王说："这人是天下的善辩之士，他待在哪国，就会和平邦国，因此称他为平国君。"项王订约后，就领军解甲东行回国。

汉王想要西行归去，张良、陈平劝说道："汉已据有天下的大半，诸侯全部归附。楚军已兵疲粮尽，这正是上天灭亡楚国的时机，不如趁此时机顺势攻取它。现在放弃不攻击，这就是所说的'养虎为患'。"汉王听从了他们的计策。汉五年，汉王追赶项王到阳夏南边。把军队驻扎下来，与淮阴侯韩信、建成侯彭越约定时间会合后攻打楚军。汉军前进到固陵，而韩信、彭越的军队不来会合。楚军出击，大败汉军。汉王又逃回营垒，深挖壕堑来防守。汉王对张良说："诸侯不遵从约定，怎么办呢？"张良回答说："楚军将被攻破，韩信、彭越没有分封土地，他们不来本是正常的。您如能与他们共分天下，现在可以立即招致他们。如果不能这样，事态就不可预知了。君王能把从陈县以东直到海滨的地区，都给韩信；睢阳以北到谷城，分给彭越，让他们各自为自己而战，那么楚国就容易打败了。"汉王说："好。"随即就派使者通告韩信、彭越说："合力击楚。楚败后，从陈县以东到海滨给齐王，睢阳以北到谷城给彭相国。"使者到达后，韩信、彭越都回报说："马上就出兵。"韩信就从齐出发前往，刘贾的军队从寿春并进，屠灭了城父，到达垓下。大司马周殷叛离楚国，带领舒县的兵力北上，屠灭了驻守六县的楚军，又征发九江的兵员，跟随刘贾、彭越会师在垓下，直逼项王。

项王军队在垓下筑起营垒，兵少粮尽，汉军及诸侯兵把他包围了好几层。晚上听到汉军从四面唱着楚地的歌曲，项王大惊道："汉军都已经得到楚国的土地了吗？为什么楚人这么多呢！"项王深夜起来，在营帐中饮酒。项王身边有位名叫虞姬的美人，一直受宠随行；项王有匹骏马名叫骓，经常骑它。这时项王就慷慨悲歌，口中吟唱道："力能拔山呀，气势盖世无双！时运不济呀，骓马难于驰骋！骓马不前行呀，可怎么办，可怎么办！虞姬呀虞姬，你何处把身安！"唱了几遍，美人虞姬应和伴唱。项王泪流数行，左右的侍从人员都哭泣，没有人忍心抬头看他。

于是，项王骑上战马，部下精壮骑兵相从的有八百多人，趁夜径直向南突围，飞奔而逃。天明时分，汉军才发觉，派骑将灌婴带领五千骑兵追赶。项王渡过淮河，骑兵能跟得上的只剩一百多人。项王到达阴陵，迷了路，去问一个农夫，农夫欺骗他说："向左走。"项王向左，结果陷入沼泽中。因此汉军追上了他们。项王领兵向东，到达东城，只剩下二十八个骑兵了，汉军骑兵追上的有数千人。项王自己估计不能脱身，就对他的骑兵说："我起兵到现在有八年了，身经七十多次战斗，阻挡我的敌人都被打垮，遭我攻击的敌人无不降服，从未失败过，于是称霸，据有天下。然而今天终于被困在这里，这是上天要灭亡我，不是我打仗的过错啊！今天肯定是我的死期，愿为诸君痛快地决一死战，一定胜它三次，给诸君冲破重围，斩杀汉将，夺取汉旗，让大家知道是上天要灭亡我，并不是我不会打仗。”于是把他的骑兵分成四队，面向四方。汉军包围起好几层。项王对他的骑兵说：“我为你们拿下一员汉将。”命令骑兵们四面奔驰而下，约定在山的东边分做三处集合。随即项王大吼一声拍马冲杀下山，汉军吓得像草木一样随风倒退，项王手起斩杀一名汉将。这时，赤泉侯杨喜为汉王骑将追赶项王，挡在了前面，项王瞪起眼睛大声斥责他，赤泉侯连人带马都受到惊吓，倒退好几里。项王与他的骑兵们在约定的三处会合。汉军不知道项王在哪里，就分为三路，再次包围楚军。项王飞奔过去，又斩杀了一名汉军都尉，杀死几十上百人。项王再次聚集他的骑兵，仅损失了两名骑兵。项王对他的骑兵说：“怎么样？”骑兵都佩服地说：“正如大王所说的那样。”

这时项王就想东渡乌江。乌江亭长移船停靠在岸边，等待项王，对项王说：“江东虽小，地方纵横千里，民众数十万人，也足以称王。希望大王赶快渡江。现在唯独我有船，汉军追过来，没法渡江。”项王笑着说：“上天要灭亡我，我还渡江干什么！况且项籍与江东子弟八千人渡江西进，现在没有一人返回；纵使江东父老怜爱我，让我为王，我有何面目去见他们？纵然他们不说什么，我项籍难道心中没有愧吗？”项王接着对亭长说：“我知道您是一位长者。我骑这匹马五年了，所向无敌，曾经日行千里，不忍心杀它，把它送给您吧。”于是命令骑兵全部下马步行，拿着短兵器交战。单是项王杀掉的汉军就有几百人，项王也身受十几处创伤。项王回头看到汉军的骑司马吕马童，说：“你不是我的老相识吗？”吕马童与项王打个照面，指给王翳说：“这就是项王。”项王就说：“我听说汉王用黄金千斤、封邑万户来悬赏我的人头，我把这份好处送给你吧！”项王说完，拔剑自刎而死。王翳取下项王头颅，其余骑兵互相践踏争夺项王身体，互相残杀的有几十人。最后，郎中骑杨喜，骑司马吕马童，郎中吕胜、杨武分别得到项王躯体的一部分。五个人一起拼合项王尸体，正好对上。因此划分悬赏的万户土地为五部分：封吕马童为中水侯，封王翳为杜衍侯，封杨喜为赤泉侯，封杨武为吴防侯，封吕胜为涅阳侯。

项王已死，楚国各地全部投降汉王，唯独鲁县不降服。汉王率领天下兵马本想屠灭鲁县，转念一想，鲁县军民，坚守礼义，为主人以死尽忠，汉王就拿着项王的头颅给鲁县人看，鲁县父老们这才投降。当初，楚怀王封项籍为鲁公，等他死后，鲁县又最后投降，因此用鲁公的礼仪规格把项王埋葬在谷城。汉王给他发丧，哭泣一番后才离去。至于项氏的宗族各支，汉王都不加诛杀。

而封项伯为射阳侯。桃侯、平皋侯、玄武侯都姓项，汉王赐他们姓刘。

太史公说：我从周生那里听说“舜的眼睛可能有两个瞳子”，又听说项羽也是两个瞳子。项羽莫非是舜的后裔？不然为什么他兴盛得这么快呢！秦朝施行暴政，陈涉首先发难，豪杰蜂拥而起，相互争夺，多到难以数清。然而项羽并没有尺寸土地可作凭借，却乘势兴起于民间，三年之后，就统领五国诸侯灭掉秦朝，分割天下而封授王侯，政令由项羽发出，号称“霸王”，地位虽然没有保持长久，但是近古以来还不曾有过。等到项羽放弃关中，怀恋楚国，驱逐义帝自立为王，这就失去了人心，反而埋怨王侯背叛自己，那就很难了。自己夸耀功劳，施展个人的聪明独断专行而不师法古人，认为霸王的功业，可以用武力征服来达到治理天下的目的，结果五年就亡掉了自己的国家，身死在东城，尚且不觉悟也不责备自己，实在是大错特错啊！项羽临死竟然说“天要亡我，不是用兵的过错”，难道不荒谬吗？

【讲析】

《项羽本纪》是司马迁精心撰写的人物传记之一，它集中笔墨刻画项羽的英雄形象，又于叙事之中揭示他失败的原因，真实地再现了项羽这一历史人物的形象和秦汉之际的历史事势，具有很高的文学价值和史料价值。

在中国历史上，项羽是一个失败的英雄，是一个“悲剧英雄”。司马迁聚精会神用笔于巨鹿之战、鸿门宴、垓下之战三件大事上，生动地塑造了一个叱咤风云的悲剧英雄形象，所以本篇讲析，就围绕这三大事件展开。

公元前 208 年九月，秦将章邯在定陶击杀项梁，使河南起义军遭受了沉重的打击，转入低潮。于是章邯移兵河北，驻屯长城的数十万秦军由王离率领，南下增援章邯，南北两路秦军合围赵军于巨鹿，声势浩大。转战山东、河南的各支楚军收缩会聚彭城共商大计。楚怀王主持了彭城会议，并夺取了军事领导权。楚怀王分兵两路攻秦：一路由刘邦率领西征，取道武关乘虚直捣秦都咸阳；另一路是主力，由宋义率领北上救赵，项羽隶属宋义。楚怀王与诸将约：谁先入关，谁做秦王。

公元前 207 年十月，宋义率领楚军北上，他害怕和秦军决战，不敢渡过黄河，把军队屯驻在安阳（今山东曹县东），滞留四十六日不进。当时“天寒大雨，士卒冻饥”，项羽建议立即进兵河北，与被围的赵军里应外合击破秦军，解救赵国之围，同时也可使自己的部队就食河北。宋义想保存实力，趁秦、赵相斗，坐收渔人之利，并与齐王相田荣勾结，送子出使齐国，以图日后割据。因此，他对项羽的建议非但不听，反而下禁令说：“像猛虎一般勇猛，像公羊一般顽强，像狼一般贪婪，而不听号令的，杀无赦。”他还挖苦项羽说：“冲锋陷阵，我不如你；运筹帷幄，你不如我。”项羽忍无可忍，决定扫除宋义这块北上救赵的绊脚石。一天清晨，他进帐参见宋义，趁机砍了宋义的头，大义凛然地向全军宣布：“宋义与齐国密谋反楚，不北上救赵，我奉楚怀王的手谕把他处死。”全军欢呼。众将军说：“拥立楚怀王的本来就是项家将军，现在你处死叛将完全是应该的。”于是众将推举项羽为全军统帅。从此，楚军主力就牢牢地掌握在项羽手中。

项羽整顿军队后，挥师前进，抵达漳河南岸，与围困赵国的秦军隔岸相持。由于秦军势大，把赵军团团围困在巨鹿城中，诸侯救赵的各路大军在巨鹿城外驻扎了十几座营盘，坚壁自守，谁也不敢与秦军交战，赵国危在旦夕。项羽夺军后下令渡河，与秦军决战。他派黥布和蒲将军带领两万精兵先渡，占领滩头阵地。然后，亲率全军渡河，过河后凿破渡船，打碎炊具，烧掉营落，每个战士只带三天的干粮，以示勇往直前义无反顾的决心。这就是千古流传的破釜沉舟的故事。楚军以高昂的斗志向秦军发起总攻，战士们无不以一当十，奋勇杀敌，喊声震天动地。项羽九战九胜，俘虏了秦军大将王离，杀死了秦军副将苏角，另一个秦军副将涉间自焚而死，秦军主力急剧瓦解。最后，只有章邯的军队实力尚存，他顽固地与项羽相持半年多。最后见秦朝大势已去，独木难支，才率领残兵二十余万向项羽投降。

巨鹿之战，项羽全歼秦军主力，决定了秦朝覆亡的命运，有力地支援了刘邦向关中进军。公元前 206 年十月，刘邦早项羽两个月进入关中，秦王子婴向刘邦投降。刘邦封藏了府库，废除秦朝的苛政法度，与关中民约法三章，维护社会秩序，并展开政治宣传，大肆宣扬怀王之约，谁先入关，谁做秦王。于是“秦人大喜”，“唯恐沛公不为秦王”（《高祖本纪》）。刘邦拒绝项羽入关，派兵将函谷关把守起来。

公元前 206 年十二月，项羽攻破函谷关，拥兵四十万屯驻新丰鸿门，扬言与刘邦决战。

刘邦只有十万军队，驻在霸上，根本不是项羽的对手。就在项羽决定攻击刘邦的前夜，项羽的叔父项伯夜访张良，劝他逃走，不要跟着刘邦一块儿送死。因为项伯和张良是至交，项伯曾犯杀人罪，张良救了他。此时张良趁机拉项伯与刘邦相见，并促其与刘邦结为兄弟和儿女亲家。刘邦要项伯在项羽面前替自己赔罪，项伯一口应承，对刘邦说："明天赶早来向项王赔罪。"刘邦答应了。项伯又连夜赶回军中对项羽说："若不是沛公先打进关中，你怎么能不费力气地就进入关中呢？现在人家立了大功，你还要去攻打他，这是不义的。明天沛公要来赔罪，趁这个机会好好招待他。"项羽应承了下来。

第二天清早，刘邦带着随从来鸿门，向项羽谢罪，项羽设宴招待。坐定之后，刘邦装出一副情意恳切的样子说："我和将军同心协力灭了秦朝，将军在河北作战，我在河南作战，没料到我先进了关中，今天能在这里见到将军，实在是万幸。不知是哪个小人搬弄是非，让将军与我不和。"性情直爽的项羽被刘邦的这一席话说得飘飘然起来，脱口说道："你的左司马曹无伤说，你要当关中王。"项羽的谋臣范增见项羽没有要杀掉刘邦的意思，就把项庄叫来，让他舞剑。项庄知道范增让他舞剑的用意，于是一边舞剑，一边杀气腾腾地靠近刘邦。项伯起身拔剑与项庄对舞，用身子保护刘邦。张良见情势危急，连忙去叫刘邦的侍卫官樊哙救驾。樊哙是一员猛将，他全身披挂，直冲军营，用盾撞倒守门的卫士，来到宴席边，瞪圆一双虎眼，愤怒地数落项羽说："楚王和诸将约定先入关者为王，可是，沛公进关后却秋毫无犯，等待大王来安排，想不到你竟听信小人的话，要杀害劳苦功高的人。你这样做和残暴的秦朝有什么两样！"项羽不知道樊哙这一席话是预先安排好的，一时对答不上来，沉默了一会儿，觉得理亏，顺口夸赞樊哙："好一个壮士，你请坐吧！"紧张的气氛缓和了下来。老谋深算的刘邦趁这个机会，推说要上厕所，招呼樊哙溜出军营，一溜烟逃回自己的军营。这就是历史上有名的鸿门宴。刘邦利用项羽年轻，缺乏政治斗争经验，又仗恃项伯内应，所以亲入虎穴，打探虚实，不仅化险为夷，而且弄清了内奸。他回到军营后立刻杀了曹无伤。

鸿门宴拉开了楚汉相争的序幕，也是项羽事业的转折点。这是一场说理斗智的政治斗争，刘邦从此变被动为主动。由此，范增已料定刘胜项败不可避免，他遗憾而又感叹地说："今天放走了刘邦，日后我们都要成为他的俘虏！"

四年之后，又一个十二月的寒冬，范增的话果然应验了，项羽山穷水尽，被刘邦围困在垓下。这一回楚汉力量对比恰好颠倒过来了，刘邦拥兵四五十万，项羽只有十万。夜间，汉军四面大唱楚歌，迷惑项羽。项羽惊惶不解地说："难道汉军把楚地都占领了吗？为何有这么多人唱楚歌？"项羽心烦意乱，一个劲地喝闷酒，他不明白自己为什么会落到这步田地。他让人牵来陪他南征北战的乌骓马，面对爱妾虞姬，禁不住唱起了离别的悲歌：

力拔山兮气盖世，时不利兮骓不逝。
骓不逝兮可奈何，虞兮虞兮奈若何！

项羽一遍又一遍地慷慨悲歌，泪流不止，左右的人也一个个泣不成声。英雄陷入了生离死别的窘境，他在痛苦的思索中得出结论，认为"时不利兮骓不逝"，这是天真而又执迷的。项羽决定突围，夜已经很深了，项羽跨上乌骓马，率领八百多壮士悄悄地冲了出去。次日清晨，汉军察觉，立刻出动五千骑兵追击。项羽过了淮河，只剩一百余骑。行经阴陵，迷失道路，又被耕田的农夫欺骗陷入大泽。汉兵追上来，项羽被逼围在离长江边上乌江浦三十五里的四贵山上，身边只剩下二十八骑。前面是浩瀚的大江，后面有黑压压的追兵，英雄已走到末路。但项羽仍要一展雄风，他对身边的二十八骑说："我起兵八年，身经七十余战，从没打过败仗，故能称霸天下。今天走投无路，是上天要我失败，不是我不会打仗，不信我再与汉军决战，打一个痛快仗给你们看一看，我要斩将、夺旗，并为你们解围。"于是，项羽在乌江边的四贵山上，表演了一场精彩的决战与快战，斩杀两员汉将，突围两次，项羽只损失了两员骑兵。然后他率领二十六骑，策马到长江边的乌江浦，只有亭长一条小船，无法尽渡二十六骑。项羽改变渡江的主意，喝令二十六骑下马步战，殉身沙场。项羽从容不迫地将马赐给乌江亭长。后自刎而亡。

生当作人杰，死亦为鬼雄。
至今思项羽，不肯过江东。

这首《夏日绝句》是宋代女词人李清照怀着对项羽的崇敬心情留下的绝

唱，它表达了千百年来人们对项羽英雄气概的肯定，这也正是《项羽本纪》所要阐扬的精神。

从上述的内容梗概中，可以清楚地看出司马迁的思想倾向，他同情并惋惜项羽，所以《项羽本纪》不以编年为纲，而用传体精心布局，选择典型事例塑造项羽的英雄形象。《太史公自序》云：“秦失其道，豪杰并扰；项梁业之，子羽接之；杀庆救赵，诸侯立之；诛婴背怀，天下非之。作《项羽本纪》第七。”这段话，表现了司马迁的卓越史识，他不以成败论英雄，把项羽的贡献放在秦末人民反暴秦的生死斗争转折关头来评价，充分肯定了项羽的历史地位，把项羽作为一个悲剧英雄来讴歌，实在难能可贵。可以说，若无司马迁之识，就无项羽的形象出现在高文典册中。

项羽失败了，他是怎样失败的？《项羽本纪》深刻透彻地揭示了他失败的原因。

项羽是楚国世代将家之后，他的祖父项燕是楚国的名将。公元前 225 年曾大破秦将李信军二十万。接着，秦将王翦率六十万大军来灭楚，项燕寡不敌众，才兵败自杀。第二年，秦灭楚，项羽仅十岁。秦始皇通缉项氏，项羽随叔父项梁流落到吴中避难。国破家亡的悲痛，流亡生活的凄惨，在项羽幼小的心灵中埋下了仇恨暴秦的种子。为报国仇家恨，他立志学“万人敌”。项梁教他兵法，他很高兴。但是，仅“略知其意，又不肯竟学”。项羽这一粗犷的性格，使得他没能把兵法学到家。项羽打仗，长于治兵置阵，摧锋挫敌，而不足于权谋，疏于筹略，可以说这是他后来兵败自杀的原因之一。

本来兵法是与政治紧密相连的。项羽只学置阵破敌，不研究兵政关系，造成了他智略勇力的畸形发展，直率粗犷的性格演化成“悍猾贼”，残暴不仁。项羽只知杀戮、力战，不懂得斗智与争取民心，所过无不残灭。他攻襄城，久攻不下，已拔，尽坑之。他收降了秦卒二十余万，也不知如何处置，尽坑之。在灭秦过程中的这种简单的复仇行为与人民反暴秦的朴素心理相合拍，所以他还能得到诸侯将的拥护。可是项羽入关屠咸阳，杀秦降王子婴，入山东烧夷齐城郭，屠杀齐民，这是因迁怒刘邦、田荣而报复人民，这就毫无道理，而是为渊驱鱼、为丛驱雀了。司马迁批评说，“子羽暴虐，汉行功德”（《太史公自序》），一点也不错。所以在楚汉战争中，项羽胜利越多，敌人越多，直到四面楚歌而后已。

刘邦起兵，投靠项梁，与项羽约为兄弟，经常并肩作战。而第一个起来与项羽争天下的却是刘邦。这使得项羽错误地总结了生活和政治的经验，猜忌功臣，只听信项伯等亲戚的话，把人才都赶到刘邦那边去了。能征善战的韩信，得不到项羽的重用，给刘邦当了大将；足智多谋的陈平，背叛项羽，给刘邦当了谋臣；甚至替项羽打天下的先锋淮南王黥布也让刘邦挖了墙脚。这些都是造成项羽悲剧结局的原因。然而最致命的却是他听信范增之策，误封诸侯十八王。

项羽封王，争论最大。论者或曰，项羽分封代表旧贵族的割据势力，是开历史的倒车，必然失败。这种观点值得商榷。公元前210年，秦始皇出游天下，巡行浙江，当时项梁、项羽叔侄随众观看，项羽情不自禁地说，“彼可取而代也”，可见他不是不想做皇帝，不是一心想分封。但是如果认为，项羽分封是迫于形势，那就更不符合实际了。巨鹿之战，诸侯折服，强势有力者皆归项羽旗下，成了他的部将。最大的异己刘邦，欲与项羽争衡，心有余而力不足，他像踩钢丝一样，冒死入虎穴乞和。当时，谁敢和项羽对抗？那项羽为何分封十八王？追本溯源是范增劝项梁立楚怀王这一政治失策，给入世未久的项羽套上了绳索。鸿门宴后，项羽不想立刘邦为秦王，报请怀王，怀王不允，回答说“如约”。这使得项羽在政治上陷入了极端的被动。项羽迫不得已，来个大家都称王。这一着棋，项羽彻底走错了。他把亲信将领封王善地，以为这样就可控制局面，殊不知诸将得地称王，就不听他的号令了，黥布封九江王以后不听调遣就是一个典型例证。项羽封刘邦为汉中王，将三秦将章邯、董翳、司马欣封为三秦王来拒塞刘邦，实际上等于拱手将关中送给刘邦。一是关中三分而势弱；二是因项羽在新安坑杀了秦降卒二十余万，关中秦民恨透了三秦王。又，项羽封王，主观武断，未能处置好一些拥有实力的军事集团。山东田荣、河南彭越、河北陈馀皆被排斥在封王之外。所以，项羽回到彭城，还没来得及坐下来休息，这几个军事巨头就联合起来反抗项羽。刘邦趁机明修栈道，暗度陈仓，占了关中，杀出函谷，直捣彭城，端了项羽的老窝，幸亏项羽及时返回救援，在彭城打了一个大胜仗，才避免了过早的覆亡。

封王失计，项羽大怒，迁怒怀王，不惜用暗杀手段来泄愤，这更是错上加错，把道德信义全都送给了刘邦。假如项羽在鸿门诛了刘邦，一脚踢开怀王，称帝关中，谁曰不然！项羽真的这样做了，与刘邦胜利后诛除功臣又有什么两样？有的论者认为项羽在鸿门放走刘邦是深明大义，他若杀了友军领袖，岂不要逼反诸侯将？这些论点貌似有理，其实放在政治天平上，是经不起推敲的。项羽在军事上是一个巨人，在政治上却是一个侏儒。阴谋手段并不是高明的政治斗争，当然不应赞许。但是，兵不厌诈，刘邦就是一个阴谋老手，刘邦却胜利了。既然刘邦为友军，他却派兵守函谷，先失一着，而后自来谢罪，项羽斩之名正言顺，何阴谋之有？看看后世，林冲火并王伦带来了梁山泊的兴旺；李自成谋杀罗汝才并不妨碍他入主北京，这些历史事实是很可以说明问题的。

历史总归是历史，鸿门宴的主人项羽，当年才是一个二十七岁的马背上的将军，他还不懂得用阴谋手段来除异己，而且以形势论，项羽并不需要搞阴谋手段。本来，项羽用范增的计谋，封刘邦为蜀王，想把他困在巴蜀，又是张良运动项伯说情，改封刘邦为汉中王。项羽这一改动，既负背约之名，又实授关中之地，为一大失策。他在鸿门宴上即使杀了刘邦，也担不起靖乱安邦的历史重担。而刘邦多次出入险地，九死一生却安然无恙。鸿门宴上，项伯保了他；彭城战败，丁公释放了他；荥阳出逃，有纪信替死；成皋跳出，项羽不察，这一切仿佛暗中有神灵保佑似的。怪不得司马迁发出了“岂非天哉，岂非天哉！”（《秦楚之际月表序》）的慨叹。以今天的观点来看，这“天”就是历史必然之中的偶然取得了胜利，或者说是一个老谋深算的中年人战胜了一个鲁莽天真的青年人。刘邦的胜利是必然的，项羽的失败是值得同情的。

还有一种观点认为，范增非善谋之士，他对项羽的失败应负主要责任，这也是不妥当的。范增只是一个谋臣，听不听还在项羽，何况智者千虑之一失并不足以导致项羽的失败。分封固然是馊主意，但设计鸿门除害、王刘巴蜀，主意并不坏。问题是，范增的馊主意，项羽采纳了；范增的好主意，项羽拒绝了，最后项羽把范增赶走了。重瞳子以亲疏划界，虽有一范增而不能用，不亡何待！而那个改姓刘的项伯，却是项羽言听计从的一个笨伯和内奸！

最后，司马迁在赞中列述了项羽失败之因有五：第一，分裂天下，引起争斗；第二，背关怀楚，失去地利；第三，放逐义帝，诸侯叛乱；第四，自矜功伐，不行仁政；第五，专恃武力，失去民心。司马迁的批评，无疑是切合实际的。

【原文】

项籍者，下相人也，字羽。初起时，年二十四。其季父项梁，梁父即楚将项燕，为秦将王翦所戮者也。项氏世世为楚将，封于项。故姓项氏。

项籍少时，学书不成，去学剑，又不成。项梁怒之。籍曰："书，足以记名姓而已；剑，一人敌，不足学；学万人敌。"于是项梁乃教籍兵法，籍大喜，略知其意，又不肯竟学。项梁尝有栎阳逮，乃请蕲狱掾曹咎书抵栎阳狱掾司马欣，以故事得已。项梁杀人，与籍避仇于吴中。吴中贤士大夫皆出项梁下。每吴中有大繇役及丧，项梁常为主办，阴以兵法部勒宾客及子弟，以是知其能。秦始皇帝游会稽，渡浙江，梁与籍俱观。籍曰："彼可取而代也。"梁掩其口，曰："毋妄言，族矣！"梁以此奇籍。籍长八尺余，力能扛鼎，才气过人，虽吴中子弟皆已惮籍矣。

秦二世元年七月，陈涉等起大泽中。其九月，会稽守通谓梁曰："江西皆反，此亦天亡秦之时也。吾闻先即制人，后则为人所制。吾欲发兵，使公及桓楚将。"是时桓楚亡在泽中。梁曰："桓楚亡，人莫知其处，独籍知之耳。"梁乃出，诫籍持剑居外待。梁复入，与守坐，曰："请召籍，使受命召桓楚。"守曰："诺。"梁召籍入。须臾，梁眴籍曰："可行矣！"于是籍遂拔剑斩守头。项梁持守头，佩其印绶。门下大惊，扰乱，籍所击杀数十百人。一府中皆慑伏，莫敢起。梁乃召故所知豪吏，谕以所为起大事，遂举吴中兵。使人收下县，得精兵八千人。梁部署吴中豪杰为校尉、候、司马。有一人不得用，自言于梁。梁曰："前时某丧使公主某事，不能办，以此不任用公。"众乃皆伏。于是梁为会稽守，籍为裨将，徇下县。

广陵人召平于是为陈王徇广陵，未能下。闻陈王败走，秦兵又且至，乃渡江矫陈王命，拜梁为楚王上柱国。曰："江东已定，急引兵西击秦。"项梁乃以八千人渡江而西。闻陈婴已下东阳，使使欲与连和俱西。陈婴者，故东阳令史，居县中，素信谨，称为长者。东阳少年杀其令，相聚数千人，欲置长，无适用，乃请陈婴。婴谢不能，遂强立婴为长，县中从者得二万人。少年欲立婴便为王，异军苍头特起。陈婴母谓婴曰："自我为汝家妇，未尝闻汝先古之有贵者。今暴得大名，不祥。不如有所属，事成犹得封侯，事败易以亡，非世所指名也。"婴乃不敢为王，谓其军吏曰："项氏世世将家，有名于楚。今欲举大事，将非其人不可。我倚名族，亡秦必矣。”于是众从其言，以兵属项梁。项梁渡淮，黥布、蒲将军亦以兵属焉。凡六七万人，军下邳。

当是时，秦嘉已立景驹为楚王，军彭城东，欲距项梁。项梁谓军吏曰：“陈王先首事，战不利，未闻所在。今秦嘉倍陈王而立景驹，逆无道。”乃进兵击秦嘉。秦嘉军败走，追之至胡陵。嘉还战一日，嘉死，军降。景驹走死梁地。项梁已并秦嘉军，军胡陵，将引军而西。章邯军至栗，项梁使别将朱鸡石、余樊君与战。余樊君死。朱鸡石军败，亡走胡陵。项梁乃引兵入薛，诛鸡石。项梁前使项羽别攻襄城，襄城坚守不下。已拔，皆坑之。还报项梁。项梁闻陈王定死，召诸别将会薛计事。此时沛公亦起沛往焉。

居鄛人范增，年七十，素居家，好奇计。往说项梁曰：“陈胜败固当。夫秦灭六国，楚最无罪。自怀王入秦不反，楚人怜之至今，故楚南公曰‘楚虽三户，亡秦必楚’也。今陈胜首事，不立楚后而自立，其势不长。今君起江东，楚蜂午之将皆争附君者，以君世世楚将，为能复立楚之后也。”于是项梁然其言，乃求楚怀王孙心民间，为人牧羊，立以为楚怀王，从民所望也。陈婴为楚上柱国，封五县，与怀王都盱台。项梁自号为武信君。

居数月，引兵攻亢父，与齐田荣、司马龙且军救东阿，大破秦军于东阿。田荣即引兵归，逐其王假。假亡走楚。假相田角亡走赵。角弟田间故齐将，居赵不敢归。田荣立田儋子市为齐王。项梁已破东阿下军，遂追秦军。数使使趣齐兵，欲与俱西。田荣曰：“楚杀田假，赵杀田角、田间，乃发兵。”项梁曰：“田假为与国之王，穷来从我，不忍杀之。”赵亦不杀田角、田间以市于齐。齐遂不肯发兵助楚。

项梁使沛公及项羽别攻城阳，屠之。西破秦军濮阳东，秦兵收入濮阳。沛公、项羽乃攻定陶。定陶未下，去，西略地至雝丘，大破秦军，斩李由。还攻外黄，外黄未下。

项梁起东阿，西，比至定陶，再破秦军，项羽等又斩李由，益轻秦，有骄色。宋义乃谏项梁曰：“战胜而将骄卒惰者败。今卒少惰矣，秦兵日益，臣为君畏之。”项梁弗听。乃使宋义使于齐。道遇齐使者高陵君显，曰：“公将见武信君乎？”曰：“然。”曰：“臣论武信君军必败。公徐行即免死，疾行则及祸。”秦果悉起兵益章邯，击楚军，大破之定陶，项梁死。沛公、项羽去外黄攻陈留，陈留坚守不能下。沛公、项羽相与谋曰：“今项梁军破，士卒恐。”乃与吕臣军俱引兵而东。吕臣军彭城东，项羽军彭城西，沛公军砀。

章邯已破项梁军，则以为楚地兵不足忧，乃渡河击赵，大破之。当此时，赵歇为王，陈馀为将，张耳为相，皆走入巨鹿城。章邯令王离、涉间围巨鹿，章邯军其南，筑甬道而输之粟。陈馀为将，将卒数万人而军巨鹿之北，此所谓河北之军也。

楚兵已破于定陶，怀王恐，从盱台之彭城，并项羽、吕臣军自将之。以吕臣为司徒，以其父吕青为令尹。以沛公为砀郡长，封为武安侯，将砀郡兵。

初，宋义所遇齐使者高陵君显在楚军，见楚王曰："宋义论武信君之军必败，居数日，军果败。兵未战而先见败征，此可谓知兵矣。"王召宋义与计事而大说之，因置以为上将军；项羽为鲁公，为次将；范增为末将，救赵。诸别将皆属宋义，号为卿子冠军。行至安阳，留四十六日不进。项羽曰："吾闻秦军围赵王巨鹿，疾引兵渡河，楚击其外，赵应其内，破秦军必矣。"宋义曰："不然。夫搏牛之虻不可以破虮虱。今秦攻赵，战胜则兵罢，我承其敝；不胜，则我引兵鼓行而西，必举秦矣。故不如先斗秦、赵。夫被坚执锐，义不如公；坐而运策，公不如义。"因下令军中曰："猛如虎，很如羊，贪如狼，强不可使者，皆斩之。"乃遣其子宋襄相齐，身送之至无盐，饮酒高会。天寒大雨，士卒冻饥。项羽曰："将戮力而攻秦，久留不行。今岁饥民贫，士卒食芋菽，军无见粮，乃饮酒高会，不引兵渡河因赵食，与赵并力攻秦，乃曰'承其敝'。夫以秦之强，攻新造之赵，其势必举赵。赵举而秦强，何敝之承！且国兵新破，王坐不安席，埽境内而专属于将军，国家安危，在此一举。今不恤士卒而徇其私，非社稷之臣。"项羽晨朝上将军宋义，即其帐中斩宋义头，出令军中曰："宋义与齐谋反楚，楚王阴令羽诛之。"当是时，诸将皆慑服，莫敢枝梧。皆曰："首立楚者，将军家也。今将军诛乱。"乃相与共立羽为假上将军。使人追宋义子，及之齐，杀之。使桓楚报命于怀王。怀王因使项羽为上将军，当阳君、蒲将军皆属项羽。

项羽已杀卿子冠军，威震楚国，名闻诸侯。乃遣当阳君、蒲将军将卒二万渡河，救巨鹿。战少利，陈馀复请兵。项羽乃悉引兵渡河，皆沉船，破釜甑，烧庐舍，持三日粮，以示士卒必死，无一还心。于是至则围王离，与秦军遇，九战，绝其甬道，大破之，杀苏角，虏王离。涉间不降楚，自烧杀。当是时，楚兵冠诸侯。诸侯军救巨鹿下者十余壁，莫敢纵兵。及楚击秦，诸将皆从壁上观。楚战士无不一以当十，楚兵呼声动天，诸侯军无不人人惴恐。于是已破秦军，项羽召见诸侯将，诸侯将入辕门，无不膝行而前，莫敢仰视。项羽由是始为诸侯上将军，诸侯皆属焉。

章邯军棘原，项羽军漳南，相持未战。秦军数却，二世使人让章邯。章邯恐，使长史欣请事。至咸阳，留司马门三日，赵高不见，有不信之心。长史欣恐，还走其军，不敢出故道。赵高果使人追之，不及。欣至军，报曰："赵高用事于中，下无可为者。今战能胜，高必疾妒吾功；战不能胜，不免于死。愿将军孰计之。"陈馀亦遗章邯书曰："白起为秦将，南征鄢郢，北坑马服，攻城略地，不可胜计，而竟赐死。蒙恬为秦将，北逐戎人，开榆中地数千里，竟斩阳周。何者？功多，秦不能尽封，因以法诛之。今将军为秦将三岁矣，所亡失以十万数，而诸侯并起滋益多。彼赵高素谀日久，今事急，亦恐二世诛之，故欲以法诛将军以塞责，使人更代将军以脱其祸。夫将军居外久，多内郤，有功亦诛，无功亦诛。且天之亡秦，无愚智皆知之。今将军内不能直谏，外为亡国将，孤特独立而欲常存，岂不哀哉！将军何不还兵与诸侯为从，约共攻秦，分王其地，南面称孤；此孰与身伏铁质，妻子为僇乎？"章邯狐疑，阴使候始成使项羽，欲约。约未成，项羽使蒲将军日夜引兵度三户，军漳南，与秦战，再破之。项羽悉引兵击秦军污水上，大破之。

章邯使人见项羽，欲约。项羽召军吏谋曰："粮少，欲听其约。"军吏皆曰："善。"项羽乃与期洹水南殷虚上。已盟，章邯见项羽而流涕，为言赵高。项羽乃立章邯为雍王，置楚军中。使长史欣为上将军，将秦军为前行。

到新安，诸侯吏卒异时故繇使屯戍过秦中，秦中吏卒遇之多无状；及秦军降诸侯，诸侯吏卒乘胜多奴虏使之，轻折辱秦吏卒。秦吏卒多窃言曰："章将军等诈吾属降诸侯，今能入关破秦，大善；即不能，诸侯虏吾属而东，秦必尽诛吾父母妻子。"诸侯微闻其计，以告项羽。项羽乃召黥布、蒲将军计曰："秦吏卒尚众，其心不服，至关中不听，事必危。不如击杀之，而独与章邯、长史欣、都尉翳入秦。"于是楚军夜击坑秦卒二十余万人新安城南。

行略定秦地。函谷关有兵守关，不得入。又闻沛公已破咸阳，项羽大怒，使当阳君等击关。项羽遂入，至于戏西。沛公军霸上，未得与项羽相见。沛公左司马曹无伤使人言于项羽曰："沛公欲王关中，使子婴为相，珍宝尽有之。"项羽大怒，曰："旦日飨士卒，为击破沛公军。"当是时，项羽兵四十万，在新丰鸿门，沛公兵十万，在霸上。范增说项羽曰：“沛公居山东时，贪于财货，好美姬。今入关，财物无所取，妇女无所幸，此其志不在小。吾令人望其气，皆为龙虎，成五采，此天子气也。急击勿失。”

楚左尹项伯者，项羽季父也，素善留侯张良。张良是时从沛公，项伯乃夜驰之沛公军，私见张良，具告以事，欲呼张良与俱去。曰：“毋从俱死也。”张良曰：“臣为韩王送沛公，沛公今事有急，亡去不义，不可不语。”良乃入，具告沛公。沛公大惊，曰：“为之奈何？”张良曰：“谁为大王为此计者？”曰：“鲰生说我曰：‘距关，毋内诸侯，秦地可尽王也。’故听之。”良曰：“料大王士卒足以当项王乎？”沛公默然，曰：“固不如也，且为之奈何？”张良曰：“请往谓项伯，言沛公不敢背项王也。”沛公曰：“君安与项伯有故？”张良曰：“秦时与臣游，项伯杀人，臣活之。今事有急，故幸来告良。”沛公曰：“孰与君少长？”良曰：“长于臣。”沛公曰：“君为我呼入，吾得兄事之。”张良出，要项伯。项伯即入见沛公。沛公奉卮酒为寿，约为婚姻，曰：“吾入关，秋豪不敢有所近，籍吏民，封府库，而待将军。所以遣将守关者，备他盗之出入与非常也。日夜望将军至，岂敢反乎！愿伯具言臣之不敢倍德也。”项伯许诺，谓沛公曰：“旦日不可不蚤自来谢项王。”沛公曰：“诺。”于是项伯复夜去。至军中，具以沛公言报项王，因言曰：“沛公不先破关中，公岂敢入乎？今人有大功而击之，不义也，不如因善遇之。”项王许诺。

沛公旦日从百余骑来见项王。至鸿门，谢曰：“臣与将军戮力而攻秦，将军战河北，臣战河南，然不自意能先入关破秦，得复见将军于此。今者有小人之言，令将军与臣有郤。”项王曰：“此沛公左司马曹无伤言之，不然，籍何以至此。”项王即日因留沛公与饮。项王、项伯东向坐，亚父南向坐。亚父者，范增也。沛公北向坐，张良西向侍。范增数目项王，举所佩玉玦以示之者三，项王默然不应。范增起，出召项庄。谓曰：“君王为人不忍，若入前为寿。寿毕，请以剑舞，因击沛公于坐，杀之。不者，若属皆且为所虏。”庄则入为寿，寿毕，曰：“君王与沛公饮，军中无以为乐，请以剑舞。”项王曰：“诺。”项庄拔剑起舞，项伯亦拔剑起舞，常以身翼蔽沛公，庄不得击。于是张良至军门，见樊哙。樊哙曰：“今日之事何如？”良曰：“甚急。今者项庄拔剑舞，其意常在沛公也。”哙曰：“此迫矣，臣请入，与之同命。”哙即带剑拥盾入军门。交戟之卫士欲止不内，樊哙侧其盾以撞，卫士仆地，哙遂入。披帷西向立，瞋目视项王，头发上指，目眦尽裂。项王按剑而跽曰："客何为者？"张良曰："沛公之参乘樊哙者也。"项王曰："壮士！赐之卮酒。"则与斗卮酒。哙拜谢，起，立而饮之。项王曰："赐之彘肩。"则与一生彘肩。樊哙覆其盾于地，加彘肩上，拔剑切而啖之。项王曰："壮士，能复饮乎？"樊哙曰："臣死且不避，卮酒安足辞！夫秦王有虎狼之心，杀人如不能举，刑人如恐不胜，天下皆叛之。怀王与诸将约曰：'先破秦入咸阳者王之。'今沛公先破秦入咸阳，豪毛不敢有所近，封闭宫室，还军霸上，以待大王来。故遣将守关者，备他盗出入与非常也。劳苦而功高如此，未有封侯之赏，而听细说，欲诛有功之人。此亡秦之续耳，窃为大王不取也。"项王未有以应，曰："坐。"樊哙从良坐。坐须臾，沛公起如厕，因招樊哙出。

沛公已出，项王使都尉陈平召沛公。沛公曰："今者出，未辞也，为之奈何？"樊哙曰："大行不顾细谨，大礼不辞小让。如今人方为刀俎，我为鱼肉，何辞为？"于是遂去。乃令张良留谢。良问曰："大王来何操？"曰："我持白璧一双，欲献项王；玉斗一双，欲与亚父，会其怒，不敢献。公为我献之。"张良曰："谨诺。"当是时，项王军在鸿门下，沛公军在霸上，相去四十里。沛公则置车骑，脱身独骑，与樊哙、夏侯婴、靳强、纪信等四人持剑盾步走，从骊山下，道芷阳间行。沛公谓张良曰："从此道至吾军，不过二十里耳。度我至军中，公乃入。"沛公已去，间至军中，张良入谢，曰："沛公不胜杯杓，不能辞。谨使臣良奉白璧一双，再拜献大王足下；玉斗一双，再拜奉大将军足下。"项王曰："沛公安在？"良曰："闻大王有意督过之，脱身独去，已至军矣。"项王则受璧，置之坐上。亚父受玉斗，置之地，拔剑撞而破之，曰："唉！竖子不足与谋。夺项王天下者，必沛公也，吾属今为之虏矣。"沛公至军，立诛杀曹无伤。

居数日，项羽引兵西屠咸阳，杀秦降王子婴，烧秦宫室，火三月不灭；收其货宝妇女而东。人或说项王曰："关中阻山河四塞，地肥饶，可都以霸。"项王见秦宫室皆以烧残破，又心怀思欲东归，曰："富贵不归故乡，如衣绣夜行，谁知之者！"说者曰："人言楚人沐猴而冠耳，果然。"项王闻之，烹说者。

项王使人致命怀王。怀王曰："如约。"乃尊怀王为义帝。项王欲自王，先王诸将相。谓曰："天下初发难时，假立诸侯后以伐秦。然身被坚执锐首事，暴露于野三年，灭秦定天下者，皆将相诸君与籍之力也。义帝虽无功，故当分其地而王之。”诸将皆曰：“善。”乃分天下，立诸将为侯王。

项王、范增疑沛公之有天下，业已讲解，又恶负约，恐诸侯叛之，乃阴谋曰：“巴、蜀道险，秦之迁人皆居蜀。”乃曰：“巴、蜀亦关中地也。”故立沛公为汉王，王巴、蜀、汉中，都南郑。而三分关中，王秦降将以距塞汉王。

项王乃立章邯为雍王，王咸阳以西，都废丘。长史欣者，故为栎阳狱掾，尝有德于项梁；都尉董翳者，本劝章邯降楚。故立司马欣为塞王，王咸阳以东至河，都栎阳；立董翳为翟王，王上郡，都高奴。徙魏王豹为西魏王，王河东，都平阳。瑕丘申阳者，张耳嬖臣也，先下河南，迎楚河上，故立申阳为河南王，都雒阳。韩王成因故都，都阳翟。赵将司马卬定河内，数有功，故立卬为殷王，王河内，都朝歌。徙赵王歇为代王。赵相张耳素贤，又从入关，故立耳为常山王，王赵地，都襄国。当阳君黥布为楚将，常冠军，故立布为九江王，都六。鄱君吴芮率百越佐诸侯，又从入关，故立芮为衡山王，都邾。义帝柱国共敖将兵击南郡，功多，因立敖为临江王，都江陵。徙燕王韩广为辽东王。燕将臧荼从楚救赵，因从入关，故立荼为燕王，都蓟。徙齐王田市为胶东王。齐将田都从共救赵，因从入关，故立都为齐王，都临淄。故秦所灭齐王建孙田安，项羽方渡河救赵，田安下济北数城，引其兵降项羽，故立安为济北王，都博阳。田荣者，数负项梁，又不肯将兵从楚击秦，以故不封。成安君陈馀弃将印去，不从入关，然素闻其贤，有功于赵，闻其在南皮，故因环封三县。番君将梅鋗功多，故封十万户侯。项王自立为西楚霸王，王九郡，都彭城。

汉之元年四月，诸侯罢戏下，各就国。项王出之国，使人徙义帝，曰：“古之帝者地方千里，必居上游。”乃使使徙义帝长沙郴县，趣义帝行。其群臣稍稍背叛之，乃阴令衡山、临江王击杀之江中。韩王成无军功，项王不使之国，与俱至彭城，废以为侯，已又杀之。臧荼之国，因逐韩广之辽东，广弗听，荼击杀广无终，并王其地。

田荣闻项羽徙齐王市胶东，而立齐将田都为齐王，乃大怒，不肯遣齐王之胶东，因以齐反，迎击田都。田都走楚。齐王市畏项王，乃亡之胶东就国。田荣怒，追击杀之即墨。荣因自立为齐王，而西击杀济北王田安，并王三齐。荣与彭越将军印，令反梁地。陈馀阴使张同、夏说说齐王田荣曰：“项羽为天下宰，不平。今尽王故王于丑地，而王其群臣诸将善地，逐其故主，赵王乃北居代，馀以为不可。闻大王起兵，且不听不义，愿大王资馀兵，请以击常山，以复赵王，请以国为扞蔽。”齐王许之，因遣兵之赵。陈馀悉发三县兵，与齐并力击常山，大破之。张耳走归汉。陈馀迎故赵王歇于代，反之赵。赵王因立陈馀为代王。

是时，汉还定三秦。项羽闻汉王皆已并关中，且东，齐、赵叛之，大怒，乃以故吴令郑昌为韩王，以距汉；令萧公角等击彭越。彭越败萧公角等。汉使张良徇韩，乃遗项王书曰：“汉王失职，欲得关中，如约即止，不敢东。”又以齐、梁反书遗项王曰：“齐欲与赵并灭楚。”楚以此故无西意，而北击齐。征兵九江王布。布称疾不往，使将将数千人行。项王由此怨布也。

汉之二年冬，项羽遂北至城阳，田荣亦将兵会战。田荣不胜，走至平原，平原民杀之。遂北烧夷齐城郭室屋，皆坑田荣降卒，系虏其老弱妇女。徇齐至北海，多所残灭。齐人相聚而叛之。于是田荣弟田横收齐亡卒得数万人，反城阳。项王因留，连战未能下。

春，汉王部五诸侯兵，凡五十六万人，东伐楚。项王闻之，即令诸将击齐，而自以精兵三万人南从鲁出胡陵。四月，汉皆已入彭城，收其货宝美人，日置酒高会。项王乃西从萧，晨击汉军而东，至彭城，日中，大破汉军。汉军皆走，相随入谷、泗水，杀汉卒十余万人。汉卒皆南走山，楚又追击至灵壁东睢水上。汉军却，为楚所挤，多杀，汉卒十余万人皆入睢水，睢水为之不流。围汉王三匝。于是大风从西北而起，折木发屋，扬沙石，窈冥昼晦，逢迎楚军。楚军大乱，坏散，而汉王乃得与数十骑遁去。欲过沛，收家室而西；楚亦使人追之沛，取汉王家。家皆亡，不与汉王相见。汉王道逢得孝惠、鲁元，乃载行。楚骑追汉王，汉王急，推堕孝惠、鲁元车下，滕公常下收载之。如是者三。曰：“虽急不可以驱，奈何弃之？”于是遂得脱。求太公、吕后，不相遇。审食其从太公、吕后间行，求汉王，反遇楚军。楚军遂与归，报项王，项王常置军中。

是时吕后兄周吕侯为汉将兵居下邑，汉王间往从之，稍稍收其士卒。至荥阳，诸败军皆会，萧何亦发关中老弱未傅悉诣荥阳，复大振。楚起于彭城，常乘胜逐北，与汉战荥阳南京、索间，汉败楚，楚以故不能过荥阳而西。

项王之救彭城，追汉王至荥阳，田横亦得收齐，立田荣子广为齐王。汉王之败彭城，诸侯皆复与楚而背汉。汉军荥阳，筑甬道属之河，以取敖仓粟。

汉之三年，项王数侵夺汉甬道，汉王食乏，恐，请和，割荥阳以西为汉。项王欲听之。历阳侯范增曰："汉易与耳，今释弗取，后必悔之。"项王乃与范增急围荥阳。汉王患之，乃用陈平计间项王。项王使者来，为太牢具，举欲进之。见使者，详惊愕曰："吾以为亚父使者，乃反项王使者。"更持去，以恶食食项王使者。使者归报项王，项王乃疑范增与汉有私，稍夺之权。范增大怒，曰："天下事大定矣，君王自为之。愿赐骸骨归卒伍。"项王许之。行未至彭城，疽发背而死。

汉将纪信说汉王曰："事已急矣，请为王诳楚为王，王可以间出。"于是汉王夜出女子荥阳东门被甲二千人，楚兵四面击之。纪信乘黄屋车，傅左纛，曰："城中食尽，汉王降。"楚军皆呼万岁。汉王亦与数十骑从城西门出，走成皋。项王见纪信，问："汉王安在？"信曰："汉王已出矣。"项王烧杀纪信。

汉王使御史大夫周苛、枞公、魏豹守荥阳。周苛、枞公谋曰："反国之王，难与守城。"乃共杀魏豹。楚下荥阳城，生得周苛。项王谓周苛曰："为我将，我以公为上将军，封三万户。"周苛骂曰："若不趣降汉，汉今虏若，若非汉敌也。"项王怒，烹周苛，并杀枞公。

汉王之出荥阳，南走宛、叶，得九江王布，行收兵，复入保成皋。汉之四年，项王进兵围成皋。汉王逃，独与滕公出成皋北门，渡河走修武，从张耳、韩信军。诸将稍稍得出成皋，从汉王。楚遂拔成皋，欲西。汉使兵拒之巩，令其不得西。

是时，彭越渡河击楚东阿，杀楚将军薛公。项王乃自东击彭越。

汉王得淮阴侯兵，欲渡河南。郑忠说汉王，乃止壁河内。使刘贾将兵佐彭越，烧楚积聚。项王东击破之，走彭越。汉王则引兵渡河，复取成皋，军广武，就敖仓食。项王已定东海来，西，与汉俱临广武而军，相守数月。

当此时，彭越数反梁地，绝楚粮食，项王患之。为高俎，置太公其上，告汉王曰："今不急下，吾烹太公。"汉王曰："吾与项羽俱北面受命怀王，曰'约为兄弟'，吾翁即若翁，必欲烹而翁，则幸分我一杯羹。"项王怒，欲杀之。项伯曰："天下事未可知，且为天下者不顾家，虽杀之无益，只益祸耳。"项王从之。

楚、汉久相持未决，丁壮苦军旅，老弱罢转漕。项王渭汉王曰："天下匈匈数岁者，徒以吾两人耳，原与汉王挑战决雌雄，毋徒苦天下之民父子为也。”汉王笑谢曰：“吾宁斗智，不能斗力。”项王令壮士出挑战，汉有善骑射者楼烦，楚挑战三合，楼烦辄射杀之。项王大怒，乃自被甲持戟挑战。楼烦欲射之，项王瞋目叱之，楼烦目不敢视，手不敢发，遂走还入壁，不敢复出。汉王使人间问之，乃项王也，汉王大惊。于是项王乃即汉王相与临广武间而语。汉王数之，项王怒，欲一战。汉王不听，项王伏弩射中汉王。汉王伤，走入成皋。

项王闻淮阴侯已举河北，破齐、赵，且欲击楚，乃使龙且往击之。淮阴侯与战，骑将灌婴击之，大破楚军，杀龙且。韩信因自立为齐王。项王闻龙且军破，则恐，使盱台人武涉往说淮阴侯。淮阴侯弗听。

是时，彭越复反，下梁地，绝楚粮。项王乃谓海春侯大司马曹咎等曰：“谨守成皋，则汉欲挑战，慎勿与战，毋令得东而已。我十五日必诛彭越，定梁地，复从将军。”乃东，行击陈留、外黄。外黄不下。数日，已降，项王怒，悉令男子年十五已上诣城东，欲坑之。外黄令舍人儿年十三，往说项王曰：“彭越强劫外黄，外黄恐，故且降，待大王。大王至，又皆坑之，百姓岂有归心？从此以东，梁地十余城皆恐，莫肯下矣。”项王然其言，乃赦外黄当阬者。东至睢阳，闻之皆争下项王。

汉果数挑楚军战，楚军不出。使人辱之，五六日，大司马怒，渡兵汜水。士卒半渡，汉击之，大破楚军，尽得楚国货赂。大司马咎、长史翳、塞王欣皆自刭汜水上。大司马咎者，故蕲狱掾，长史欣亦故栎阳狱吏，两人尝有德于项梁，是以项王信任之。当是时，项王在睢阳，闻海春侯军败，则引兵还。汉军方围钟离眜于荥阳东，项王至，汉军畏楚，尽走险阻。

是时，汉兵盛食多，项王兵罢食绝。汉遣陆贾说项王，请太公，项王弗听。汉王复使侯公往说项王，项王乃与汉约，中分天下，割鸿沟以西者为汉，鸿沟而东者为楚。项王许之，即归汉王父母妻子。军皆呼万岁。汉王乃封侯公为平国君。匿弗肯复见。曰：“此天下辩士，所居倾国，故号为平国君。”项王已约，乃引兵解而东归。

汉欲西归，张良、陈平说曰：“汉有天下太半，而诸侯皆附之。楚兵罢食尽，此天亡楚之时也，不如因其机而遂取之。今释弗击，此所谓‘养虎自遗患’也。”汉王听之。汉五年，汉王乃追项王至阳夏南。止军，与淮阴侯韩信、建成侯彭越期会而击楚军。至固陵，而信、越之兵不会。楚击汉军，大破之。汉王复入壁，深堑而自守。谓张子房曰："诸侯不从约，为之奈何？"对曰："楚兵且破，信、越未有分地，其不至固宜。君王能与共分天下，今可立致也。即不能，事未可知也。君王能自陈以东傅海，尽与韩信；睢阳以北至谷城，以与彭越：使各自为战，则楚易败也。"汉王曰："善。"于是乃发使者告韩信、彭越曰："并力击楚。楚破，自陈以东傅海与齐王，睢阳以北至谷城与彭相国。"使者至，韩信、彭越皆报曰："请今进兵。"韩信乃从齐往，刘贾军从寿春并行，屠城父，至垓下。大司马周殷叛楚，以舒屠六，举九江兵，随刘贾、彭越皆会垓下，诣项王。

项王军壁垓下，兵少食尽，汉军及诸侯兵围之数重。夜闻汉军四面皆楚歌，项王乃大惊，曰："汉皆已得楚乎？是何楚人之多也！"项王则夜起，饮帐中。有美人名虞，常幸从；骏马名骓，常骑之。于是项王乃悲歌慷慨，自为诗曰："力拔山兮气盖世，时不利兮骓不逝。骓不逝兮可奈何，虞兮虞兮奈若何！"歌数阕，美人和之。项王泣数行下，左右皆泣，莫能仰视。

于是项王乃上马骑，麾下壮士骑从者八百余人，直夜溃围南出，驰走。平明，汉军乃觉之，令骑将灌婴以五千骑追之。项王渡淮，骑能属者百余人耳。项王至阴陵，迷失道，问一田父，田父绐曰"左"。左，乃陷大泽中，以故汉追及之。项王乃复引兵而东，至东城，乃有二十八骑，汉骑追者数千人。项王自度不得脱，谓其骑曰："吾起兵至今八岁矣，身七十余战，所当者破，所击者服，未尝败北，遂霸有天下。然今卒困于此，此天之亡我，非战之罪也。今日固决死，愿为诸君快战，必三胜之，为诸君溃围，斩将，刈旗，令诸君知天亡我，非战之罪也。"乃分其骑以为四队，四向。汉军围之数重。项王谓其骑曰："吾为公取彼一将。"令四面骑驰下，期山东为三处。于是项王大呼驰下，汉军皆披靡，遂斩汉一将。是时赤泉侯为骑，追项王，项王瞋目而叱之，赤泉侯人马俱惊，辟易数里，与其骑会为三处。汉军不知项王所在，乃分军为三，复围之。项王乃驰，复斩汉一都尉，杀数十百人。复聚其骑，亡其两骑耳。乃谓其骑曰："何如？"骑皆伏，曰："如大王言。"

于是项王乃欲东渡乌江。乌江亭长舣船待，谓项王曰："江东虽小，地方千里，众数十万人，亦足王也。愿大王急渡。今独臣有船，汉军至，无以渡。"项王笑曰："天之亡我，我何渡为！且籍与江东子弟八千人渡江而西，今无一人还；纵江东父兄怜而王我，我何面目见之？纵彼不言，籍独不愧于心乎？"

乃谓亭长曰："吾知公长者。吾骑此马五岁，所当无敌，尝一日行千里，不忍杀之，以赐公。"乃令骑皆下马步行，持短兵接战。独籍所杀汉军数百人，项王身亦被十余创。顾见汉骑司马吕马童，曰："若非吾故人乎？"马童面之，指王翳曰："此项王也。"项王乃曰："吾闻汉购我头千金，邑万户，吾为若德。"乃自刎而死。王翳取其头，余骑相蹂践争项王，相杀者数十人。最其后，郎中骑杨喜，骑司马吕马童，郎中吕胜、杨武各得其一体。五人共会其体，皆是。故分其地为五：封吕马童为中水侯，封王翳为杜衍侯，封杨喜为赤泉侯，封杨武为吴防侯，封吕胜为涅阳侯。

项王已死，楚地皆降汉，独鲁不下。汉乃引天下兵欲屠之，为其守礼义，为主死节，乃持项王头视鲁，鲁父兄乃降。始，楚怀王初封项籍为鲁公，及其死，鲁最后下，故以鲁公礼葬项王谷城。汉王为发哀，泣之而去。诸项氏枝属，汉王皆不诛。乃封项伯为射阳侯。桃侯、平皋侯、玄武侯皆项氏，赐姓刘。

太史公曰：吾闻之周生曰"舜目盖重瞳子"，又闻项羽亦重瞳子。羽岂其苗裔邪？何兴之暴也！夫秦失其政，陈涉首难，豪杰蜂起，相与并争，不可胜数。然羽非有尺寸，乘势起陇亩之中，三年遂将五诸侯灭秦，分裂天下，而封王侯，政由羽出，号为霸王，位虽不终，近古以来未尝有也。及羽背关怀楚，放逐义帝而自立，怨王侯叛己，难矣。自矜功伐，奋其私智而不师古，谓霸王之业，欲以力征经营天下，五年卒亡其国，身死东城，尚不觉寤而不自责，过矣。乃引"天亡我，非用兵之罪也"，岂不谬哉！

信陵君列传

信陵君无忌是战国四公子最贤能者，所养士人亦多杰出之人。附传人物有侯嬴、朱亥、毛公、薛公，都是不凡的人才。信陵君一生大节在救赵却秦，而成其这一大功者，全赖乎客。故本篇以“客”作眼，通篇以客起，以客结，前后照应，连环无端，成一篇绝妙文章，写客是为了衬托信陵君的礼贤下士和急人之难的高尚品德。信陵君礼贤以国事为重，这是司马迁的理想，故篇中称公子者，凡一百四十七，并以魏公子名篇，表现了作者司马迁对信陵君的无限钦佩。后世读者习惯上以封爵称魏公子传为“信陵君列传”。

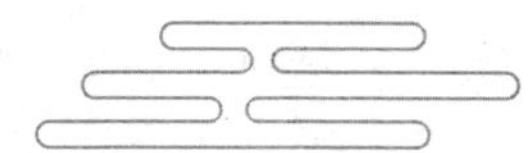

【语译】

魏公子无忌，是魏昭王的小儿子、魏安釐王的异母弟。魏昭王去世，安釐王即位为王，封无忌为信陵君。当时，范雎离魏到秦国为相，因为怨恨魏齐，率秦军兵围魏都城大梁，打败了魏国驻扎在华阳的军队，魏将芒卯败逃。魏王及信陵君都很忧虑。

公子为人，礼贤下士，不论对待才能高的还是才能低的士人，都能以礼相交，从来不因自己的富贵而看不起士人。因此，方圆数千里的名士都争相投奔到他的门下，他罗致的门客有三千人。当时，诸侯国因信陵君贤能，门客又多，有十多年不敢兴兵侵犯魏国。

一次，公子与魏王下棋，这时北方边境传来烽火警报，说“赵军犯边，并且就要入境”。魏王放下棋子，准备召集大臣议事。公子对魏王说：“那是赵王在打猎，并不是赵军兴兵犯境。”说完又继续和魏王下棋，就像什么都没有发生。可是魏王大惊，心思完全没有放在下棋上。过了一会儿，又从北方传来消息说：“是赵王在打猎罢了，不是侵犯边境。”魏王很吃惊，说：“你怎么知道的呢？”公子说：“我的门客中有能探听到赵王隐秘消息的人。赵王干什么事，门客经常向我报告，所以我能知道。”此后魏王惧怕公子的贤能，便不敢把国家大事委托给公子主持。

魏国有隐士名叫侯嬴，已经七十岁了，家里很贫穷，在都城大梁当守城门的小官。公子听说后，亲自去问候，并准备了丰厚的礼物。侯生不肯接受礼物，说：“我数十年修身养性，终究不能因守城门贫困的原因接受公子的财物。”于是公子下令大摆酒席，大宴宾客。大家坐好后，公子带着车马，空着车上左边的位子，亲自去迎接守城门的侯生。侯生整理一下破旧衣服，直接上车坐在公子左边的尊位，毫不谦让，想借此观察公子的动静。公子拿着赶车的缰绳，更加恭敬。侯生又对公子说：“我有个朋友是市井中的屠户，想借您的车马顺道去走访。”公子赶着车进入市场。侯生下车去见他的朋友朱亥，侯生故意站着与朱亥谈话很久，一边观察着公子的表情。公子脸色显得越来越谦恭。这时，魏国的王亲国戚及将相大臣宾客已经坐满厅堂，专等公子举酒开席。市场上的人都在看公子赶车。公子的从人都在暗地里骂侯生。侯生看公子的态度始终不变，才辞别客人登车。到了公子家，公子请侯生上座，并向所有的宾客介绍侯生，宾客都很吃惊。饮酒到热闹时，公子起立，为侯生敬酒祝寿。侯生这才对公子说：“今天我侯嬴难为公子真够呛。我本城门守门小吏，而公子亲自驾车迎我于大庭广众之中，这太过分了，但公子却还是这样做了。而我想成就公子的贤名，故意让公子的车骑久等，我在和朋友谈话时暗暗观察公子，公子表情越发恭敬。市场上的人便都认为我是小人，而认为公子是长者，真够礼贤下士。”于是，酒宴到此结束，侯生从此被公子待为上宾。

侯生对公子说：“我在市场访问的屠户朱亥，是一位贤人，只是世人不知道，所以隐居在屠户中的。”公子数次去请朱亥，朱亥连谢都不谢，也不回拜，公子很奇怪。

魏安釐王二十年，秦昭王大破赵军于长平，又进而兵围赵都邯郸城。公子的姐姐是赵惠文王弟平原君的夫人，她多次派人送书信给魏王和公子，向魏国求救。魏王派将军晋鄙率军十万救赵。秦王派使者警告魏王：“我秦军攻赵，不日可下，有敢去救赵国的诸侯，我军在灭赵之后，便首先掉头进攻。”魏王听后害怕，派人让晋鄙军停止前进，将军队驻扎在邺地，名义上是救赵，实际上是持观望态度，首鼠两端。平原君的使者一个接一个地来到魏国，责备公子说：“我赵胜之所以与公子攀为姻亲，是因为仰慕公子的高义，能急人所难。如今邯郸早晚即将降秦而魏国救兵不到，这怎么说公子能急人所难呢！并且公子即使看不起我赵胜，抛弃我，让我降秦，难道公子也不可怜你的姐姐吗？”公子很为难，数次去请求魏王，又让宾客辩士百般劝说魏王救赵。魏王害怕秦国，始终不听公子的话。公子思量最终也不会得到魏王的同意，也不愿看到赵国灭亡而自己独个活着，于是，他大请宾客，套了百余辆车马，准备和自己的门客一起去与秦军作战，与赵国共存亡。

经过城门，见到侯生，公子告诉他准备与门客一起去与秦军决一死战。公子辞别侯生，准备上路时，侯生说：“公子好好努力吧！我老了，不能跟您去了。”公子走了几里，心里不痛快。说：“我对待侯生的礼数周备，天下谁不知道。如今我即将去死，侯生却没有一言半语送给我，难道我还有什么过失吗？”又坐车回去追问侯生。侯生笑着说：“我知道公子一定会回来的。”又说，“公子喜爱士人，名闻天下。如今公子有难，没有别的办法而只好去向秦军送死，这就好像将肉投给饿虎，有什么用处呢？用得着门客吗？但公子对我恩深义厚，公子出发，我不送行，是因为我知道公子会怨恨而复返。”公子又拜侯生，并请教。侯生于是遣开旁边人，私下对公子说：“我听说调动晋鄙军的虎符经常在魏王的寝宫存放，而如姬最受魏王宠幸，经常出入魏王的寝宫，能够盗取虎符。我听说如姬的父亲被仇人所杀，如姬悬赏三年，自魏王以下的群臣都想为如姬报杀父之仇，没有人能办到。如姬向公子哭诉，公子派门客斩仇人之头送给了如姬。如姬即便为公子死，也不会推辞，但她一直没有机会报答公子。公子如真的开口向如姬请求，如姬必然答应，那么您就可以得到虎符去夺取晋鄙的十万人马，北去救赵而西面抵御强秦，这是春秋五霸的功业啊！”公子听从侯生之计，去求如姬，如姬果然盗来调动晋鄙军的虎符交给公子。

公子即将出发，侯生说：“将在外，君命有所不受，以对国家百利为原则。公子即使与晋鄙合符，而晋鄙不将兵权交给公子却要重新请示魏王，事情就危险了。我的朋友屠户朱亥可与你同去，此人是大力士。如果晋鄙听命于您，那就太好了；如果不从，你要让朱亥将其击杀。”公子听后哭了。侯生说：“公子是怕死吗？为什么哭呢？”公子说：“晋鄙是一位勇武的老将，我去他恐怕不会听命，必将他杀掉，所以哭，我怎会害怕死呢？”于是公子去请朱亥。朱亥笑着说：“我本是市场上一个屠户，而公子多次来看我。之所以我不答谢，不回拜，是因为小礼对公子没有什么用处。如今公子有急难，这是我报效公子的时候到了。”立刻与公子一同出发。公子去向侯生告别。侯生说：“我应该一起去，但我老了不能去。我在这里数着公子的行程，公子一行到达晋鄙军的日子，我即向北自尽，以死来报答公子。”公子拜别侯生后便出发了。

到了邺城，魏公子假传魏王之命取代晋鄙为将。晋鄙将兵符合验以后，还有些怀疑，举手对公子看了看说：“我现在率领十万大军驻扎在边境，承担国家重任，如今你自个儿驾车来取代我，这是怎么回事呢？”晋鄙不想听从。朱亥拿出藏在袖子中重四十斤的铁锥将晋鄙击杀，于是公子取得了晋鄙军的军权。然后进行队伍的部署，传令军中说：“父子都在军队中的，父亲可以回去；

兄弟都在军队中的，哥哥可以回去；独子没有兄弟的，也可以回家奉养父母。”按照军令挑选了八万精兵，率军向秦军进攻。秦军解除包围而撤走，于是邯郸得救，也保存了赵国。赵王和平原君亲自到边界迎接公子，平原君亲自背着盛箭的袋子在前面引路。赵王再次拜谢，说：“自古的贤人也比不上公子啊！”这时，平原君也不敢与公子相比。公子与侯生诀别后，赶到晋鄙军中时，侯生果然向北自尽而死。

魏王对公子盗取兵符，假借王命杀了晋鄙十分生气，公子自己也知道。已经击退秦军，保存了赵国，公子便派将领率军队回魏国，而自己和门客们留在了赵国。赵孝成王感激公子假借王命，夺取了晋鄙军保存了赵国，于是和平原君商量，拿五座城封给公子。公子听说后，不免露出了得意的神色。门客中有人劝公子说：“事情有不能忘记的，也有不能不忘记的。别人对公子有恩惠，公子不能忘记；公子对别人有恩惠，希望公子把它忘记。而且假借魏王之命，夺取晋鄙的兵权去救赵国，对于赵国是有功的，但对于魏国来说，就不能说是忠臣做的事了。如今公子自以为有功而自傲，在下以为这对于公子来说，是不可取的。”公子立时便觉得自己不对，感到无地自容。赵王亲自打扫台阶，按照主人的礼节，引导公子从西阶登堂。公子谦让，侧身而行，从东阶登堂。自称有罪，因为既对不起魏国，对赵国来说也算不上功劳。赵王陪着公子饮酒一直到晚上，也不好意思开口说封给公子五座城，因为公子太谦虚了。公子最终留在赵国。赵王将鄗城封给公子做汤沐邑，魏王也重新将信陵封给公子。公子留在了赵国。

魏公子听说赵国有两个隐士，一位毛公隐藏在赌徒之中，一位薛公隐藏在卖酒的人家，公子想结交这两人，这两人却躲起来不肯见公子。公子打听到两人的住处，便悄悄地找到两人，一见如故。平原君听说这件事后，对他的夫人说：“起初我听说你的弟弟是天下无双，如今我听说他整天和赌徒、卖酒的在一块儿混，你弟弟真是个荒唐的人啊！”平原君夫人将这些话转告了公子。公子便准备辞别平原君夫人离去，说：“当初我听说平原君贤能，所以辜负了魏王前来救赵国，以帮助平原君。平原君与人交往，只不过是摆阔气罢了，却不去寻找贤士。我在魏大梁时，就听说这两人的贤能，到赵国后，恐怕不能相见。以我的身份和两人交往，还害怕他们嫌弃我，如今平原君却认为和这两人交往是耻辱，说明平原君本人才是不值得相交的。”于是整理行装，准备离去。

平原君夫人将这番话告诉平原君后，平原君摘下帽子向公子赔罪，并坚决挽留公子。平原君的门客听说这件事后，有半数离开平原君而投靠公子，各国贤士也纷纷投奔公子，公子的门客超过了平原君。

公子留在赵国十年，不回魏国。秦国听说公子留在赵国，便不断出兵向东进攻魏国。魏王因害怕秦军攻击，便派使者去赵国请公子回国。公子害怕魏王一直怀恨在心，就告诫门客说："谁敢为魏王使者通报，就是死罪。"门客都是背弃魏国来到赵国的，没有一个敢劝公子回去。赵国的毛公、薛公二人去见公子，说："你之所以被赵国重视，在诸侯中名声很大，是有魏国的缘故。如今秦军进攻魏国，魏国危急而您却无动于衷，如果秦军攻破魏都城大梁，铲平魏祖先的宗庙，您还有什么脸面活在世上呢？"话还没说完，公子的脸色就变了，吩咐管车的人立刻套车回去救魏国。

魏王见到公子，相对而哭，魏王将上将军印给公子，于是公子统率魏国的军队。魏安釐王三十年，公子派使者通知各国诸侯。各国诸侯听说公子领兵，便分别派将领率兵救魏。公子率领五国的军队在河外击败了秦军，秦将蒙骜逃走。于是公子乘胜追逐秦军至函谷关，堵住秦军，秦军不敢出关作战。当时公子的名声天下大震，各国诸侯的门客纷纷将兵法献给公子，公子将其一一命名，所以世称《魏公子兵法》。

秦王害怕魏公子，于是运送一万斤黄金到魏国，找到晋鄙原来的门客，让他们在魏王面前诋毁公子，说："公子在外流亡了十年，如今为将，各国的将领都归服他，诸侯们只知道有魏公子，不知道有魏王。公子也想在这个时候南面自立为王，诸侯害怕公子的威势准备拥立公子为君。"秦国数次用反间计，假装不知情祝贺公子当了魏王。魏王天天听到对公子的谄毁，不由他不信，后来魏王果然让人接替公子为上将军。公子知道自己因遭诽谤再度被解职，便称病不上朝，和门下宾客常常饮酒直到夜深，喝烈酒，又多近女色。如此日夜淫乐长达四年，最后终因过多饮酒而死。公子死的那一年，魏安釐王也去世了。

秦国听说信陵君去世，便派大将蒙骜攻魏，夺取了二十座城，首次设置了东郡。此后秦国不断地蚕食魏国，又过了十八年俘虏了魏王，屠灭了大梁城。

汉高祖刘邦未发迹时，多次听说魏公子贤能。当了皇帝后，每次过大梁，都祭祀公子。汉高祖十二年，刘邦打败黥布军后又路过大梁，专门下诏令派五户人守护魏公子的坟墓，让世世代代、年年四季都有人祭祀公子。

太史公说：我经过大梁的废墟，察访哪里是夷门。原来夷门就是大梁城的东门。天下各诸侯国也有几个好客的公子，但只有信陵君特别礼待山野间的隐士，能够放下架子和地位低下的人交往。的确是这样的啊，信陵君名声超过各国诸侯，不是虚夸。汉高祖每次经过大梁都要祭奠，还下令置守冢民五家，让香火不要断绝。

【讲析】

魏公子无忌，是魏昭王的小儿子，魏安釐王之弟，封信陵君，是战国四公子中的最贤者。战国四公子为齐国孟尝君田文、赵国平原君赵胜、楚国春申君黄歇以及魏公子无忌。战国四公子分别为齐、赵、楚、魏四国之相，各养士三千人，又是同时代的贤公子，所以并称“战国四公子”。《史记》各有专传，而唯独信陵君以“魏公子”名篇，篇中称魏公子者，凡一百四十七处，表现了司马迁对信陵君的无限敬仰之情，亲切而特称公子。后世读者习惯上以封爵统称“四公子”，故《魏公子列传》也称《信陵君列传》。

魏公子礼贤下士，所养门客多杰出之士。附传人物有侯嬴、朱亥、毛公、薛公，都是不平凡的人。信陵君一生大节在救赵却秦，史称“窃符救赵”，而成其这一大功者，全赖乎客。故本篇以“客”作眼，通篇以客起，以客结，前后照应，连环无端，成一篇绝妙文章。写客是为了衬托信陵君的礼贤下士和急人之难的高尚品德。信陵君礼贤以国事为重，这是司马迁的理想，故本篇充满爱国主义的激情。信陵君窃符救赵，表面违抗王命，实质救援盟国，亦实自救，归根到底还是落在“爱国主义”四个字上。

“四公子”礼贤养士，而真正能礼贤下士的只有魏公子。孟尝君有鸡鸣狗盗之徒。平原君几失毛遂之才，但能接受毛遂自荐，亦是佳公子也。春申君晚年昏聩，失朱英之谋而断头。孟尝君、平原君、春申君三个公子广收宾客，很大成分出于讲排场，摆阔气，故有平原君客与春申君客争艳斗富的故事。因此，当时许多有才能的士人，近在三个公子咫尺却往往失之交臂。像埋名于博徒和卖浆家的毛公、薛公就闻名在外而平原君不知。唯有魏公子礼请侯生，亲为之执辔，信用屠夫朱亥，微服访毛公、薛公，关键时候得诸人之力，生动地表现了魏公子的真诚待士，以及主客关系。《魏公子列传》重点笔墨也就自然地落在魏公子与诸人的交往上。

侯嬴隐身在看门人队伍中，度过了漫长的岁月，无人知其贤者。偏偏信陵君知道他是一个贤者，而且精心设计了一个礼请侯嬴的场面。魏公子特别举行盛大宴会，高朋毕至，贵宾满堂。就在此时，公子本人率领了众多的人马车辆，亲自去迎接侯嬴赴会。这给了侯嬴以很大的面子。而侯嬴的表现似乎要比当年的田子方更过头些。他穿戴着破旧的衣帽，表露出满不在乎的轻慢。公子亲自驾车，他却傲然直登上座。车到半途，他又下车去访问自己的朋友朱亥，站在喧闹的街市，故意与朱亥谈论了很久，倒把公子冷落在一边。但是公子的态度却是越来越温和，没有丝毫的愠色。在宴会上，公子当着满堂贵宾，赞誉侯生，又亲自向侯生敬酒。末了，侯生却大言不惭地对公子说："今日嬴之为公子亦足矣。"因为侯生在大庭广众之中故意用自己的倨傲放荡来反衬公子的礼贤下士和虚己待人，这实实在在是一种不同寻常的举动。后来信陵君在窃符救赵的非常壮举中完全得力于侯生的策划。到这时，我们才完全领悟到"嬴之为公子亦足矣"这句话含有多大的分量！这句话的意思就是"今日我侯嬴也够难为公子了"，表示为以身许公子了。侯生后来果然以死励军，实践了自己的诺言。

毛公、薛公，一个沉沦赌博，一个靠卖酒浆为生。在平原君眼里，这种操业卑下的人，不值得与之交往。但信陵君却不然，他看人不在于其人的操业，而是品格和才能。所以当他探得毛公、薛公是贤者，就装扮成平民，放下架子主动去拜访，吃了闭门羹也不计较。魏公子的赤诚相待，终于使得毛公、薛公成了他的座上宾。从平原君与信陵君对待毛公、薛公的态度上，清楚地显现了二人在见识上的高低。平原君好客，只是一种豪举，并不注重实际，所以尽管收罗了很多门客，具有真才实学的人却寥若晨星，而贤能的人往往还不肯屈就。信陵君就高明得多，他好客，特别注重才学德行，为了笼络门下，不惜放下架子，折节礼待。由于这个缘故，有才学的人也就乐于为其所用了。有一次，公子和魏王下棋，魏王得到报告说赵国的军队将要入侵边界，公子说这是赵王在打猎。后来证明确实是赵王在打猎。公子的情报之确切，以致连赵王的一举一动都能了如指掌。我们由此也可以判断，信陵君不仅在赵国布满了耳目，其他诸侯国基本上也是如此，可见信陵君的本领之大。而这正得力于他礼贤下士的优秀品质和作风。

信陵君在司马迁的心目中是个理想化了的历史人物。这篇列传除了叙述他能礼贤下士，还叙述了他在其他几个方面的品德和优点。信陵君突出的优点是善于听取别人的批评，采纳正确的意见，及时改正错误。这在封建时代的贵族身上是难能可贵的。信陵君因窃符救赵及锥杀晋鄙两件事，得罪了魏王，故长期居留在赵国。秦国伺机不断侵犯魏国，魏王派遣使臣迎请公子归国，以解救魏国的危急。公子因旧憾未释而不愿回去，并不许宾客们劝谏。这时，毛公和薛公出来，正色批评他昧于大义，言辞很激烈。公子幡然醒悟，立即整顿行装返国，担负起抗秦的重任。在对待自己国家的态度上，若以孟尝君与信陵君比较，是不能等量齐观的。孟尝君有功于齐国，但被齐王废黜后却怀恨在心，背弃祖国。当他做了魏相国后，竟联合燕、秦、赵一起出兵进攻齐国。孟尝君的这一举动，实在是不足取的，这分明已是把个人的利益和恩怨放在祖国之上了。

信陵君能奋不顾身急人之难。当秦攻赵时，邯郸危在旦夕，而魏王救赵却又举棋不定。信陵君和门客们想尽一切办法企图说服魏王立即催促晋鄙进军救援，但是劝说无效。信陵君竟不顾一切，准备带领亲信赴前线与秦军拼命。信陵君也明知这是一条下策，等于自投虎口。但他这样做，的确是表现出了不怕牺牲的侠义精神和大无畏的勇气。当然，这种举动对解救邯郸的危亡毫无作用，可以说是不明智的。然而，这却是信陵君高人一等的可贵品德，即能急人之难。凭借这一精神品德，信陵君赢得了各种人士的帮助，窃符救赵赢得了全军的上下一心，也赢得了胜利。

在《史记》中，《魏公子列传》是作者对传主感情最深厚最真挚的篇章之一。信陵君在司马迁的心目中是一个理想化了的人物，这使作者在行文中既洋溢着对他的崇敬之情，又充满了同情和惋惜之心。

信陵君忠于兄长魏王，却不谙世故。魏王与信陵君虽是同胞，但连枝而不同气。出于利害关系，魏王一直就对信陵君怀有猜忌，不敢任以国政。信陵君窃符救赵以后，长期住在赵国，魏王既无骨肉之情，也无存魏安魏的远大打算，一任亲弟久羁异乡。只是由于秦国不断地侵犯，国势日危，才不得已把公子请回来。兄弟相抱哭了一场，魏王似乎有所悔悟，其实不然。因为这时再不请公子返国，领兵抗秦，恐怕连身家性命都保不住了。公子在军事上有出色的才干，他率领五国军队联合抗击秦兵，击败了不可一世的猛将蒙骜。这在战国合纵史上，是东方各国卓有成效的一次联合军事行动，使整个政治局势一度出现了有利于东方各国的转机。魏国得以暂时摆脱了困境，而公子施展才能的机会也随之告终了。公子被废黜，反间计固然是厉害的一招，但如果内部团结牢不可破，秦有何机可乘？魏王害怕公子的声望太大，有了兵权，会动摇自己的王位，便夺了他的兵权。公子一再遭受猜忌，不能施展才能和抱负，最终陷进了自暴自弃的泥潭，其结局是可悲的。公子死后不久，魏国终于为秦所灭。

当然，历史总归是前进的。信陵君生当秦国正在猛烈向东方挺进的时期，统一的趋势在秦军节节胜利的步伐声中已经明朗化了。信陵君纵使能够充分施展自己的才能，也只能挽回一时的局面，所谓大厦将倾，非一木所能支，魏国和东方各国的覆灭最终还是不可避免的。信陵君生当那个时代，身处那种地位，本身就是一个悲剧。司马迁也看得很清楚，他在《魏世家》末尾的论赞中曾说："天方令秦平海内，其业未成，魏虽得阿衡之佐，曷益乎？"这里的"天"字是对客观历史必然事势的简练概括，是任何个人的力量无法挽回的。但是，司马迁认为，历史时势包含着人为努力的积极因素。信陵君在那个时代，本来还可以发挥出更大的历史作用，只是由于人为的原因，使他失去了机会。司马迁在另一名篇《屈原贾生列传》中就曾无限感慨地引《易经》说："井泄不食，为我心恻。"即"井挖好了，但泉水仍未被人们取用，使我感到伤心"，比喻人才被埋没，难以施展自己的抱负。《屈原贾生列传》说，屈原死后数十年（实为五十五年）楚国便灭亡了；《魏公子列传》中也说，信陵君死后十八年，魏国就灭亡了，用的手法是一样的。旨在说明屈原、信陵君身系着国家的存亡安危。这就揭示了这样一个真理，即人才的使用问题，直接关系到了国家的兴亡。人才是每个国家、每个民族、每个时代都有的，但机缘对每个人却不一样。司马迁笔下的屈原和魏公子，在他们生活的时代里不能施展自己的才干，这是值得人们深思和同情的。

《魏公子列传》始终以信陵君与宾客之间的活动为主线，把当时的历史画卷有机地贯穿起来，展现在人们的眼前。信陵君礼贤下士，士也乐于为之奔走，而信陵君声名的远扬和事业的成功，又全赖于宾客们的帮衬。作者通过具体事例，把信陵君的才能、品质等方面的优点用饱含激情的史笔揭示了出来。篇末赞语，寥寥数语也充分表现了这一特色。司马迁没有用华丽的辞藻对信陵君大加歌颂，而只是淡淡地说，自己曾访求过大梁遗址，又寻访了当年的夷门。接着又说，汉朝建立后，高祖每次巡行经过大梁，常常亲自去祭祀公子，又特地叫人看守公子的坟墓，待以诸侯之礼。这些具体事由如叙家常般地娓娓道来，作者对信陵君的怀念之情，跃然纸上。

【原文】

魏公子无忌者，魏昭王少子而魏安釐王异母弟也。昭王薨，安釐王即位，封公子为信陵君。是时范雎亡魏相秦，以怨魏齐故，秦兵围大梁，破魏华阳下军，走芒卯。魏王及公子患之。

公子为人仁而下士，士无贤不肖皆谦而礼交之，不敢以其富贵骄士。士以此方数千里争往归之，致食客三千人。当是时，诸侯以公子贤，多客，不敢加兵谋魏十余年。

公子与魏王博，而北境传举烽，言“赵寇至，且入界”。魏王释博，欲召大臣谋。公子止王曰：“赵王田猎耳，非为寇也。”复博如故。王恐，心不在博。居顷，复从北方来传言曰：“赵王猎耳，非为寇也。”魏王大惊，曰：“公子何以知之？”公子曰：“臣之客有能深得赵王阴事者，赵王所为，客辄以报臣，臣以此知之。”是后魏王畏公子之贤能，不敢任公子以国政。

魏有隐士曰侯嬴，年七十，家贫，为大梁夷门监者。公子闻之，往请，欲厚遗之。不肯受，曰：“臣修身洁行数十年，终不以监门困故而受公子财。”公子于是乃置酒大会宾客。坐定，公子从车骑，虚左，自迎夷门侯生。侯生摄敝衣冠，直上载公子上坐，不让，欲以观公子。公子执辔愈恭。侯生又谓公子曰：“臣有客在市屠中，愿枉车骑过之。”公子引车入市。侯生下见其客朱亥，俾倪故久立，与其客语，微察公子。公子颜色愈和。当是时，魏将相宗室宾客满堂，待公子举酒。市人皆观公子执辔。从骑皆窃骂侯生。侯生视公子色终不变，乃谢客就车。至家，公子引侯生坐上坐，遍赞宾客，宾客皆惊。酒酣，公子起，为寿侯生前。侯生因谓公子曰：“今日嬴之为公子亦足矣。嬴乃夷门抱关者也，而公子亲枉车骑，自迎嬴于众人广坐之中，不宜有所过，今公子故过之。然嬴欲就公子之名，故久立公子车骑市中，过客以观公子，公子愈恭。市人皆以嬴为小人，而以公子为长者能下士也。”于是罢酒，侯生遂为上客。

侯生谓公子曰：“臣所过屠者朱亥，此子贤者，世莫能知，故隐屠间耳。”公子往数请之，朱亥故不复谢，公子怪之。

魏安釐王二十年，秦昭王已破赵长平军，又进兵围邯郸。公子姊为赵惠文王弟平原君夫人，数遗魏王及公子书，请救于魏。魏王使将军晋鄙将十万众救赵。秦王使使者告魏王曰：“吾攻赵旦暮且下，而诸侯敢救者，已拔赵，必移兵先击之。”魏王恐，使人止晋鄙，留军壁邺，名为救赵，实持两端以观望。平原君使者冠盖相属于魏，让魏公子曰：“胜所以自附为婚姻者，以公子之高义，为能急人之困。今邯郸旦暮降秦而魏救不至，安在公子能急人之困也！且公子纵轻胜，弃之降秦，独不怜公子姊邪？”公子患之，数请魏王，及宾客辩士说王万端。魏王畏秦，终不听公子。公子自度终不能得之于王，计不独生而令赵亡，乃请宾客，约车骑百余乘，欲以客往赴秦军，与赵俱死。

行过夷门，见侯生，具告所以欲死秦军状。辞决而行，侯生曰：“公子勉之矣，老臣不能从。”公子行数里，心不快。曰：“吾所以待侯生者备矣，天下莫不闻。今吾且死，而侯生曾无一言半辞送我，我岂有所失哉？”复引车还，问侯生。侯生笑曰：“臣固知公子之还也。”曰：“公子喜士，名闻天下。今有难，无他端而欲赴秦军，譬若以肉投馁虎，何功之有哉？尚安事客？然公子遇臣厚，公子往而臣不送，以是知公子恨之复返也。”公子再拜，因问。侯生乃屏人间语，曰：“嬴闻晋鄙之兵符常在王卧内，而如姬最幸，出入王卧内，力能窃之。嬴闻如姬父为人所杀，如姬资之三年，自王以下欲求报其父仇，莫能得。如姬为公子泣，公子使客斩其仇头，敬进如姬。如姬之欲为公子死，无所辞，顾未有路耳。公子诚一开口请如姬，如姬必许诺，则得虎符夺晋鄙军，北救赵而西却秦，此五霸之伐也。”公子从其计，请如姬，如姬果盗晋鄙兵符与公子。

公子行，侯生曰：“将在外，主令有所不受，以便国家。公子即合符，而晋鄙不授公子兵而复请之，事必危矣。臣客屠者朱亥可与俱，此人力士。晋鄙听，大善；不听，可使击之。”于是公子泣。侯生曰：“公子畏死邪？何泣也！”公子曰：“晋鄙嚄唶宿将，往恐不听，必当杀之，是以泣耳，岂畏死哉？”于是公子请朱亥。朱亥笑曰：“臣乃市井鼓刀屠者，而公子亲数存之。所以不报谢者，以为小礼无所用。今公子有急，此乃臣效命之秋也。”遂与公子俱。公子过谢侯生。侯生曰："臣宜从，老不能。请数公子行日，以至晋鄙军之日，北乡自刭，以送公子。"公子遂行。

至邺，矫魏王令代晋鄙。晋鄙合符，疑之，举手视公子曰："今吾拥十万之众，屯于境上，国之重任，今单车来代之，何如哉？"欲无听。朱亥袖四十斤铁椎，椎杀晋鄙，公子遂将晋鄙军。勒兵，下令军中曰："父子俱在军中，父归；兄弟俱在军中，兄归；独子无兄弟，归养。"得选兵八万人，进兵击秦军。秦军解去，遂救邯郸，存赵。赵王及平原君自迎公子于界，平原君负韊矢为公子先引。赵王再拜曰："自古贤人未有及公子者也。"当此之时，平原君不敢自比于人。公子与侯生决，至军，侯生果北乡自刭。

魏王怒公子之盗其兵符，矫杀晋鄙，公子亦自知也。已却秦存赵，使将将其军归魏，而公子独与客留赵。赵孝成王德公子之矫夺晋鄙兵而存赵，乃与平原君计，以五城封公子。公子闻之，意骄矜而有自功之色。客有说公子曰："物有不可忘，或有不可不忘。夫人有德于公子，公子不可忘也；公子有德于人，愿公子忘之也。且矫魏王令，夺晋鄙兵以救赵，于赵则有功矣，于魏则未为忠臣也。公子乃自骄而功之，窃为公子不取也。"于是公子立自责，似若无所容者。赵王埽除自迎，执主人之礼，引公子就西阶。公子侧行辞让，从东阶上。自言罪过，以负于魏，无功于赵。赵王侍酒至暮，口不忍献五城，以公子退让也。公子竟留赵。赵王以鄗为公子汤沐邑，魏亦复以信陵奉公子。公子留赵。

公子闻赵有处士毛公藏于博徒，薛公藏于卖浆家，公子欲见两人，两人自匿不肯见公子。公子闻所在，乃间步往从此两人游，甚欢。平原君闻之，谓其夫人曰："始吾闻夫人弟公子天下无双，今吾闻之，乃妄从博徒卖浆者游，公子妄人耳。"夫人以告公子。公子乃谢夫人去，曰："始吾闻平原君贤，故负魏王而救赵，以称平原君。平原君之游，徒豪举耳，不求士也。无忌自在大梁时，常闻此两人贤，至赵，恐不得见。以无忌从之游，尚恐其不我欲也，今平原君乃以为羞，其不足从游。"乃装为去。夫人具以语平原君，平原君乃免冠谢，固留公子。平原君门下闻之，半去平原君归公子，天下士复往归公子，公子倾平原君客。

公子留赵十年不归。秦闻公子在赵，日夜出兵东伐魏。魏王患之，使使往请公子。公子恐其怒之，乃诫门下："有敢为魏王使通者，死。"宾客皆背魏之赵，莫敢劝公子归。毛公、薛公两人往见公子曰：“公子所以重于赵，名闻诸侯者，徒以有魏也。今秦攻魏，魏急而公子不恤，使秦破大梁而夷先王之宗庙，公子当何面目立天下乎！”语未及卒，公子立变色，告车趣驾归救魏。

魏王见公子，相与泣，而以上将军印授公子，公子遂将。魏安釐王三十年，公子使使遍告诸侯。诸侯闻公子将，各遣将将兵救魏。公子率五国之兵破秦军于河外，走蒙骜。遂乘胜逐秦军至函谷关，抑秦兵，秦兵不敢出。当是时，公子威振天下，诸侯之客进兵法，公子皆名之，故世俗称《魏公子兵法》。

秦王患之，乃行金万斤于魏，求晋鄙客，令毁公子于魏王曰：“公子亡在外十年矣，今为魏将，诸侯将皆属，诸侯徒闻魏公子，不闻魏王。公子亦欲因此时定南面而王，诸侯畏公子之威，方欲共立之。”秦数使反间，伪贺公子得立为魏王未也。魏王日闻其毁，不能不信，后果使人代公子将。公子自知再以毁废，乃谢病不朝，与宾客为长夜饮，饮醇酒，多近妇女。日夜为乐饮者四岁，竟病酒而卒。其岁，魏安釐王亦薨。

秦闻公子死，使蒙骜攻魏，拔二十城，初置东郡。其后秦稍蚕食魏，十八岁而虏魏王，屠大梁。

高祖始微少时，数闻公子贤。及即天子位，每过大梁，常祠公子。高祖十二年，从击黥布还，为公子置守冢五家，世世岁以四时奉祠公子。

太史公曰：吾过大梁之墟，求问其所谓夷门。夷门者，城之东门也。天下诸公子亦有喜士者矣，然信陵君之接岩穴隐者，不耻下交。有以也，名冠诸侯；不虚耳，高祖每过之而令民奉祠不绝也。

廉颇蔺相如列传

本传是一篇爱国人物群像的合传。重点写廉颇、蔺相如，故以二人之名命篇。合传中穿插了赵奢、赵括父子及赵括母以及李牧等人的事迹，一个个历史人物写得栩栩如生。全篇贯穿了强烈的爱国主义精神，并以廉、蔺、赵、李等人在政治上的荣辱升降来反映赵国势力强弱盛衰的变化，寄寓了“国有贤相良将，民之师表”的深意，故读来感人至深，是《史记》中的名篇。

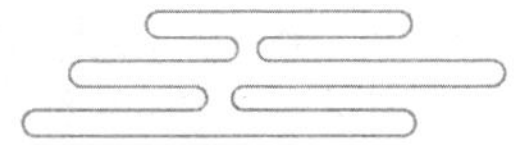

【语译】

廉颇是赵国杰出的将领。赵惠文王十六年，廉颇为赵军主帅，讨伐齐国，大败齐军，夺取了阳晋，被提升为上卿，他勇敢善战的名声传扬于各诸侯国。蔺相如是赵国人，在赵王宦者令缪贤家做门客。

赵惠文王时，得到了楚国的和氏璧。秦昭王听说后，派人送了一封信给赵王，表示愿意用十五座城邑来交换这块宝璧。赵王召集众大臣及廉颇商议：如果把宝璧给予秦国，怕秦国的城邑到不了手，白白受骗；如果不给吧，又怕秦兵进犯。商议的结果拿不定主意，想找一个人充任使者回报秦国，却没找到适当的人选。宦者令缪贤说："我的门客蔺相如可以为使臣。"赵王问："你怎么知道的？"缪贤回答说："我曾经犯罪，私下想逃到燕国去，门客蔺相如说：'你怎么知道能托身于燕王？'我对他说：'我曾跟随大王在边境上和燕王相会，燕王私下握住我的手说"我们交个朋友吧"。因此我认识燕王，想去投奔他。'蔺相如对我说：'赵国强盛，燕国弱小，你得到赵王的信任，所以燕王要和你交朋友。现在你背离赵国去投奔燕国，燕国畏惧赵国，按情势一定不敢留下你，倒会把你捆绑起来送回赵国。你不如裸身伏在刑具上，向君王请罪，也许有希望得到赦免。'我听从了他的计谋，大王也开恩赦免了我。我个人认为蔺相如这个人是一个勇士，又有智谋，适宜派他做使臣。"于是赵王召见，问蔺相如说："秦王要用十五座城邑来交换我的和氏璧，是答应呢，还是不答应？"蔺相如说："秦国强大而赵国弱小，不能不答应。"赵王说："秦王拿走我的宝璧，不给城邑，怎么办？"蔺相如说："秦国用城邑来换宝璧，赵国不答应，赵国理亏。赵国给了宝璧，秦国不给城邑，秦国理亏。两者比较，宁可答应使秦国理亏。"赵王说："谁能胜任出使秦国的使者？"蔺相如说："大王身边如果没有适当人选，我愿带上宝璧前往秦国。若城邑归了赵国，宝璧留在秦国；城邑不归赵国，我就完璧归赵。"于是赵王就派遣蔺相如带上和氏璧向西出使秦国。

秦王坐在离宫章台宫接见蔺相如，蔺相如捧着和氏璧献给秦王。秦王非常高兴，把璧传递给美人及身边的人观看，侍从们高呼万岁。蔺相如看出秦王不想偿付赵国城邑的意思，就走上前说："璧上有点斑纹，请让我指给大王看。"秦王把璧交还给蔺相如，蔺相如后退站立，背靠庭柱，怒发冲冠地对秦王说："大王想要这块宝璧，派人送信给赵王，赵王召集全体大臣商议，都说'秦国贪婪，凭着强大，用空话要璧，偿付城邑不可得到'。讨论结果是不给秦国宝璧。我认为普通百姓交往都不肯欺诈，何况是个大国呢！再说为了一块宝璧触犯强大的秦国不高兴，是不应该的。于是赵王斋戒了五天，派我捧上宝璧，拜送回信给大王。为什么？这是尊重大国的威望而格外表示恭敬啊。如今我来到贵国，大王在这偏殿召见我，礼节轻慢；拿到宝璧，传给美人观看，以此来戏弄我。我看大王没有偿付城邑给赵王的意思，所以我要取回宝璧。如果大王一定要逼迫我，我的头便和宝璧一起撞碎在柱子上！"蔺相如拿着宝璧，眼睛瞄着庭柱，真要撞击柱子。秦王害怕真把宝璧撞碎，于是向蔺相如道歉，再三请求蔺相如息怒，并召来主管官员拿来地图，指出从某地到某地的十五座城邑交割给赵国。蔺相如估计秦王特意摆出偿付赵国城邑的样子，实际是得不到的，便对秦王说："和氏璧是天下公认的宝物，赵王因为敬畏秦国，不敢不奉献。赵王送宝物，斋戒了五天，现在大王也应该斋戒五天，在朝廷上举行九宾典礼，举行隆重的仪式我才敢奉献宝物。"秦王估量，不能用强力夺取，就答应斋戒五天，把蔺相如安置在广成驿馆。蔺相如也估量秦王虽然答应了斋戒，但一定会背约不给城邑，就派他的随从穿上普通百姓的麻布短衫，怀里揣着宝璧，从小路逃走，把宝璧送回赵国。

秦王斋戒五天后，在朝廷上举行了九宾的典礼，宣召接见赵国使者蔺相如。蔺相如到来后对秦王说："秦国从穆公以来有二十多位君主，从没有坚定明确地遵守过信约。我担心受大王的欺骗，有负赵王的重托，所以派人走小路把璧送了回去，已经到达赵国了。况且秦强赵弱，大王只派一个使臣到赵国去，赵国就立刻把宝璧送来。现今以秦国的强大，先割让十五座城邑给赵国，赵国岂敢留下宝璧得罪大王呢？我知道欺骗大王罪当死，我愿意下油锅受烹，只求大王与诸位大臣认真考虑一下。"秦王和他的群臣面面相觑，只好苦笑。侍从中有的出来要把蔺相如拉走，秦王借此下台阶，说："现在杀了蔺相如，还是拿不到宝璧，反而断了秦赵两国的友好，不如借此款待他，让他回到赵国，赵王难道会因一块宝璧欺骗秦国吗？”终于在朝廷上会见了蔺相如，按礼节款待，让他回国。

蔺相如回到赵国，赵王认为他是一个能干称职的大夫，出使诸侯不辱使命，任命他为上大夫。秦国没有把城邑割给赵国，赵国也始终没有把宝璧送给秦国。

后来秦国攻打赵国，侵占了石城。第二年，秦国再次进攻赵国，杀赵军二万人。

秦王派使者告诉赵王，想与赵王在西河外渑池进行友好会谈。赵王惧怕秦国，不想去。廉颇、蔺相如商议说：“大王不去赴会，表示赵国既弱又胆小。”赵王决定与会，蔺相如随从。廉颇送到边境，与赵王告别，相约说：“大王这次出行，估计路程及会议礼节结束，来回不会超过三十天。三十天还不回来，那就请求允许太子登上王位，断绝秦国的妄想。”赵王答应了，便在渑池与秦王相会。秦王饮酒到痛快的时候，说：“我听说赵王爱好音乐，请弹一曲瑟吧。”赵王弹了一曲。秦国御史走上前来写道“某年某月某日，秦王与赵王会饮，令赵王鼓瑟”。蔺相如走上前去说：“赵王听说秦王擅长演奏秦声，请允许我给秦王献上盆缶敲击，以一起娱乐。”秦王发怒，不肯敲击。于是蔺相如走上去递缶给秦王，跪下来请求秦王敲击。秦王还是不肯。蔺相如说：“五步之内，我蔺相如要用颈血来溅满大王的身子了。”秦王的侍从想刺杀蔺相如，蔺相如张大眼睛呵斥，秦王侍从退下去了。秦王很不高兴，勉强敲了一下。蔺相如回头招呼赵国的御史写道“某年某月某日，秦王为赵王击缶”。秦国的群臣说：“请拿赵国的十五座城邑给秦王献礼吧。”蔺相如接着说：“请拿秦国都城咸阳给赵王献礼吧。”秦王一直到酒筵结束，终究没能压倒赵国。赵国也大规模调集军队防备秦国，秦国不敢动手。

渑池之会结束后回到赵国，因为蔺相如功劳大，被任命为上卿，排位在廉颇的上面。廉颇说：“我是赵国将军，有攻城野战的大功，而蔺相如仅凭一张嘴巴立功，反而在我的上面，何况蔺相如一直是个下等人，我感到羞耻，不能忍受在他的下面。”廉颇扬言说：“我碰到蔺相如，一定要羞辱他。”蔺相如听到了，不愿和廉颇相会。每逢上朝的时候，蔺相如常常推说有病，不愿去和廉颇争位置的高低。不久，蔺相如外出，远远望见廉颇来了，蔺相如就叫车子赶快避开。蔺相如的门客争先恐后劝说蔺相如："我们之所以离开亲人前来侍奉您，只不过是仰慕您的高尚节义。如今您与廉颇为同等级的官员，廉将军公开口出恶言，而您害怕躲避，胆怯得要死，即使一个平常人也感到羞辱，何况是将相大臣！我等没才干，请求辞别。"蔺相如坚决挽留他们，说："你们看廉将军比得上秦王吗？"大家说："比不上。"蔺相如说："这就对了。以秦王的威风，我蔺相如还敢在朝廷上斥责他，侮辱他的群臣，我蔺相如虽然平庸无能，难道单单怕一个廉将军吗？只是我经常想到，强秦之所以不敢发兵攻打赵国，就是因为有我们两个人在啊。如今要是两虎相斗，一定是不能并存。我这样做的缘故，是把国家的急难放在前头，把个人的私仇放在后面。"廉颇听说了这些话，就裸身背上荆条，由宾客引到蔺相如府上道歉。说："我这个粗人，不知道您对我如此宽厚。"终于两人和好，成了生死之交。

这一年，廉颇向东攻打齐国，打败齐国一军。过了两年，廉颇又进攻齐国的几邑，夺取了这个地方。又过了三年，廉颇攻打魏国的防陵、安阳，攻占了这两座城邑。又过了四年，蔺相如为将进攻齐国，行军到平邑撤了回来。第二年，赵奢在阏与大败秦军。

赵奢，原本是赵国征收田税的官吏。他征收租税，平原君家不肯交纳，赵奢依法治罪，杀了平原君家抗税的九个管事人。平原君大怒，打算杀死赵奢。赵奢趁机劝说平原君："你是赵国的贵族公子，如今放纵家人不奉公守法，那么国法就受损害，国法受损害国家就削弱，国家削弱诸侯就来侵扰，诸侯侵扰就没有赵国了，你还能保留富贵吗？以你的尊贵地位，带头奉公守法，那么上下就能公平，上下公平国家就能强大，国家强大赵国才能稳固，你是赵国的贵戚，难道还会被天下人看轻吗？"平原君认为他很有才干，向赵王推荐。赵王起用赵奢管理全国税收，全国税收公平，人民富庶，国库充实。

秦军攻打韩国，驻军在阏与。赵王召见廉颇询问说："可以援救吗？"廉颇回答说："道路遥远、险峻、狭窄，难救啊！"赵王又召见乐乘询问，乐乘的回答同廉颇一样。赵王又召问赵奢，赵奢回答说："道路遥远、险峻、狭窄，正如两鼠在洞穴中相斗，将领勇敢的一方取得胜利。"赵王于是任命赵奢为将，领兵救韩。

赵奢领兵离开邯郸才三十里，他就下令给全军说："如有敢对军事论长道短的人，处死！"秦军驻扎在武安城西边，秦军击鼓呐喊，操练士兵，武安城中房屋上的瓦片都给震动了。赵军中一个侦察敌情的军官建议快速救武安，赵奢立即处死了他。赵军坚守营垒，二十八天不进军，只是一再加强工事。秦国的间谍混了进来，赵奢用好饭款待后放他回去。间谍把这些情况报告给秦军将领，秦将非常高兴，说："赵军开出国三十里就停下来不前进，还加强工事，阏与不会是赵国的地方了。"赵奢送走秦国间谍后，立即卸去铁甲轻装行军，两天一夜赶到了前线，命令射手到距离秦军五十里的地方驻守。等到军垒阵地构筑起来，秦军才得到消息，全军来攻。有一个军士许历请求对军事进言，赵奢说："让他进来。"许历说："秦军没料到赵军这么快赶到这里，他们的士兵气势很盛，将军要集中兵力在正面防御。不然，一定会失败。"赵奢说："接受你的建议。"许历说："请杀头吧。"赵奢说："回邯郸再处置吧。"许历请求再提一个建议，说："先抢占北山高地获得胜利，后到的失败。"赵奢答应，立即派遣万人去抢占北山。秦兵后到，争夺北山上不去，赵奢指挥军队出击，把秦军打得大败。秦军撤围逃走，赵奢解了阏与之围，班师回国。

赵惠文王封赵奢为马服君，提升许历做国尉。赵奢于是与廉颇、蔺相如的地位相等。

过了四年，赵惠文王死了，太子孝成王继位。赵惠文王死后的第七年，秦国进攻长平与赵军对垒，这时赵奢已死，蔺相如病重，赵国派廉颇带兵抵挡秦军，秦军几次打败赵军，赵军固守阵地不出战。秦军多次挑战，廉颇不予理会。赵孝成王听信秦国间谍的谣言。秦国的间谍说："秦国最讨厌的，是害怕马服君赵奢的儿子赵括为将。"赵孝成王就用赵括为将取代廉颇。蔺相如说："大王凭虚名用赵括为将，就像把弦柱用胶粘起来去弹奏一样。赵括只会读他父亲的兵书，不懂得随机应变。"赵王不听，仍用赵括为将。

赵括从小时候起就学习兵法，谈论打仗，自认为天下的人没有谁比得上。曾经与父亲谈论军事，赵奢难不倒他，但是赵奢仍说赵括不懂兵机。赵括母亲问赵奢什么缘故，赵奢说："打仗，是置生命于死地的事，赵括把它说得轻而易举。赵国不用赵括为将是万幸，如果一定要用他为将，葬送赵军的一定是赵括。"等到赵括将要出征，赵括母亲上书赵王说："赵括不可为将。"赵王问："有什么根据？"回答说："当初我侍奉赵括的父亲，他正为将军，亲自捧着饮食招待吃喝的部属有数十人，所交的朋友有上百人，大王及宗室给他的赏赐全部分给部下军吏和幕僚，从接受出征命令的那一天起，从不过问家事。如今赵括做将军，大模大样朝东坐着接见部属，军吏没有谁敢抬头看他，大王所赐金帛，拿回来收藏在家里，每天查找哪里有便宜土地房屋出卖的就买下来。大王估量一下，他哪一点比得上他父亲？父子思想完全不同，希望大王不要派遣他。”赵王说：“做母亲的不要管这事，我已做出了决断。”赵括母亲说：“大王一定要派遣他，如果不称职，我不要受株连可以吗？”赵王答应了。

赵括既已代替廉颇为将，便全部更改了原来的部署和规定，改换了各军的指挥将领。秦将白起听到消息，大肆调动军队，埋伏奇兵，假装败走，却派出军队切断了赵军的粮道，又分断赵军为两部，赵军兵心慌乱，士气低落。相持四十多天，赵军断粮，士兵饥饿，赵括带领精锐部队亲自搏战，秦军用箭射死赵括。赵军战败，几十万士兵全部投降秦军，秦军把他们全部活埋了。赵军前后死亡总计有四十五万人。第二年，秦军便把邯郸包围起来，有一年时间，几乎不能保全。依靠楚国、魏国诸侯军的救援，这才解了邯郸之围。赵王因为赵括母亲有言在先，终于没有诛杀她。

邯郸解围后的第五年，燕国采纳栗腹的主意，说“赵国的壮年人全都死在长平了，他们的孤儿还没长大”，发兵进攻赵国。赵国派廉颇为将，迎击燕军，在鄗城大败燕军，杀了栗腹，于是围攻燕国。燕国割了五座城邑讲和，赵国答应停战。赵王把尉文邑封给廉颇，号为信平君，代理为国相。

廉颇从长平免职回家，失去了权势，原来的门客全都离去。等到复职为大将，门客又都回来。廉颇说：“你们离开吧！”门客说：“唉！您还没明白时务？天下人们的交往就像市场做买卖一样，你有权势，我们就追随你，你没了权势，我们就离开，本来就是这个理，有什么可抱怨我们的呢？”过了六年，赵国派遣廉颇进攻魏国的繁阳，并占领了这座城。

赵孝成王死后，儿子赵悼襄王继位，使乐乘接替廉颇。廉颇发怒，进攻乐乘，乐乘逃跑了。廉颇也流亡到魏国的大梁。第二年，赵国用李牧为将，进攻燕国，占领了武遂、方城。

廉颇在大梁居留了很长时间，魏国不能信用他。赵国多次受到秦兵的攻击，赵王想重新起用廉颇，廉颇也想为赵国尽力。赵王派使者去探望廉颇还能不能带兵。廉颇的仇人郭开用重金贿赂使者，叫他说廉颇的坏话。赵国使者见到廉颇，廉颇在使者面前吃了一顿饭，用米一斗，肉十斤，又披挂全副甲胄上马使枪，表示身体健壮，还能上战场。赵国使者回来向赵王报告说：“廉将军虽然年老，但是饭量还很不错，可是陪我坐了一会儿，却上了三次厕所。”赵王一听廉颇老了，就不召他回来了。

楚国听说廉颇在魏国，暗中派人迎接。廉颇一度做了楚国将军，但没有建树功劳，廉颇说：“我想念赵国的士兵。”廉颇最后死在了寿春。

李牧这人，是防守赵国北部边境的一位杰出将领。他长期驻守代郡、雁门郡一带，防御匈奴，根据需要，自行任免官吏，农业地租和市场税收全部交归边防军官署，作为边防战士的经费。每天宰杀几头牛供给将士食用，练习骑射，小心看守烽火台，多派侦察敌情的间谍，优待战士。制定规章说：“匈奴来侵犯抢掠，只可快速收拢人马物资退入城堡，谁要敢去捕斩敌人的，一律处斩。”匈奴每次进犯，烽火及时警报，立即收拢人马物资退入城堡，不敢交战。像这样连续防守了好几年，人马物资没有伤亡损失。然而匈奴却认为李牧胆小怕打仗，就是赵国的边防守军也认为自己的将军胆怯。赵王责备李牧，李牧还是照样。赵王发怒，召他回京，派别人代他为将。

过了一年多，匈奴每次前来侵掠，边将出营交战，多次不利，损失伤亡很多，边境上无法耕种、放牧。于是赵王重新起用李牧。李牧关上大门不出来，坚决推托有病。赵王再三勉强他出来带兵。李牧说：“大王若一定要用我，就要和先前一样，我才敢接受命令。”赵王答应了他。

李牧到达边境驻地，还照以前的规章命令办事。匈奴一连几年抢掠不到东西，但始终认为李牧胆怯。边防战士每天得到赏赐却没有战斗，都愿意好好打一仗。李牧于是做好战备，挑选了战车一千三百乘，挑选好马一万三千匹，勇士五万人，射手十万人，一齐组织起来训练作战。故意放出大批牛羊马匹，牧人、农民漫山遍野。匈奴小股兵力入侵，李牧故意败逃，把几千人丢下。匈奴单于听到消息，率领大批军队入侵。李牧部署数道奇兵埋伏，张开两翼包抄围击，把匈奴打得大败，斩杀匈奴十几万骑兵。接着灭掉襜褴，攻破东胡，收降林胡，单于逃走。从这以后十多年，匈奴不敢靠近赵国边城。

赵悼襄王元年，廉颇已流亡到魏国，赵国派李牧攻打燕国，夺占了武遂、方城。过了两年，庞煖打败燕军，杀燕将剧辛。又过了七年，秦军在武遂打败赵军，杀赵将扈辄，斩杀赵军十万。赵用李牧为大将军，在宜安攻击秦军，大败秦军，迫使秦将桓齮退走。赵国封李牧为武安君。过了三年，秦军进攻番吾，李牧打败秦军，南面抵抗韩国、魏国。

赵王迁七年，秦王派王翦进攻赵国，赵国派李牧、司马尚抵御秦军。秦国用重金收买赵王的宠臣郭开，让他施行反间计，造谣说李牧、司马尚要谋反。赵王派赵葱和齐国将军颜聚接替李牧。李牧不接受命令，赵王派人暗中乘其不备逮捕了李牧，把他杀死。又罢免了司马尚。过了三个月，王翦乘机猛攻赵国，把赵军打得大败，杀死赵葱，俘虏了赵王迁和他的将领颜聚，于是灭亡了赵国。

太史公说：知道怎样为正义而牺牲的人一定是勇敢的，勇敢的人是不怕死的，但是在什么样的情况下去死却是很难的事。当蔺相如举起和氏璧斜视着庭柱的时候，以及在渑池会上呵斥秦王左右之时，至多不过一死罢了，但是一般的士人却往往胆怯而不敢奋发正义之气。蔺相如发扬正气，声威敌国，却谦逊地对廉颇做了退让，名誉比泰山还要高还要重，他善于运用自己的智慧和勇气，真是一个智勇双全的人。

【讲析】

《廉颇蔺相如列传》是赵国四大忠臣良将廉颇、蔺相如、赵奢、李牧的合传。他们不仅智勇兼备，而且品德高尚，先国家之急而后私仇，在保卫赵国、抗击强秦的斗争中立下卓越的功勋。司马迁以热情的笔触叙写了四人的品质和才干，突出地表现了他们身系赵国安危的历史作用，颂扬了他们的爱国主义精神。为了突出“廉蔺交欢，将相和而赵强”这一思想，所以只用廉、蔺标题，赵、李均为附传。

本传是《史记》中最脍炙人口的名篇之一。它的思想深刻，写法也别具匠心。宋代学者黄震说：“太史公作《廉颇蔺相如列传》，而附之赵奢、李牧，赵之兴亡著焉。一时烈丈夫英风伟概，令人千载兴起。而史笔之妙，开合变化，又足以曲尽形容。”（《黄氏日钞》）明代散文家茅坤也说：“两人为一传，中复附赵奢，已而复缀以李牧，合为四人传，须详太史公次四人线索，才知赵之兴亡矣。”（《史记钞》）黄震、茅坤两人的评议，十分中肯，他们把本传高度的思想性和奇绝的艺术手法深刻地揭示了出来。所谓“开合变化”“次四人线索”，是指本传的构思奇特；“赵之兴亡著焉”，是说思想性深刻；“一时烈丈夫英风伟概”“曲尽形容”，则是指人物形象生动、语言精妙。本文着重从构思奇特和人物形象塑造两个方面做一些分析。

构思奇特，完美地表现了思想性和艺术性的高度统一。

本传记事上起赵惠文王十六年（公元前283年）廉颇东伐齐，迄于赵王迁八年（公元前228年）秦灭赵，前后历赵惠文王、赵孝成王、赵悼襄王、赵王迁四君五十五年。从全篇布局看，首为蔺相如传，次为赵氏父子传，再次为李牧传，各自可以独立。而廉颇传则如一条穿珠的红线，他的事迹分散在合传的全篇，但的确又是靠着他将各传串联起来了。司马迁为何如此布局？茅坤说“须详太史公次四人线索，才知赵之兴亡矣”，这给我们做了很好的提示。只要我们将本传所载史实与《史记·六国年表》对照，排出廉、蔺、赵、李等人的活动年代，就可以鲜明地看出，司马迁在这里所描写的是一个时代的风云变化。他生动地记载了阏与之战、长平之战等大大小小的几十次战争，但他不是着眼于某个人物的个人际遇，而是通过这个系列的人物画卷来寄寓国家兴亡之感。当战国后期，东方六国日益削弱，争相与秦连横的局势下，赵国前后相继涌现出廉、蔺、赵、李等一大批忠臣良将，他们精忠报国，使赵国一度强盛，成为阻挡秦兵东进的主要障碍。赵惠文王尚能用贤纳谏，外交倚蔺相如，军事重用廉颇、赵奢，强秦无如之何；赵孝成王、赵悼襄王、赵王迁却都是平庸之主，故廉、蔺、李的际遇如江河日下，一天不如一天，而赵国也就日渐衰落，并终致灭亡。这不只是某几个人的悲剧，也是赵国的悲剧。《太史公自序》云：“国有贤相良将，民之师表也。”而贤才的任与废却取决于政治的好坏。由于四人活动时代不尽相同，彼此间又不尽有牵涉的四人合传的事迹，然而司马迁居然构成了一幅时代变迁的风云画卷，使作者寄寓的深刻思想得到了鲜明的反映。

本传不仅谋篇布局好，而且叙事清晰，详略得当。廉颇是本传的中心人物，他历仕赵惠文王、赵孝成王、赵悼襄王三王，功劳最大。赵王迁时，他客死于楚，仍念念不忘为故国效力。老将廉颇的荣辱紧紧地与赵国的盛衰相连接。司马迁尽管对廉颇的事迹写得很简括，“然叙次诸人，在以廉颇缨络其间”（《桐城先生点勘史记》），的确是抓住了最适合表达全篇主题的精髓。蔺相如的主要功绩是取得外交上的成功。战国时期的外交斗争是军事斗争的继续和补充，具有很重要的地位。蔺相如使秦完璧归赵和渑池之会，为赵争得了地位，顶住了强秦的压力，具有不同寻常的意义。而这两次外交活动的背景，恰恰又是强秦对赵取得军事胜利之后所进行的政治讹诈。蔺相如抗拒强秦所表现出的智勇和才干令人惊叹！对于廉颇，蔺相如却以大局为重，处处表示谦退，“先国家之急而后私仇”，表现了崇高的精神境界和宽广磊落的胸怀。司马迁极为铺陈蔺相如的事迹，着意刻画他的形象，就是以他的这种思想照应全篇，这也是一个典型。廉、蔺二人，一个以其事迹贯通首尾，一个以其思想照应全篇，这就是本篇奇特构思的神韵。

塑造了一批公忠体国、无私无畏的人物群像，高度颂扬了“先国家之急而后私仇”的爱国主义精神。

梁启超说：“太史公述相如事，字字飞跃纸上，吾重赞之，其蛇足也。顾吾读之而怦怦然刻于余心者，一言焉，则相如所谓‘先国家之急而后私仇’也。呜呼，此其所以豪杰欤！此其所以圣贤欤！彼亡国之时代，曷尝无人才？其奈皆先私仇而后国家之急也。往车屡折，来轸方遒，悲夫！”（《饮冰室合集》）

蔺相如的高尚情操和他的大智大勇，是通过一组生动的故事表现出来的，完璧归赵、渑池之会是集中地表现他建立在爱国思想基础上的勇和智，将相和则是集中表现他识大体顾大局的高尚境界。

秦昭王以十五城易赵国和氏璧，这一悬殊的不等价交换出于强秦之口，显然不是出于诚意。赵国答应易璧，等于自甘屈服；如不答应，秦国就可以借口出兵侵赵。赵国君臣十分清楚秦国的这种政治阴谋。经过权衡之后，他们决定通过外交斗争以求得解决，争取化被动为主动。但是谁可以为此出使呢？在这紧急关头，宦者令缪贤推荐了蔺相如。

秦国历来贪暴无信，人们称之为“虎狼之国”，蔺相如的使命是十分艰巨的。但是，由于他事前有周密的考虑、充分的准备和明确的斗争目的，所以能够做到随机应变，处处争取主动。秦王在离宫中的章台接见蔺相如，传璧以示美人及左右，没有举行隆重的接见礼，完全暴露了其无意给予邑城的企图。蔺相如当机立断，他机智地诓回和氏璧，并以身死玉碎威慑秦国君臣，迫使秦王不得不“辞谢固请，召有司案图”，装出一副真想给予邑城的样子。这种无可奈何的表演，不管其真意如何，本身就宣告了秦王第一场外交斗争的失败。

在“渑池斗智”中，相如请秦王击缶，召入御史书之，请咸阳为赵王寿，一次又一次狠挫秦王的锐气，直到盟会结束，秦王“终不能加胜于赵”。蔺相如以他的机智再次取得了外交斗争的胜利。

廉颇与蔺相如相较，资格老，建功早，他有“攻城野战之功”，“以勇气闻于诸侯”，位为国家的上卿。对于蔺相如由一个布衣之士一跃而为上卿、尊贵且位在自己之上，廉颇是不服的。他认为蔺相如“徒以口舌为劳”，声言要当众折辱他。一个是勇将，一个是智士，蔺相如深知，“强秦之所以不敢加兵于赵者，徒以吾两人在也”。而今二人相斗，如两虎相扑，“其势不俱生”，这将危及国家的安危。于是他顾全大局，称病不朝，“不欲与廉颇争列”。道遇廉颇，“引车避匿”。相比之下，廉颇意气用事，争个人名位，真是太渺小了。但是廉颇毕竟是一位忠心耿耿的社稷之臣，他的争胜，无非是争个人的面子。当他一旦明白过来，立刻悔愧交加，负荆请罪，肉袒谢相如。廉颇勇于改过的精神同样是出于“先国家之急而后私仇”，这就是廉蔺交欢的思想基础。历代以来，“将相和”的故事深入人心，被历代人民群众口耳相传，正说明了先公后私这种思想的感人之深。

赵奢、李牧两人的传记很自然地融于廉、蔺传中，仍然是以先公后私的爱国主义精神连贯起来的。传文不仅歌颂了赵、李二人的善于征战，而且记载了英雄蒙冤、国家遭难的结局，使全传笼罩在慷慨悲凉的气氛中。

【原文】

廉颇者，赵之良将也。赵惠文王十六年，廉颇为赵将伐齐，大破之，取阳晋，拜为上卿，以勇气闻于诸侯。蔺相如者，赵人也，为赵宦者令缪贤舍人。

赵惠文王时，得楚和氏璧。秦昭王闻之，使人遗赵王书，愿以十五城请易璧。赵王与大将军廉颇诸大臣谋：欲予秦，秦城恐不可得，徒见欺；欲勿予，即患秦兵之来。计未定，求人可使报秦者，未得。宦者令缪贤曰：“臣舍人蔺相如可使。”王问：“何以知之？”对曰：“臣尝有罪，窃计欲亡走燕，臣舍人相如止臣，曰：‘君何以知燕王？’臣语曰：‘臣尝从大王与燕王会境上，燕王私握臣手，曰“愿结友”。以此知之，故欲往。’相如谓臣曰：‘夫赵强而燕弱，而君幸于赵王，故燕王欲结于君。今君乃亡赵走燕，燕畏赵，其势必不敢留君，而束君归赵矣。君不如肉袒伏斧质请罪，则幸得脱矣。’臣从其计，大王亦幸赦臣。臣窃以为其人勇士，有智谋，宜可使。”于是王召见，问蔺相如曰：“秦王以十五城请易寡人之璧，可予不？”相如曰：“秦强而赵弱，不可不许。”王曰：“取吾璧，不予我城，奈何？”相如曰：“秦以城求璧而赵不许，曲在赵。赵予璧而秦不予赵城，曲在秦。均之二策，宁许以负秦曲。”王曰：“谁可使者？”相如曰：“王必无人，臣愿奉璧往使。城入赵而璧留秦；城不入，臣请完璧归赵。”赵王于是遂遣相如奉璧西入秦。

秦王坐章台见相如，相如奉璧奏秦王。秦王大喜，传以示美人及左右，左右皆呼万岁。相如视秦王无意偿赵城，乃前曰：“璧有瑕，请指示王。”王授璧，相如因持璧却立，倚柱，怒发上冲冠，谓秦王曰：“大王欲得璧，使人发书至赵王，赵王悉召群臣议，皆曰‘秦贪，负其强，以空言求璧，偿城恐不可得’。议不欲予秦璧。臣以为布衣之交尚不相欺，况大国乎！且以一璧之故逆强秦之欢，不可。于是赵王乃斋戒五日，使臣奉璧，拜送书于庭。何者？严大国之威以修敬也。今臣至，大王见臣列观，礼节甚倨；得璧，传之美人，以戏弄臣。臣观大王无意偿赵王城邑，故臣复取璧。大王必欲急臣，臣头今与璧俱碎于柱矣！”相如持其璧睨柱，欲以击柱。秦王恐其破璧，乃辞谢固请，召有司案图，指从此以往十五都予赵。相如度秦王特以诈详为予赵城，实不可得，乃谓秦王曰：“和氏璧，天下所共传宝也，赵王恐，不敢不献。赵王送璧时，斋戒五日，今大王亦宜斋戒五日，设九宾于廷，臣乃敢上璧。”秦王度之，终不可强夺，遂许斋五日，舍相如广成传。相如度秦王虽斋，决负约不偿城，乃使其从者衣褐，怀其璧，从径道亡，归璧于赵。

秦王斋五日后，乃设九宾礼于廷，引赵使者蔺相如。相如至，谓秦王曰：“秦自缪公以来二十余君，未尝有坚明约束者也。臣诚恐见欺于王而负赵，故令人持璧归，间至赵矣。且秦强而赵弱，大王遣一介之使至赵，赵立奉璧来。今以秦之强而先割十五都予赵，赵岂敢留璧而得罪于大王乎？臣知欺大王之罪当诛，臣请就汤镬，唯大王与群臣孰计议之。”秦王与群臣相视而嘻。左右或欲引相如去，秦王因曰：“今杀相如，终不能得璧也，而绝秦赵之欢，不如因而厚遇之，使归赵，赵王岂以一璧之故欺秦邪！”卒廷见相如，毕礼而归之。

相如既归，赵王以为贤，使不辱于诸侯，拜相如为上大夫。秦亦不以城予赵，赵亦终不予秦璧。

其后秦伐赵，拔石城。明年，复攻赵，杀二万人。

秦王使使者告赵王，欲与王为好会于西河外渑池。赵王畏秦，欲毋行。廉颇、蔺相如计曰：“王不行，示赵弱且怯也。”赵王遂行，相如从。廉颇送至境，与王诀曰：“王行，度道里会遇之礼毕，还，不过三十日。三十日不还，则请立太子为王，以绝秦望。”王许之，遂与秦王会渑池。秦王饮酒酣，曰：“寡人窃闻赵王好音，请奏瑟！”赵王鼓瑟。秦御史前书曰：“某年月日，秦王与赵王会饮，令赵王鼓瑟。”蔺相如前曰：“赵王窃闻秦王善为秦声，请奏盆缶秦王，以相娱乐。”秦王怒，不许。于是相如前进缶，因跪请秦王。秦王不肯击缶。相如曰：“五步之内，相如请得以颈血溅大王矣！”左右欲刃相如，相如张目叱之，左右皆靡。于是秦王不怿，为一击缶。相如顾召赵御史书曰：“某年月日，秦王为赵王击缶。”秦之群臣曰：“请以赵十五城为秦王寿。”蔺相如亦曰：“请以秦之咸阳为赵王寿。”秦王竟酒，终不能加胜于赵。赵亦盛设兵以待秦，秦不敢动。

既罢归国，以相如功大，拜为上卿，位在廉颇之右。廉颇曰：“我为赵将，有攻城野战之大功，而蔺相如徒以口舌为劳，而位居我上，且相如素贱人，吾羞，不忍为之下。”宣言曰：“我见相如，必辱之。”相如闻，不肯与会。相如每朝时，常称病，不欲与廉颇争列。已而相如出，望见廉颇，相如引车避匿。于是舍人相与谏曰：“臣所以去亲戚而事君者，徒慕君之高义也。今君与廉颇同列，廉君宣恶言而君畏匿之，恐惧殊甚，且庸人尚羞之，况于将相乎！臣等不肖，请辞去。”蔺相如固止之，曰：“公之视廉将军孰与秦王？”曰：“不若也。”相如曰：“夫以秦王之威，而相如廷叱之，辱其群臣，相如虽驽，独畏廉将军哉？顾吾念之，强秦之所以不敢加兵于赵者，徒以吾两人在也。今两虎共斗，其势不俱生。吾所以为此者，以先国家之急而后私仇也。”廉颇闻之，肉袒负荆，因宾客至蔺相如门谢罪。曰：“鄙贱之人，不知将军宽之至此也。”卒相与欢，为刎颈之交。

是岁，廉颇东攻齐，破其一军。居二年，廉颇复伐齐几，拔之。后三年，廉颇攻魏之防陵、安阳，拔之。后四年，蔺相如将而攻齐，至平邑而罢。其明年，赵奢破秦军阏与下。

赵奢者，赵之田部吏也。收租税而平原君家不肯出租，奢以法治之，杀平原君用事者九人。平原君怒，将杀奢。奢因说曰：“君于赵为贵公子，今纵君家而不奉公则法削，法削则国弱，国弱则诸侯加兵，诸侯加兵是无赵也，君安得有此富乎？以君之贵，奉公如法则上下平，上下平则国强，国强则赵固，而君为贵戚，岂轻于天下邪？”平原君以为贤，言之于王。王用之治国赋，国赋大平，民富而府库实。

秦伐韩，军于阏与。王召廉颇而问曰：“可救不？”对曰：“道远险狭，难救。”又召乐乘而问焉，乐乘对如廉颇言。又召问赵奢，奢对曰：“其道远险狭，譬之犹两鼠斗于穴中，将勇者胜。”王乃令赵奢将，救之。

兵去邯郸三十里，而令军中曰：“有以军事谏者死。”秦军军武安西，秦军鼓噪勒兵，武安屋瓦尽振。军中候有一人言急救武安，赵奢立斩之。坚壁，留二十八日不行，复益增垒。秦间来入，赵奢善食而遣之。间以报秦将，秦将大喜曰：“夫去国三十里而军不行，乃增垒，阏与非赵地也。”赵奢既已遣秦间，乃卷甲而趋之，二日一夜至，令善射者去阏与五十里而军。军垒成，秦人闻之，悉甲而至。军士许历请以军事谏，赵奢曰：“内之。”许历曰：“秦人不意赵师至此，其来气盛，将军必厚集其阵以待之。不然，必败。”赵奢曰：“请受令。”许历曰：“请就铁质之诛。”赵奢曰：“胥后令邯郸。”许历复请谏，曰：“先据北山上者胜，后至者败。”赵奢许诺，即发万人趋之。秦兵后至，争山不得上，赵奢纵兵击之，大破秦军。秦军解而走，遂解阏与之围而归。

赵惠文王赐奢号为马服君，以许历为国尉。赵奢于是与廉颇、蔺相如同位。

后四年，赵惠文王卒，子孝成王立。七年，秦与赵军相距长平，时赵奢已死，而蔺相如病笃，赵使廉颇将攻秦，秦数败赵军，赵军固壁不战。秦数挑战，廉颇不肯。赵王信秦之间。秦之间言曰：“秦之所恶，独畏马服君赵奢之子赵括为将耳。”赵王因以括为将，代廉颇。蔺相如曰：“王以名使括，若胶柱而鼓瑟耳。括徒能读其父书传，不知合变也。”赵王不听，遂将之。

赵括自少时学兵法，言兵事，以天下莫能当。尝与其父奢言兵事，奢不能难，然不谓善。括母问奢其故，奢曰：“兵，死地也，而括易言之。使赵不将括即已，若必将之，破赵军者必括也。”及括将行，其母上书言于王曰：“括不可使将。”王曰：“何以？”对曰：“始妾事其父，时为将，身所奉饭饮而进食者以十数，所友者以百数，大王及宗室所赏赐者尽以予军吏士大夫，受命之日，不问家事。今括一旦为将，东向而朝，军吏无敢仰视之者，王所赐金帛，归藏于家，而日视便利田宅可买者买之。王以为何如其父？父子异心，愿王勿遣。”王曰：“母置之，吾已决矣。”括母因曰：“王终遣之，即有如不称，妾得无随坐乎？”王许诺。

赵括既代廉颇，悉更约束，易置军吏。秦将白起闻之，纵奇兵，佯败走，而绝其粮道，分断其军为二，士卒离心。四十余日，军饿，赵括出锐卒自博战，秦军射杀赵括。括军败，数十万之众遂降秦，秦悉坑之。赵前后所亡凡四十五万。明年，秦兵遂围邯郸，岁余，几不得脱。赖楚、魏诸侯来救，乃得解邯郸之围。赵王亦以括母先言，竟不诛也。

自邯郸围解五年，而燕用栗腹之谋，曰“赵壮者尽于长平，其孤未壮”，举兵击赵。赵使廉颇将，击，大破燕军于鄗，杀栗腹，遂围燕。燕割五城请和，乃听之。赵以尉文封廉颇为信平君，为假相国。

廉颇之免长平归也，失势之时，故客尽去。及复用为将，客又复至。廉颇曰：“客退矣！”客曰：“吁！君何见之晚也？夫天下以市道交，君有势，我则从君，君无势则去，此固其理也，有何怨乎？”居六年，赵使廉颇伐魏之繁阳，拔之。

赵孝成王卒，子悼襄王立，使乐乘代廉颇。廉颇怒，攻乐乘，乐乘走。廉颇遂奔魏之大梁。其明年，赵乃以李牧为将而攻燕，拔武遂、方城。

廉颇居梁久之，魏不能信用。赵以数困于秦兵，赵王思复得廉颇，廉颇亦思复用于赵。赵王使使者视廉颇尚可用否。廉颇之仇郭开多与使者金，令毁之。赵使者既见廉颇，廉颇为之一饭斗米，肉十斤，被甲上马，以示尚可用。赵使还报王曰：“廉将军虽老，尚善饭，然与臣坐，顷之三遗矢矣。”赵王以为老，遂不召。

楚闻廉颇在魏，阴使人迎之。廉颇一为楚将，无功，曰：“我思用赵人。”廉颇卒死于寿春。

李牧者，赵之北边良将也。常居代、雁门，备匈奴，以便宜置吏，市租皆输入莫府，为士卒费。日击数牛飨士，习射骑，谨烽火，多间谍，厚遇战士。为约曰：“匈奴即入盗，急入收保，有敢捕虏者斩。”匈奴每入，烽火谨，辄入收保，不敢战。如是数岁，亦不亡失。然匈奴以李牧为怯，虽赵边兵亦以为吾将怯。赵王让李牧，李牧如故。赵王怒，召之，使他人代将。

岁余，匈奴每来，出战。出战，数不利，失亡多，边不得田畜。复请李牧。牧杜门不出，固称疾。赵王乃复强起使将兵。牧曰：“王必用臣，臣如前，乃敢奉令。”王许之。

李牧至，如故约。匈奴数岁无所得。终以为怯。边士日得赏赐而不用，皆愿一战。于是乃具选车得千三百乘，选骑得万三千匹，百金之士五万人，彀者十万人，悉勒习战。大纵畜牧，人民满野。匈奴小入，详北不胜，以数千人委之。单于闻之，大率众来入。李牧多为奇陈，张左右翼击之，大破杀匈奴十余万骑。灭襜褴，破东胡，降林胡，单于奔走。其后十余岁，匈奴不敢近赵边城。

赵悼襄王元年，廉颇既亡入魏，赵使李牧攻燕，拔武遂城、方城。居二年，庞煖破燕军，杀剧辛。后七年，秦破杀赵将扈辄于武城，斩首十万。赵乃以李牧为大将军，击秦军于宜安，大破秦军，走秦将桓齮。封李牧为武安君。居三年，秦攻番吾，李牧击破秦军，南距韩、魏。

赵王迁七年，秦使王翦攻赵，赵使李牧、司马尚御之。秦多与赵王宠臣郭开金，为反间，言李牧、司马尚欲反。赵王乃使赵葱及齐将颜聚代李牧。李牧不受命，赵使人微捕得李牧，斩之。废司马尚。后三月，王翦因急击赵，大破杀赵葱，虏赵王迁及其将颜聚，遂灭赵。

太史公曰：知死必勇，非死者难也，处死者难。方蔺相如引璧睨柱，及叱秦王左右，势不过诛，然士或怯懦而不敢发。相如一奋其气，威信敌国，退而让颇，名重太山，其处智勇，可谓兼之矣！

鲁仲连邹阳列传

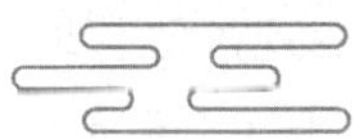

本篇与《屈原贾生列传》两篇均为合传。这两篇是表彰品德高尚，以言论德行留照人间的人物，以战国之世的鲁仲连、屈原为代表，连类下及汉代的邹阳、贾谊。《史记》七十列传中有二十五篇合传，均连类相及，还有十篇类传，更是以类相从。这是司马迁运用比较法研究历史的思想的反映。故在本篇论赞中借论邹阳示例云“比物连类”而“附之列传焉”。

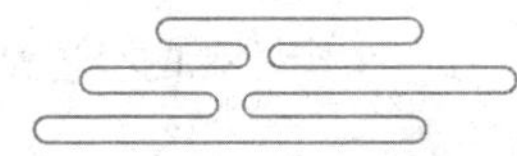

【语译】

鲁仲连是齐国人。他喜欢替人谋划高人一等的策略，却不肯出来做官，讲求保持高尚的节操。他曾游历赵国。

赵孝成王时，秦王派白起在长平打败赵国的军队，先后杀四十多万人，于是秦兵东进包围了邯郸。赵王惊恐，诸侯救兵没有谁敢攻击秦军。魏安釐王派将军晋鄙救赵，因害怕秦军，停止在汤阴不敢前进。魏王派遣客籍将军新垣衍从小道秘密进入赵国，通过平原君游说赵王说："秦军之所以急于围攻赵国，是因为先前秦王与齐湣王争强为帝，不久，又都取消了帝号；现在齐国日益削弱，秦国正称雄天下，这次围攻邯郸，并不是贪图这座城池，他的意图是重新称帝。只要赵国真的派一个使臣到秦国去尊奉秦昭王为帝，秦王一定很高兴，就会撤兵离去。"平原君犹豫，拿不定主意。

这时齐人鲁仲连正好来到赵都邯郸，碰上秦军正围攻邯郸，他听说魏国要让赵国拥戴秦王称帝，就去会见平原君，问他："事情怎么样了？"平原君说："我怎敢再谈国事呢！四十万大军已毁在国外，现在邯郸被围又不能解。魏王派将军新垣衍要赵王拥戴秦王称帝，新垣衍就在这里。我怎么还敢谈国事呢！"鲁仲连说："当初，我认为您是天下贤能的公子，现在我才知道您并不是天下贤能的公子。魏国客人新垣衍在哪儿呢？让我为您责令他回去。"平原君说："我介绍他来见先生。"平原君就去见新垣衍，说："齐国鲁仲连先生在这里，让我介绍他来会见将军。"新垣衍说："我听说鲁仲连先生是齐国品德高尚之士。我是人臣，出使贵国，公务在身，我不想会见鲁仲连先生。"平原君说："我已经把您在这里的秘密使命告诉他了。"新垣衍才答应会见鲁仲连。

鲁仲连见到新垣衍，一言不发。新垣衍说："我看住在这座围城里的人，都是有求于平原君的。但看先生的样子，并不像有求于平原君，为什么您要一直待在这座围城里不离开呢？"鲁仲连说："一般人都认为鲍焦是因为心胸狭窄才死的，这都不对。大家不了解他，以为他是为了个人打算。那个秦国，是一个抛弃礼义只重战功的国家，对待士人，要尽手腕，把老百姓当奴隶使用。如果秦王肆无忌惮地要做皇帝，甚至竟然统治了天下诸侯，那我宁愿跳入东海而死，也不能做他的顺民！我之所以要求会见将军，是想来帮助赵国。”

新垣衍说：“先生打算怎样帮助赵国呢？”鲁仲连说：“我会让魏国和燕国来帮助它，齐、楚两国本来就要帮助赵国的。”新垣衍说：“燕国嘛，我想他是会听从您的。至于魏国，我就是魏国人，先生怎么能使魏国来帮助赵国呢？”鲁仲连说：“只因魏国还没有看到秦国称帝的危害。如果魏国看到这种危害，就一定会来帮助赵国。”

新垣衍说：“秦国称帝有什么危害呢？”鲁仲连说：“从前，齐威王曾经实行过仁义之道，率领天下诸侯去朝拜周天子。当时周天子既贫且弱，诸侯都不愿去朝拜，只有齐国去朝拜。一年多以后，周烈王死了，诸侯都去吊丧，齐国最后才到，周王生气，在讣告之中对齐国说：‘周天子驾崩了，新君都睡在草席守丧。东藩之臣田因齐（即威王）却晚到，将他斩首。’齐威王知道后大发雷霆，说：‘呸，你的母亲只不过是一个贱婢！’齐威王终于受到天下的耻笑。因为，在周天子生前还去朝拜他；死了，就去斥骂他，这实在是因为威王受不了周王对他的苛求。天子本来就是这样任意地作威作福，这也不足奇怪。”

新垣衍说：“先生难道没有见过仆人吗？十个仆人得听从一个主人的，这哪里是因为仆人力量不够，智力不如呢？乃是因为害怕主人。”鲁仲连说：“那么魏国和秦国乃是仆人和主人的关系啰？”新垣衍说：“是的。”鲁仲连说：“既然这样，我就要让秦王去烹杀魏王，把他剁成肉酱。”新垣衍不高兴地说：“嘀，您说的话也太过分了！先生又怎么能让秦王烹杀魏王，把他剁成肉酱呢？”鲁仲连说：“当然，您听我说。从前九侯、鄂侯和文王是纣王的三个诸侯。九侯有个女儿很漂亮，献给了纣王，可是纣王以为她难看，就把九侯剁成了肉酱。鄂侯一再规劝纣王，竭力为九侯辩护，纣王又把鄂侯杀死，做成了肉干。文王听说后，悲痛地长叹一声，纣王就把文王囚禁在牖里监牢内一百天，要置文王于死地。秦国和魏国都是平等的称王的国家，为什么魏国竟然心甘情愿地居于被杀，被做成肉干、剁成肉酱的地位呢？齐湣王要去鲁国，湣王的侍从夷维子拿着马鞭跟在后面，他对鲁国人说：‘你们准备怎样来迎接我们的国君呢？’鲁国人说：‘我们准备用牛、羊、猪各十只来款待你们的国君。’夷维子说：‘你们怎能用这样菲薄的礼节款待我们的国君呢？我们的国君是天子。天子视察诸侯国，诸侯应当离开宫室让给天子，自己避居在外，要交出钥匙，铺好床席，放好倚身的玉几，在旁侍候天子吃饭，等天子吃完饭，再去上朝听政。’鲁国人听完后，便锁上城门，拒绝齐湣王入境。所以他没能到鲁国去，又准备借道邹国，到薛国去。当时邹国的国君刚死，齐湣王想要去吊丧，夷维子对已故邹君的儿子说：‘天子来吊唁诸侯，主人一定要把灵柩移到相反的方位去，放在从南朝北的地方，然后好让天子面向南方吊丧。’邹国的群臣说：‘如果一定要这样做，我们就都伏剑自杀。’所以，齐湣王又不敢进入邹国。邹、鲁这两个小国的大臣，在国君活着时，他们未能很好奉养，当国君死了，也穷得不能备办像样的丧礼，可是，当齐国想让邹、鲁之臣对齐王行天子之礼时，他们竟拒绝齐湣王入境。现在秦国是万乘大国，魏国也是万乘大国，两国都是万乘大国，彼此都有称王的名分，看秦国打了一次胜仗，就顺从地尊他为帝，这么说来，堂堂韩、赵、魏三国的大臣竟连小国邹、鲁之臣都不如了啊！况且秦国不达到称帝的目的绝不罢休。到那时，他就要撤换诸侯的大臣。撤换那些他认为不称职的，任命他认为称职的；撤换他所讨厌的，任命他所喜爱的。他还会让他的女儿及善进谗言的卑贱女人去做诸侯的妻妾，住在魏宫。那时魏王能够像今天这样平安无事地过日子吗？而将军你又哪能像往昔一样得到魏王的宠信呢？”

于是新垣衍起身，再三拜谢，说：“当初我认为先生是个庸人，现在才了解您是天下有才之士啊！我现在立即离开这里，不敢再提起尊秦为帝的事了。”秦将听到消息，因此退兵五十里。这时魏国公子无忌夺了魏将晋鄙的军权，带领救兵正好赶到，攻击秦军，秦军被迫退走。

于是平原君想封赏鲁仲连。鲁仲连再三辞谢，始终不肯接受。平原君就设宴款待他。当酒兴正浓时，平原君起身，上前，将千金重礼献给鲁仲连致敬。鲁仲连笑着说：“天下的贤士可贵之处，就在于为人家排除祸患，解决困难，平息纠纷，而不取报酬。如果接受人家的报酬，这不就成了唯利是图的商人吗？我鲁仲连是不能这样做的。”他便辞别平原君而去，毕生再没有与平原君相见。

这事过后二十多年，燕将攻克聊城，聊城有人在燕王面前说燕将的坏话，燕将害怕被杀，就据守聊城不敢回去。齐将田单围攻聊城一年多，士卒死伤很多，仍没攻下聊城。鲁仲连就写了一封信，系在箭上射进城去，送给燕将。信中说：

我听说，聪明人不会丢失时机而放弃权利，勇敢的人不贪生怕死而埋没名声，忠臣不会先替自己打算而后才考虑国君。如今你发泄一时的气愤，不考虑燕王失掉臣子，是不忠。等到城破身亡，不能扬威名于齐，是不勇。功业失败，名声破灭，不被游说之士记载，是不智。忠、勇、智三样都站不住，人主将不用他为臣，游说之士也不会称道他，所以聪明的人不会犹豫不决，勇士不会贪生怕死。你现在面临着死与生、荣与辱、贵与贱、尊与卑的决策，时机不会再来，希望你仔细考虑，不要死抱世俗的见识。

况且，楚国攻打齐国的南阳，魏国攻打齐国的平陆，可是齐国并没有向南面反击的打算，认为丢掉南阳的害处小，不如收回济北的利益大，所以他们拟定计划，慎重行动。现在秦国出兵东下，魏国已不敢向东攻齐。齐、秦连横的局面已成事实，楚国形势已经危急。齐国丢弃南阳与楚，割舍右边平陆的土地与魏而决心平定济北，这是经过权衡得失之后做出的决定。也就是说，齐国已下定了夺回聊城的决心，你不要有侥幸的考虑了。如今楚、魏两国先后从齐国撤兵了，而燕国的救兵又不见前来。齐国动员了全部兵力，对天下四境没有别的要求，而是全力来夺取聊城，你还想固守这个已经被围困了一年多的孤城，我看是办不到的。何况燕国大乱，君臣都没有办法，上下糊涂，栗腹率领十万大军，在外连吃五次败仗，一个拥有一万辆兵车的大国，却被赵国围困，国土被侵夺，国君遭困顿，被天下人嘲笑。国家衰败，祸乱繁多，民心涣散。现在你已经用聊城疲惫的军民抵抗住整个齐国军队的进攻，表现出了像墨翟一样善于守城的智慧。粮食已尽，柴草烧光，到了吃人肉、烧枯骨的境地，而士兵没有叛离之心，足见你具有像孙膑一样长于带兵的才干。你的本领，全天下的人都看见了。即使这样，但替你考虑，不如保全车马甲兵回归燕国报告君主。保全了车马甲兵回燕，燕王一定会高兴；将士安全回国，百姓会像重见父母一样高兴，朋友们会接连不断来庆贺赞许，功业就可以得到显扬。对上辅佐君王来驾驭群臣，对下养育百姓、资助游说之士以留名，矫正国事，更化民俗，功名可以建立了。你如无意回燕，就抛弃燕国，丢开世俗的议论，投入齐国的怀抱怎么样？齐王割地封爵，使你富足，可与秦国的陶侯魏冉、商君卫鞅相比，世世代代称孤，跟齐国永久共存，这也是一个好计策。以上两计，既可扬名，又得实利，希望你仔细考虑之后，审慎地从中选择一计。

我还听说，拘泥小节的人成不了荣耀的名声，憎恶小耻的人成不了大的功业。从前管仲射中齐桓公的带钩，这是犯上的行为。他遗弃公子纠，不能为主上效死，这是贪生怕死的表现。被戴上脚镣手铐，这是极大的耻辱。一个人犯了这三种失节的行为，社会上国君不能用他为臣，家乡父老不愿和他交往。如果当初管仲谨守小节，宁可被囚禁而不出仕，或者效死而不回到齐国，才真的成为一个不能洗刷恶名贱行的人。像这样，连一个奴婢都会感到与他同名而可耻，更何况一般的人呢！所以管仲不以个人被囚为耻，而以天下不治为耻；他又不以未殉公子纠之难为耻，而以声名不立于天下诸侯为耻。所以，他身虽兼有犯上、怯懦、受辱三项失节的过失，却终于辅佐齐桓公成为五霸之首，管仲也名声冠天下，光耀照邻国。曹沫为鲁国大将，曾经三战三败，丢失国土五百多里。如果当初曹沫不从多方面考虑，不从容地计议，就急躁地自杀，那免不了落下一个战败被俘的名声。曹沫不顾三次战败的耻辱，却回来与鲁君商议。趁齐桓公大会天下诸侯的机会，以一把利剑的威力，在盟会台上逼住齐桓公的心窝，脸色不变，说话不乱，三次战败丢失的土地，却在一个早晨收了回来，天下为之震动，诸侯为之惊骇，声威压倒了吴、越两国。像管仲、曹沫两个志士，并不是不能做到顾全小的廉耻和小的节操的人，只是认为杀身捐躯，声名绝后，功业无从建立，不是明智的。所以抛开个人受辱的愤怨，建立了一辈子的威名。丢弃个人失节的悲愤，奠定了累世不朽的功业。因此他们的功业，完全可以和夏商周三代开国圣王比美而流芳百世，他们的名声与天地共长久。希望你选择其中一个方案实行。

燕将看了鲁仲连的信，哭了三天，犹豫不能做出决断。想回到燕国去，已经有了嫌隙，害怕被杀。想投降齐国，由于杀伤过许多齐国人，害怕投降后遭受侮辱。于是长叹一声说："与其让人杀我，还不如自杀。"就自杀了。聊城大乱，田单进兵血洗了聊城。田单回师向齐王报告了鲁仲连的事迹，想封他爵位。鲁仲连逃到海边隐居起来，说："我与其富贵而屈身侍奉人，宁肯贫贱看轻世俗过舒心的生活。"

邹阳是齐国人。游历到梁国，和原吴国人庄忌夫子、淮阴人枚乘先生这些人交往。邹阳上书自荐，受到梁孝王的器重，与梁孝王最宠信的羊胜、公孙诡的地位差不多。羊胜等十分嫉妒邹阳，就在梁孝王面前说他的坏话。梁孝王一怒之下，把邹阳交给狱吏，准备杀死他。邹阳认为自己游历梁国，因受谗言而被捕，恐怕死后背个不清不白的罪名，于是从狱中向梁孝王写了这封信，说：

我听说“忠诚的人无不得到回报，诚信的人不被人怀疑”，过去我认为是对的，现在看来只不过是空话。从前荆轲被燕太子丹除暴的正义所感动，愿意行刺秦王，感应上天出现了白虹穿日的异常天象，可是燕太子丹却担心荆轲反悔不入秦。卫先生为秦国谋划扩大长平之战胜利的果实，一举灭赵，感应上天使太白星进入昴宿，可是秦昭王却怀疑他。荆轲、卫先生的精诚能感动天地，可是偏偏不能取得两位君主的信任，这难道不是悲哀的事吗？如今我竭尽忠诚，献出全部计议，希望大王能采纳，大王左右的人不懂我的心意，竟将我交给狱吏审讯，使我被世俗所疑，这样即使是荆轲、卫先生再生，也不能使燕太子丹、秦昭王醒悟。希望大王仔细明察。

从前卞和献宝，楚王处以断足的肉刑。李斯尽忠，秦二世胡亥施以极刑。因此箕子要装疯癫狂，接舆要隐居避世，因为他们害怕遭受这样的灾祸。希望大王详细考察卞和、李斯的心意，不要像楚王和胡亥那样听信谗言，不要让我被箕子、接舆所耻笑。我听说，古代比干被挖了心，伍子胥尸身被装进皮囊抛到江中，我原本不信，如今才知真有这事。希望大王仔细明察，施给我一点怜爱。

俗话说：“有的人相处到老，如同新识；有的人偶然相遇，却一见如故。”这是为什么呢？原来是相知与不相知的缘故啊。所以从前樊於期从秦国逃到燕国，把头借给荆轲以助成燕太子丹刺秦王之事。王奢从齐国到魏国，登上城头自杀使齐军撤退以保全魏国。王奢、樊於期并不是因为与齐、秦为初交，与魏、燕是老相识，他们才离开齐、秦而为魏、燕两国君主去死，原来是志向相合而对正义无限仰慕的缘故啊！所以苏秦对天下诸侯不讲信义，却对燕国像尾生一样诚信。白圭为中山国大将，打仗丢了六座城池，却为魏夺取了中山。这又是什么缘故呢？实在是受到知遇而尽力啊！苏秦在燕国做相，讨厌苏秦的燕人在燕王面前说坏话，燕王大怒，用宝剑对着说坏话的人，而把千里马宰杀了赐给苏秦。白圭因攻占中山出了名，中山人到魏文侯面前说白圭的坏话，魏文侯反把夜光璧奖励给白圭。为什么呢？两主二臣之间，剖心披胆，深信不疑，怎么会一听到流言蜚语就变心呢！

所以女子不论美丑，进入宫廷就被嫉妒。士人不论有才无才，入朝做官就要招致嫉恨。从前司马喜在宋国遭到砍去膝盖骨的刑罚，后来却做了中山国的宰相。范睢在魏国被打断肋骨和牙齿，后来在秦国封为应侯。这两个人都深信自己的计划一定能实现，抛弃朋党的私利，因而身处孤独的境地，所以免不了被嫉妒的人谗害。因此，申徒狄投河自沉，徐衍抱着石头跳海。因为他们不为世俗所容，坚持正义，不苟且迎合，不在朝廷里结党营私，用以讨好主上，转移其心。所以百里奚曾在路上讨食，秦穆公却把国政委托给他；宁戚在车下喂牛，齐桓公将国家交他治理。这两个人难道是借助朝廷同僚的推荐，靠国君身边的人吹嘘，然后才被重用的吗？心灵相感召，行义相契合，比胶漆还亲密，像兄弟一样不分离，难道还会被小人的谗言迷惑吗？所以，只听一面之词就会生奸邪，只任用个别人就会酿成祸乱。从前鲁君听信季桓子的话赶走了孔子，宋君听信子罕的话将墨翟下狱。像孔子、墨翟这样的圣贤辩才，尚且免不了谗言的伤害，而使鲁、宋两国出现危机。为什么呢？众多人的谗言，金子也能烧化；积累起来的诽谤，骨肉也会被销毁。因此，秦国任用戎人由余而称霸中原，齐国任用越人蒙而使威王和宣王两代盛强。这两个国家，难道是拘泥于流俗，牵累于世风，受制于阿谀偏私的谗言吗？他们能公正地听取意见，多方面去观察事情，所以能在当世留下明察的美名。只要心意相合，那么北胡、南越也可结为兄弟，由余和越人蒙就是例子；心意不合，即使亲骨肉也会被驱逐而不被收容，尧子丹朱，舜后母弟象，周武王弟管叔、蔡叔等人就是这样的。现今做国君的，如果能像秦穆公、齐桓公那样做合宜的事，抛弃宋、鲁之君的偏听做法，那么五霸的事业不值得称道，夏商周三代圣王的功业也不难做到。

因此，圣王的头脑清醒，就能识别而抛弃子之的伪善心胸，也不赏识田常那样包藏祸心的贤能。像周武王一样封赏比干的后代，整修被纣王剖腹的孕妇的坟墓，那么他一定能成就治理天下的功业。为什么呢？因为圣王想为善的心是没有止境的。晋文公亲近他的仇敌，结果在诸侯中称霸；齐桓公任用他的仇人，从而使天下走上正轨。为什么呢？因为晋文公、齐桓公心地仁慈，情意恳切，用真情打动人心，这是不可以用空话搪塞的。

至于秦国用商鞅变法，向东发展削弱了韩国、魏国的势力，用武力称雄于天下，而终于车裂了商鞅。越王勾践用大夫文种的谋划，攻灭了强劲的吴国，称霸中原，而后将文种赐死。因此孙叔敖在楚国三次被罢免相位而不悔恨，陈仲子辞谢齐国三公的高位去替人灌园。当今的国君，如果能抛弃骄傲的情绪，怀有给人以报效的心意，敞开胸怀，袒露真情，披肝沥胆，厚施恩德，始终跟士人同浮沉，对士人毫不吝惜，那么夏桀的狗，可以使它去咬帝尧，盗跖的门客，可以让他行刺许由。更何况握有万乘大国的权柄，拥有圣王的资本呢？如能这样，那么荆轲情愿冒灭绝七族的危险，要离甘心让妻儿被烧死，难道还值得称道吗？

我听说，夜明珠和夜光璧这样的珍宝，如果在黑暗中突然掷向走路的人，行人无不按剑怒目斜视投掷珍宝的人。为什么呢？因宝物无缘无故投到跟前，是什么用意！大树的老根迂回曲折，却是制成万乘之君玩赏的珍物。又是什么原因呢？原来是国君左右的人，先将它雕饰美化的缘故啊！所以，无缘无故来到跟前的东西，即使是随侯珠、夜光璧，只能是招怨而得不到感谢。但如果事先有人美言一番，那么即使是枯木朽树也可以发挥功用，而不会被人遗忘。如今天下穿粗衣、居陋巷的士人，处在贫困的环境之中，即使具有尧、舜的治国之术，拥有伊尹、管仲的辩才，怀有龙逄、比干的忠心，想要尽忠报效当今的国君，可是平时没有人加以推荐，虽然他竭尽思虑，想奉献忠信，来辅佐国君治理天下，那么国君也必然像对待投掷珠璧的行人一样按剑怒目相视，这就是当今布衣贤士无法起到枯木朽树价值的原因。

因此圣王统治天下，驾驭风俗，就像陶人运钧一样自有法度，而不被下流邪乱的议论所左右，也不会被众人的口舌所改动。所以秦始皇因相信中庶子蒙嘉的话，才被荆轲的言辞蛊惑，结果就有了匕首的突然出现。周文王在泾水、渭水行猎，用马车请回了吕尚，得以称王天下。所以秦王听信左右险遭杀身之祸，周文王凭与吕尚偶然的相遇聚合称王天下。为什么呢？因为周文王能超越拘泥的言辞，接受出人意料的言论，所以能够卓然独立地看到宽广宏达的光明大道。

现今人主常常被献媚奉承的言辞所迷惑，被周围近侍臣妾所牵制，使卓异超群的贤士无用武之地，如同千里宝马与笨牛同槽，这就是鲍焦愤怨世俗，抱木而死，毫不留恋富贵快乐的原因。

我听说盛装严肃的人上朝，绝不肯贪图利禄而污损道义；看重名声的人，绝不会为了私欲而伤害品节。所以有县城名“胜母”，曾子不肯进去；有市邑名“朝歌”，墨子倒转车子离去。现在要想使天下的恢宏之士，接受权力的压制，向尊显的地位低头，故意丑化面目，污染操行，去奉承那些无耻献媚的小人，以求亲近于国君左右，那么真正有志节的士人，就只有老死在深山穷谷之中了，哪里还会有竭忠尽智、捧出诚信来效命于大王的人呢！

这封信呈奏给了梁孝王，梁孝王派人把邹阳从牢狱中放出来，最终邹阳成了梁孝王的座上贵宾。

太史公说：鲁仲连逃封让爵，不肯居官理民，虽然不合大义，但是我十分赞赏他。他作为一个普通老百姓，却能随心所欲，不屈身受制于诸侯，为伸张正义而谈论于当世，挫抑卿相的权势。邹阳的狱中书虽然不恭顺，但书中列举的同类历史人物的遭遇，足以使人痛惜。他可以说是一个刚直不屈的人，因此我把他附在鲁仲连列传之后。

【讲析】

这是一篇跨时代而连类相及的合传。鲁仲连，战国时人；邹阳，西汉人，两人合传，其交合的类在哪里？为什么两人合传？为什么不同时代的人能合传？司马迁似乎已考虑到人们会提出这些问题，所以在传末赞语中做了交代。其言曰：“鲁连其指意虽不合大义，然余多其在布衣之位，荡然肆志，不诎于诸侯，谈说于当世，折卿相之权。邹阳辞虽不逊，然其比物连类，有足悲者，亦可谓抗直不桡矣，吾是以附之列传焉。”这段话既是评说鲁、邹两位历史人物，也是解说为什么二人合传。“比物连类”是一关键之语，也是双关语。邹阳上梁王书，引载众多的古人尽忠受谗，排比连类以自况；再是指鲁、邹二人合传亦是比物连类，即二人皆为抗直之士，又皆以雄辩取胜于人，所以合传。可以说这是出人意料。鲁仲连与邹阳，时代不同，行事不同，司马迁居然找到了两人同类的契合点，写成合传。司马迁的交代，只是一个表层的意义，目的在于提示。凡合传、类传，都有相提并论的契合点，提请读者注意，这是司马迁发现与运用的一种历史观，非常进步，史识非常超前，也就是现在流行的比较研究法。司马迁所达到的比较研究的学术水平与识见之精，在古代历史学家中是空前绝后的。下面先说本篇合传的内容及特点。

司马迁创造的人物传记，因是记述历史人物，不能随意虚构，主要是载人物的言与行，情节故事化。事迹多故事，也多曲折，例如文臣有治绩，武将有战功，才艺之士有造诣、有成果等，都好叙述。而游说人物，其精彩之处是能言善辩、驰骋说辞。本篇合传，实际只是连缀了三篇言辞。第一篇是对话，记载鲁仲连说新垣衍义不帝秦，《战国策》有记载，是一篇历代传诵的名篇，一般标题称《鲁仲连义不帝秦》。第二篇，鲁仲连《遗燕将书》，替齐将田单说降燕将，齐兵不战而下聊城。第三篇，邹阳《狱中上梁王书》，自我辩解，鸣冤得释。鲁仲连的言辞是替人排忧解纷，邹阳的言辞是替自己鸣冤，事势大小不可相提并论，但两人都善言辞，又都品德高洁，不屈于权贵，以言辞释难解纷，所以合传。司马迁仅仅载其文，略加点缀，以文如其人的精神显现文章主人的风骨情采，纯以言传人，这真是一大奇特创造，非大手笔不能为。《史记》中《孔子世家》《司马相如列传》都是以言传人的名篇。《孔子世家》基本取材《论语》，将孔子语录编织在特定的场景中，成为显现的人物传记，活生生再现了人物精神。司马迁采用人物语言，略加点染或特色编排，便成司马迁之文，并使原文增色，令人拍案叫绝。

再具体分析，司马迁是怎样运用人物语言显现其人灵魂与风骨的，供读者评说。

鲁仲连说新垣衍义不帝秦，其背景是秦、赵长平之战后，秦围邯郸，赵国面临亡国之祸，而诸侯不敢救。长平之战，秦、赵两国都拼了全力。秦国十五岁以上的男子都征发上了战场。赵国战败，四十多万大军全军覆没，被秦军坑杀，表现了秦为虎狼之国的残暴行径。长平之战，震动诸侯。秦国向各国发出外交照会，谁敢救援赵国，秦军灭赵后就移兵攻打它。本来秦军是进攻韩国，赵国出兵救韩国，引火烧身而有长平之战。但是赵国若不救韩国，秦国将各个击破，统一天下。春秋战国长期战乱，人们渴望和平，渴望统一，这是天下大势。秦国最强，有统一天下的实力。从历史进程说，秦统一天下，顺应潮流是进步的，但秦取天下多暴，遭到东方各国人民的强力反抗，这也不能不非。鲁仲连义不帝秦，就是扶持大义，主张抗击秦国，反对秦国的暴虐。鲁仲连义不帝秦，是站在人民的立场，站在反暴虐的立场，应该肯定。只有用辩证观点才能说清当时的历史事势。

话说秦围邯郸，赵求救于魏，魏安釐王派大将晋鄙率十万大军救赵，但又慑于秦国的威吓，命令晋鄙将军队停驻在国境上，仅仅作为赵的声援，观望不进，讨好秦国。魏王还受到秦国的欺骗和迫于压力，派出新垣衍秘密入赵，游说赵王公开尊奉秦国称帝，这样秦国就可退兵。假如新垣衍游说成功，赵国尊奉秦王称帝，秦国不但不会撤军，且会一鼓作气攻下邯郸。赵国尊奉秦国称帝，实际就是投降。赵国投降，诸侯更不敢救，必将很快为秦各个击破。赵国坚持抗秦，只要阻止了秦军的锐气，诸侯之军就会跟上来，与赵军一起打击秦军，这一形势，鲁仲连看得很清楚，即赵、魏皆万乘之国，为什么一战败北就要屈服于秦呢？赵国虽败，由于秦军暴虐，所以赵国邯郸军民斗志高涨，因此新垣衍是秘密入赵，暗中运作。鲁仲连先会见平原君，由于平原君对新垣衍说，秘密被公开了，尊秦为帝要做一番辩论，可以说鲁仲连已先声夺人，新垣衍在辩论之前就泄了气。

鲁仲连不仅辞锋锐利，而且有理有据，用大量历史事实说明尊秦为帝在政治体制上带来的后果。鲁仲连的思想是当时极少数开明思想家才具有的头脑。例如孟子的民贵君轻说可为鲁仲连思想注脚。司马迁身受专制腐刑，有切肤的体会，把鲁仲连说新垣衍义不帝秦与邹阳狱中上梁王书联系起来，有隐微的深层思想，表达司马迁内心深处对暴虐的抗议，因而使原文增彩。

鲁仲连列举历史教训，生动地论证尊秦为帝，天下人皆为奴虏，赵、魏君臣都将地位不保，甚而被秦人剁成肉酱。鲁仲连用此危言耸听来表达他反对妥协投降的决心。新垣衍最终被说服，接受鲁仲连的建议，赵、魏联合抗秦，表明他们内心也是不甘心投降的，包括平原君，赵、魏两王，尽管不甘心降秦，但又束手无策，可以说是国难当头，肉食者鄙。但他们在布衣鲁仲连的指点下幡然醒悟，值得称道。于是秦人听到新垣衍受挫，意味着赵、魏联合抗秦，立即后退了五十里。这时楚、魏救兵赶来，联合击退了秦军。鲁仲连功成不居，不接受平原君的封赏，而且终身不再现世于显贵人之前。鲁仲连用行动表明：

他身入危城，游说新垣衍抗秦，丝毫不带有个人利益。其后鲁仲连替田单劝降燕将，结束了两年多的争战，仍不接受任何封赏，再次显示了他的志向高远，为人排难解纷而丝毫不取。苏秦、张仪等纵横家，游说诸侯亦纵亦横，目的是个人富贵。鲁仲连功成不居，其人格精神影响后世深远。

燕将守聊城，齐田单围攻一年多，未能攻下，齐军损失惨重。鲁仲连认为燕将既受困于齐，又受猜忌于燕，已经走投无路，坚持战斗，只是徒伤军民。燕将只有两条路，或撤出战斗回燕接受燕王惩处，或降齐另谋出路，不做无谓的战斗，结束将士和聊城人民的痛苦。鲁仲连投书燕将劝降。燕将得书，哭泣三日，选择自杀，不愿活着受辱，解救军民，结束战斗。这个历史上无名的燕将，是一位悲壮的英雄，他以孤城抗击田单倾齐国之兵两年不败，说明他是一位很得士众心的名将。他为了保全军民而自杀，显示了一位名将的风采。燕将自杀，军中无主，田单趁乱攻城，屠了聊城，违背了鲁仲连的初衷，田单的行为应当受到谴责。所以鲁仲连逃于海上，从此隐居，不问世事。

邹阳在狱中上梁王书，解了自己的危难，也是一个机智的奇士，且书辞优美，说理具有不可辩驳的力量。两人合传，前后辉映，显示言辞的威力，这就是两人合传的原因。

【原文】

鲁仲连者，齐人也。好奇伟俶傥之画策，而不肯仕宦任职，好持高节。游于赵。

赵孝成王时，而秦王使白起破赵长平之军前后四十余万，秦兵遂东围邯郸。赵王恐，诸侯之救兵莫敢击秦军。魏安釐王使将军晋鄙救赵，畏秦，止于荡阴不进。魏王使客将军新垣衍间入邯郸，因平原君谓赵王曰：“秦所为急围赵者，前与齐湣王争强为帝，已而复归帝；今齐已益弱，方今唯秦雄天下，此非必贪邯郸，其意欲复求为帝。赵诚发使尊秦昭王为帝，秦必喜，罢兵去。”平原君犹预未有所决。

此时鲁仲连适游赵，会秦围赵，闻魏将欲令赵尊秦为帝，乃见平原君曰：“事将奈何？”平原君曰：“胜也何敢言事！前亡四十万之众于外，今又内围邯郸而不能去。魏王使客将军新垣衍令赵帝秦，今其人在是。胜也何敢言事！”鲁仲连曰："吾始以君为天下之贤公子也，吾乃今然后知君非天下之贤公子也。梁客新垣衍安在？吾请为君责而归之。"平原君曰："胜请为绍介而见之于先生。"平原君遂见新垣衍曰："东国有鲁仲连先生者，今其人在此，胜请为绍介，交之于将军。"新垣衍曰："吾闻鲁仲连先生，齐国之高士也。衍，人臣也，使事有职，吾不愿见鲁仲连先生。"平原君曰："胜既已泄之矣。"新垣衍许诺。

鲁连见新垣衍而无言。新垣衍曰："吾视居此围城之中者，皆有求于平原君者也；今吾观先生之玉貌，非有求于平原君者也，曷为久居此围城之中而不去？"鲁仲连曰："世以鲍焦为无从颂而死者，皆非也。众人不知，则为一身。彼秦者，弃礼义而上首功之国也，权使其士，虏使其民。彼即肆然而为帝，过而为政于天下，则连有蹈东海而死耳，吾不忍为之民也。所为见将军者，欲以助赵也。"

新垣衍曰："先生助之将奈何？"鲁连曰："吾将使梁及燕助之，齐、楚则固助之矣。"新垣衍曰："燕则吾请以从矣；若乃梁者，则吾乃梁人也，先生恶能使梁助之？"鲁连曰："梁未睹秦称帝之害故耳。使梁睹秦称帝之害，则必助赵矣。"

新垣衍曰："秦称帝之害何如？"鲁连曰："昔者齐威王尝为仁义矣，率天下诸侯而朝周。周贫且微，诸侯莫朝，而齐独朝之。居岁余，周烈王崩，齐后往，周怒，赴于齐曰：'天崩地坼，天子下席。东藩之臣因齐后至，则斮。'齐威王勃然怒曰：'叱嗟，而母婢也！'卒为天下笑。故生则朝周，死则叱之，诚不忍其求也。彼天子固然，其无足怪。"

新垣衍曰："先生独不见夫仆乎？十人而从一人者，宁力不胜而智不若邪？畏之也。"鲁仲连曰："呜呼！梁之比于秦若仆邪？"新垣衍曰："然。"鲁仲连曰："吾将使秦王烹醢梁王。"新垣衍怏然不悦，曰："噫嘻，亦太甚矣先生之言也！先生又恶能使秦王烹醢梁王？"鲁仲连曰："固也，吾将言之。昔者九侯、鄂侯、文王，纣之三公也。九侯有子而好，献之于纣，纣以为恶，醢九侯。鄂侯争之强，辩之疾，故脯鄂侯。文王闻之，喟然而叹，故拘之牖里之库百日，欲令之死。曷为与人俱称王，卒就脯醢之地？齐湣王之鲁，夷维子为执策而从，谓鲁人曰：'子将何以待吾君？'鲁人曰：'吾将以十太牢待子之君。'夷维子曰：'子安取礼而来待吾君？彼吾君者，天子也。天子巡狩，诸侯辟舍，纳筦籥，摄衽抱机，视膳于堂下，天子已食，乃退而听朝也。'鲁人投其籥，不果纳。不得入于鲁，将之薛，假途于邹。当是时，邹君死，湣王欲入吊，夷维子谓邹之孤曰：'天子吊，主人必将倍殡棺，设北面于南方，然后天子南面吊也。’邹之群臣曰：‘必若此，吾将伏剑而死。’固不敢入于邹。邹、鲁之臣，生则不得事养，死则不得赙襚，然且欲行天子之礼于邹、鲁，邹、鲁之臣不果纳。今秦万乘之国也，梁亦万乘之国也。俱据万乘之国，各有称王之名，睹其一战而胜，欲从而帝之，是使三晋之大臣不如邹、鲁之仆妾也。且秦无已而帝，则且变易诸侯之大臣。彼将夺其所不肖而与其所贤，夺其所憎而与其所爱。彼又将使其子女谗妾为诸侯妃姬，处梁之宫。梁王安得晏然而已乎？而将军又何以得故宠乎？”

于是新垣衍起，再拜谢曰：“始以先生为庸人，吾乃今日知先生为天下之士也。吾请出，不敢复言帝秦。”秦将闻之，为却军五十里。适会魏公子无忌夺晋鄙军以救赵，击秦军，秦军遂引而去。

于是平原君欲封鲁连。鲁连辞让者三，终不肯受。平原君乃置酒，酒酣起前，以千金为鲁连寿。鲁连笑曰：“所谓贵于天下之士者，为人排患释难解纷乱而无取也。即有取者，是商贾之事也，而连不忍为也。”遂辞平原君而去，终身不复见。

其后二十余年，燕将攻下聊城，聊城人或谗之燕，燕将惧诛，因保守聊城，不敢归。齐田单攻聊城岁余，士卒多死而聊城不下。鲁连乃为书，约之矢以射城中，遗燕将。书曰：

吾闻之，智者不倍时而弃利，勇士不却死而灭名，忠臣不先身而后君。今公行一朝之忿，不顾燕王之无臣，非忠也；杀身亡聊城，而威不信于齐，非勇也；功败名灭，后世无称焉，非智也。三者世主不臣，说士不载，故智者不再计，勇士不怯死。今死生荣辱，贵贱尊卑，此时不再至，愿公详计而无与俗同。

且楚攻齐之南阳，魏攻平陆，而齐无南面之心，以为亡南阳之害小，不如得济北之利大，故定计审处之。今秦人下兵，魏不敢东面；衡秦之势成，楚国之形危；齐弃南阳，断右壤，定济北，计犹且为之也。且夫齐之必决于聊城，公勿再计。今楚魏交退于齐，而燕救不至。以全齐之兵，无天下之规，与聊城共据期年之敝，则臣见公之不能得也。且燕国大乱，君臣失计，上下迷惑，栗腹以十万之众五折于外，以万乘之国被围于赵，壤削主困，为天下僇笑。国敝而祸多，民无所归心。今公又以敝聊之民距全齐之兵，是墨翟之守也。食人炊骨，士无反外之心，是孙膑之兵也。能见于天下。虽然，为公计者，不如全车甲以报于燕。车甲全而归燕，燕王必喜；身全而归于国，士民如见父母，交游攘臂而议于世，功业可明。上辅孤主以制群臣，下养百姓以资说士，矫国更俗，功名可立也。亡意亦捐燕弃世，东游于齐乎？裂地定封，富比乎陶、卫，世世称孤，与齐久存，又一计也。此两计者，显名厚实也，愿公详计而审处一焉。

且吾闻之，规小节者不能成荣名，恶小耻者不能立大功。昔者管夷吾射桓公中其钩，篡也；遗公子纠不能死，怯也；束缚桎梏，辱也。若此三行者，世主不臣而乡里不通。向使管子幽囚而不出，身死而不反于齐，则亦名不免为辱人贱行矣。臧获且羞与之同名矣，况世俗乎！故管子不耻身在缧绁之中而耻天下之不治，不耻不死公子纠而耻威之不信于诸侯，故兼三行之过而为五霸首，名高天下而光烛邻国。曹子为鲁将，三战三北，而亡地五百里。乡使曹子计不反顾，议不还踵，刎颈而死，则亦名不免为败军禽将矣。曹子弃三北之耻，而退与鲁君计。桓公朝天下，会诸侯，曹子以一剑之任，枝桓公之心于坛坫之上，颜色不变，辞气不悖，三战之所亡一朝而复之，天下震动，诸侯惊骇，威加吴、越。若此二士者，非不能成小廉而行小节也，以为杀身亡躯，绝世灭后，功名不立，非智也。故去感忿之怨，立终身之名；弃忿悁之节，定累世之功。是以业与三王争流，而名与天壤相弊也。愿公择一而行之。

燕将见鲁连书，泣三日，犹豫不能自决。欲归燕，已有隙，恐诛；欲降齐，所杀虏于齐甚众，恐已降而后见辱。喟然叹曰："与人刃我，宁自刃。"乃自杀。聊城乱，田单遂屠聊城。归而言鲁连，欲爵之。鲁连逃隐于海上，曰："吾与富贵而诎于人，宁贫贱而轻世肆志焉。"

邹阳者，齐人也。游于梁，与故吴人庄忌夫子、淮阴枚生之徒交。上书而介于羊胜、公孙诡之间。胜等嫉邹阳，恶之梁孝王。孝王怒，下之吏，将欲杀之。邹阳客游，以谗见禽，恐死而负累，乃从狱中上书曰：

臣闻"忠无不报，信不见疑"，臣常以为然，徒虚语耳。昔者荆轲慕燕丹之义，白虹贯日，太子畏之；卫先生为秦画长平之事，太白蚀昴，而昭王疑之。夫精变天地而信不喻两主，岂不哀哉。今臣尽忠竭诚，毕议愿知，左右不明，卒从吏讯，为世所疑，是使荆轲、卫先生复起，而燕、秦不悟也。愿大王孰察之。

昔卞和献宝，楚王刖之；李斯竭忠，胡亥极刑。是以箕子佯狂，接舆辟世，恐遭此患也。愿大王孰察卞和、李斯之意，而后楚王、胡亥之听，无使臣为箕子、接舆所笑。臣闻比干剖心，子胥鸱夷，臣始不信，乃今知之。愿大王孰察，少加怜焉。

谚曰："有白头如新，倾盖如故。"何则？知与不知也。故昔樊於期逃秦之燕，藉荆轲首以奉丹之事；王奢去齐之魏，临城自刭以却齐而存魏。夫王奢、樊於期非新于齐、秦而故于燕、魏也，所以去二国死两君者，行合于志而慕义无穷也。是以苏秦不信于天下，而为燕尾生；白圭战亡六城，为魏取中山。何则？诚有以相知也。苏秦相燕，燕人恶之于王，王按剑而怒，食以駃騠；白圭显于中山，中山人恶之魏文侯，文侯投之以夜光之璧。何则？两主二臣，剖心坼肝相信，岂移于浮辞哉！

故女无美恶，入宫见妒；士无贤不肖，入朝见嫉，昔者司马喜髌脚于宋，卒相中山；范雎摺胁折齿于魏，卒为应侯。此二人者，皆信必然之画，捐朋党之私，挟孤独之位，故不能自免于嫉妒之人也。是以申徒狄自沉于河，徐衍负石入海。不容于世，义不苟取，比周于朝，以移主上之心。故百里奚乞食于路，缪公委之以政；宁戚饭牛车下，而桓公任之以国。此二人者，岂借宦于朝，假誉于左右，然后二主用之哉？感于心，合于行，亲于胶漆，昆弟不能离，岂惑于众口哉？故偏听生奸，独任成乱。昔者鲁听季孙之说而逐孔子，宋信子罕之计而囚墨翟。夫以孔、墨之辩，不能自免于谗谀，而二国以危。何则？众口铄金，积毁销骨也。是以秦用戎人由余而霸中国，齐用越人蒙而强威、宣。此二国，岂拘于俗，牵于世，系阿偏之辞哉？公听并观，垂名当世。故意合则胡越为昆弟，由余、越人蒙是矣；不合，则骨肉出逐不收，朱、象、管、蔡是矣。今人主诚能用齐、秦之义，后宋、鲁之听，则五伯不足称，三王易为也。

是以圣王觉寤，捐子之之心，而能不说于田常之贤；封比干之后，修孕妇之墓，故功业复就于天下。何则？欲善无厌也。夫晋文公亲其仇，强霸诸侯；齐桓公用其仇，而一匡天下。何则，慈仁殷勤，诚加于心，不可以虚辞借也。

至夫秦用商鞅之法，东弱韩、魏，兵强天下，而卒车裂之；越用大夫种之谋，禽劲吴，霸中国，而卒诛其身。是以孙叔敖三去相而不悔，於陵子仲辞三公为人灌园。今人主诚能去骄傲之心，怀可报之意，披心腹，见情素，堕肝胆，施德厚，终与之穷达，无爱于士，则桀之狗可使吠尧，而跖之客可使刺由；况因万乘之权，假圣王之资乎？然则荆轲之湛七族，要离之烧妻子，岂足道哉！

臣闻明月之珠，夜光之璧，以暗投人于道路，人无不按剑相眄者。何则？无因而至前也。蟠木根柢，轮囷离诡，而为万乘器者。何则？以左右先为之容也。故无因至前，虽出随侯之珠，夜光之璧，犹结怨而不见德。故有人先谈，则以枯木朽株树功而不忘。今夫天下布衣穷居之士，身在贫贱，虽蒙尧、舜之术，挟伊、管之辩，怀龙逢、比干之意，欲尽忠当世之君，而素无根柢之容，虽竭精思，欲开忠信，辅人主之治，则人主必有按剑相眄之迹，是使布衣不得为枯木朽株之资也。

是以圣王制世御俗，独化于陶钧之上，而不牵于卑乱之语，不夺于众多之口。故秦皇帝任中庶子蒙嘉之言，以信荆轲之说，而匕首窃发；周文王猎泾、渭，载吕尚而归，以王天下。故秦信左右而杀，周用乌集而王。何则？以其能越挛拘之语，驰域外之议，独观于昭旷之道也。

今人主沉于谄谀之辞，牵于帷裳之制，使不羁之士与牛骥同皂，此鲍焦所以忿于世而不留富贵之乐也。

臣闻盛饰入朝者不以利污义，砥厉名号者不以欲伤行，故县名胜母而曾子不入，邑号朝歌而墨子回车。今欲使天下寥廓之士，摄于威重之权，主于位势之贵，故回面污行以事谄谀之人而求亲近于左右，则士伏死堀穴岩薮之中耳，安肯有尽忠信而趋阙下者哉！

书奏梁孝王，孝王使人出之，卒为上客。

太史公曰：鲁连其指意虽不合大义，然余多其在布衣之位，荡然肆志，不诎于诸侯，谈说于当世，折卿相之权。邹阳辞虽不逊，然其比物连类，有足悲者，亦可谓抗直不桡矣，吾是以附之列传焉。

淮阴侯列传

《淮阴侯列传》以封爵名篇，它是汉初杰出军事家韩信的传记。策士蒯通、武涉作为相关人物附见。

韩信功高震主，遭刘邦猜忌。他的精锐部队，经常被刘邦抽走。但韩信却不识时务，竟然在楚汉相争难分难解之时，逞兵胁迫刘邦封自己为齐王，这就种下了灭族的祸胎。项羽死后，韩信的兵权立即被解除，迁为楚王。随后又以谋反罪削王贬爵为淮阴侯，牢笼于京都。韩信失势，日益怏怏，于是暗中与陈豨通谋，企图造反，被萧何用计捕杀，夷灭三族。司马迁对韩信这样一个杰出的智能之士而惨遭不幸的结局，深表同情和惋惜，以充满激情和深沉的笔触写下这一悲剧史传，成为千古传颂的名篇。

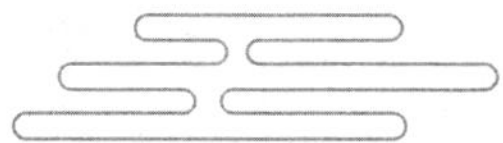

【语译】

淮阴侯韩信，是淮阴人。当初为平民百姓时，因贫穷而没有被教养好的品行，不能够被推举做官，又不会做买卖谋生，经常寄居在别人家吃白食，人们大多讨厌他。他曾经多次投靠下乡南昌亭长，一连吃了几个月的闲饭，亭长的妻子嫌弃他。有一天大清早，亭长妻子就做好饭，在人们还在被窝的时候就提前吃了。等到吃早饭的时候，韩信过去，发现没有给他准备饭食。韩信也明白了他们的用意，发火了，从此断绝关系不再去亭长家。

韩信在淮阴城下钓鱼，有很多妇女在漂洗丝絮。有位大娘看见韩信饿了，就把饭分给他吃，一连几十天都是这样，直到漂洗完毕。韩信很高兴，对大娘说："我一定要重重地回报大娘。"老大娘生气地说："一个男子汉不能自食其力，我是可怜你才给你饭吃，难道是想得回报吗？"

淮阴屠户中有个年轻人要欺负韩信，说："你虽然个子高大，又喜欢弄刀带剑，内心却十分胆怯。"他当众侮辱韩信说："你当真不怕死，就刺我；如果怕死，就从我胯下爬过去。"于是韩信仔细地看了看对手，就弯下身子，从对方裤裆下爬过去了。满街的人都讥笑韩信，认为他胆小怕事。

当项梁起兵，北渡淮水的时候，韩信带着宝剑去投奔，留在麾下，默默无闻。项梁失败后，韩信又隶属项羽，项羽让他做了郎中。他多次向项羽献策，想求得重用，项羽都没有采纳。汉王入蜀时，韩信逃出楚军投归汉王，仍然默默无闻，做了接待宾客的小官。由于犯了法，被判处斩刑，同案的十三人都已被斩，轮到韩信，韩信抬头仰视，恰好看到监斩官滕公，两人目光相对，韩信说："汉王不想成就天下大业了吗？为什么要斩壮士！"滕公惊奇他的话，又见他相貌威武，就放了他。滕公和韩信交谈，十分高兴。滕公把韩信的情况报告汉王，汉王让他做治粟都尉，还是没有重用他。

韩信多次跟萧何谈话，萧何赏识他是一个奇才。到达南郑，大小将官从半道逃亡的有几十个，韩信估量萧何等人已多次向汉王作了推荐，汉王既然不用自己，也跟着逃亡。萧何听说韩信逃亡，来不及向汉王报告，亲自追赶韩信。有人报告汉王说："丞相萧何逃跑了。"汉王大怒，好像失去了左右手。过了一两天，萧何来拜见汉王，汉王既恼怒又高兴，骂萧何说："你为什么逃跑了？"萧何说："臣不敢逃亡，臣是去追逃亡的人。"汉王说："你追的是哪一个？"萧何说："追韩信。"汉王又骂道："将领逃亡了几十个，你没有去追，单单追韩信，是假话。"萧何说："其他将领容易得到。像韩信这样的人，天下无双。大王如果只长期在汉中称王，韩信派不上用场；如果要争夺天下，没有韩信就找不到能和您商量大事的人。这要看大王怎样决策罢了。"汉王说："我也想要向东发展，怎能郁郁不乐地长期居留在这里呢？"萧何说："大王决计向东发展，能够任用韩信，韩信就留下来；不能任用，韩信终究是要逃走的。"汉王说："我看在你的面子上让他做将军。"萧何说："虽然用为将军，韩信也一定不会留下来。"汉王说："用他做大将军。"萧何说："太好了。"于是汉王就要召见韩信任命他为大将军。萧何说："大王向来傲慢，不讲礼节，如今任命大将军就像呼唤小孩子似的，这就是韩信之所以要离开的原因。大王如果想任用他，就选个吉祥日子，进行斋戒，在广场上搭高台，举行拜将仪式，那才行啊！"汉王答应了。各个将领都很高兴，人人都认为自己能做大将军。等到登坛拜将时，原来是韩信，全军都惊奇。

韩信授任仪式结束，汉王就座。汉王说："丞相多次称道将军，将军有什么良策指教我？"韩信谦让了一番，趁势问汉王说："如今向东争夺天下，难道对手不就只有项王吗？"汉王说："是这样。"韩信说："大王自己估量在勇敢、强悍、仁厚、兵力等方面与项王比较，谁强？"汉王沉默了好长一阵时间，说："我赶不上项王。"韩信拜了两拜，十分赞佩地说："我也认为大王比不过项王。但是我曾经侍奉过项王，请允许我说说项王的为人。项王震怒咆哮时，吓得上千人瘫软，但不能放手任用有才干的将领，这只是匹夫之勇罢了。项王待人恭敬慈爱，言语温和，有生病的人，心疼得流泪，将自己的饮食分给他，等到所任用的人立下战功，应当加官晋爵时，却把刻好的印章在手中把玩，磨去了棱角，也舍不得给人家，这就叫妇人的仁慈啊。项王虽然称霸天下，使诸侯臣服，但不居留关中而定都彭城。又违背义帝的约言，把自己偏爱的亲信封为王，诸侯都不服。诸侯看到项王迁徙、驱逐义帝，把他安置在江南，也都回去驱逐原来的国君，然后自己占据好的地方称王。项王军队所过的地方，没有不横遭摧残毁灭的，天下的人大都怨恨他，百姓不归附，只不过迫于威势，勉强服从罢了。项王虽然名义上是霸主，实际上却失掉了天下的民心。所以说他的强大容易转化为弱小。如今大王如果能采取和项王相反的做法：任用天下英勇的人，没有什么不可以被诛灭的对手！用天下的城邑分封给有功之臣，没有什么人会不心服！用正义的战争，顺从思乡想东归的战士，没有什么不能被击溃的敌人！何况三个秦王原都是秦将，率领秦地的子弟打了几年仗，被杀死和逃跑的多到无法统计，三秦将又欺骗自己的部属投降诸侯，走到新安，项王用诈骗的办法活埋秦降兵二十多万，唯独章邯、司马欣和董翳得以脱身，秦地的父老兄弟怨恨这三个人，痛入骨髓。而今楚王项羽凭着威势，强行封立这三个人为王，秦地的百姓没有一个心服的。大王攻入武关，秋毫无犯，废除了秦朝的苛酷法令，与秦地百姓相约，只有三章法律，秦地百姓没有一个不想大王在秦地做王的。根据诸侯的约定，大王理当在关中做王，关中百姓都知道这件事。大王失掉应得的秦王才到汉中的，秦地百姓没有一个不怨恨的。如今大王起兵东进，三秦王的封地只要下一道文书就可以平定。”于是汉王十分高兴，自认为得到韩信太迟了。就听从了韩信的计谋，部署众将所攻击的目标。

八月，汉王起兵东出指向陈仓，平定三秦。汉二年，兵出函谷关，收服了魏地、河南一带，韩王、殷王都投降。汉王又联合了齐王、赵王共同攻击楚军。四月，到达彭城，汉军兵败，溃散而回。韩信重新收集溃散的士兵在荥阳与汉王会合，发动对楚军的反攻，在京县、索城之间打败楚军，因此楚军终于不能再向西挺进。

汉王在彭城败退之后，塞王司马欣、翟王董翳逃离汉军，投降楚军，齐王、赵王也反叛汉王与楚王联合。六月，魏王豹请假回去探望母病，回到魏国后，立即封锁黄河渡口反叛汉王，与楚联合。汉王派遣郦生劝说魏豹，没有成功。这年八月，汉王任用韩信为左丞相，攻讨魏王豹。魏王派重兵把守蒲坂，堵塞了黄河渡口临晋关，韩信增设疑兵，排列战船，摆出要在临晋渡河的样子，而隐蔽主力从夏阳用木制的盆瓮浮水渡河，偷袭安邑。魏王豹惊慌失措，带兵迎击韩信，韩信于是俘虏了魏王豹，平定魏地为河东郡。汉王派遣了张耳和韩信一起领兵向东挺进，折向北面进攻赵国和代国。这年的闰九月，打垮了代国军队，在阏与生擒了夏说。韩信攻下魏国，打破代国，汉王就派人调走他的精兵，开赴荥阳抗拒楚军。

韩信与张耳带领数万军队，想要向东突破井陉攻击赵国。赵王歇和成安君陈馀听说汉军将来袭击，就集中兵力在井陉口，号称有二十万。广武君李左车对成安君说：“听说汉将韩信渡过西河，俘虏了魏王，擒获了夏说，最近血洗阏与，如今又派张耳辅助，计议要夺取赵国，这是趁着胜利的势头而又离开本土远征，那种锋芒是不可阻挡的。我听说千里运送粮饷，士兵会面带饥色，临时砍柴割草烧火做饭，士兵们就经常不能吃饱。眼下井陉这条道路，两辆战车不能并列行进，骑兵不能排成行列，行军队伍拉开几百里，这种形势，粮食一定在后面。希望你暂且给我三万奇兵，从小道绕在汉军背后拦截辎重粮草。你深挖战壕，高筑营垒，坚守军营，不跟他们交战。他们向前没有仗打，他们后退无法撤兵，我带领的奇兵切断他们的后路，使他们在野外抢不到给养，不到十天，韩信、张耳两将的首级就可送到将军的帐下。希望你采纳我的计谋。不这样，一定会被这两小子擒获。”成安君是一个书呆子，常常说正义的军队用不着诈谋奇计，又说：“我听兵法说：‘十倍于敌人就全面包围，两倍于敌人就可以交战。’如今韩信的军队号称数万，其实不过几千。他们竟敢不远千里而来袭击我，已经疲困到了极点。现在对这样的敌人都要回避不敢打击，后面来了更大的敌人，怎么对付呢？诸侯也会看不起我们，认为我们胆怯，就很容易地来攻打我们。”因而没能采纳广武君的计谋。

韩信派人暗中打探，了解到成安君没采纳李左车的计谋，回营报告，韩信非常高兴，才敢进兵井陉狭道。距离井陉口还有三十里，停下来宿营。半夜传令出发，挑选了两千名精锐骑兵，轻装出发，每人拿一面红旗，从隐蔽的小道上山，在山上潜伏着观察赵军的动静，韩信告诫说：“交战时，赵军见我军败逃，一定会倾巢出动追赶我军，到时候你们迅速冲进赵军营垒，拔掉赵军旗帜，竖起汉军红旗。”又让副将传达开饭的命令，说：“今天打垮了赵军大摆宴席。”各将领没有一个相信，表面上答应说：“遵命。”韩信又对领兵军官们说：“赵军已经先占据了有利地形扎下营寨，他们没看到我们的大将旗帜、仪仗，是不肯攻击我军的先头部队的，怕我们到了险要的地方就退回来。”韩信派一万人的先头部队，开出营寨，背靠河水摆开阵势。赵军望见汉军没有退路的阵地，大笑起来。天刚刚大亮，韩信摆开大将的旗号和仪仗鼓吹，大吹大擂地开出井陉口，赵军打开营垒，攻击汉军，激战了很长时间。这时，韩信和张耳假装丢弃旗鼓，逃回河边阵地。河边阵地的部队敞开营门放他们进去，而后激烈地与赵军战斗。赵军果然空下军营，倾巢出动夺取汉军的旗鼓，追赶韩信和张耳。韩信和张耳已进入了河边阵地，河边阵地上的汉军全部拼命作战，不可能被打败。韩信派出的两千奇兵，等赵国倾巢出动夺取战利品的时候，就迅速冲入赵军营垒，全部拔掉赵军的旗帜，插上两千面汉军红旗。赵军已经不能取胜，不能捉住韩信等人，想退回营垒，看到营垒上都是汉兵的旗帜，惊慌起来，认为汉军已经把赵王及其赵将全部俘虏了，兵众混乱，纷纷逃窜，赵军将领斩杀逃兵也不能阻止。于是汉兵夹击，大败并俘虏赵军，在泜水边杀了成安君，俘获了赵王歇。

韩信传令全军，不要杀害广武君，有能活捉他的赏给千金。于是有人捆缚广武君送到军帐前，韩信亲自松绑，请广武君向东坐在主位上，自己向西坐在陪位上，待以尊师之礼。

各位将领呈献首级，全来庆贺，趁此请问韩信，说："兵法说布阵要右边和背后都靠山，前边和左边临水，今天将军让我们反而背靠水边布阵，说打败赵军会餐，我们都不信。然而真的打了胜仗。这是什么战术呢？"韩信说："这也在兵法上，只是各位没细看罢了。兵法上不是说'陷之死地而后生，置之亡地而后存'吗？何况我平时没有机会训练将士，这叫作'赶着街市上的老百姓去打仗'，这种情况若不把大家放到生死线上，使大家各自为了保全只有死战这一条路，则全都会跑光，怎么能用他们打胜仗呢？"众将领都佩服地说："好。将军的谋略是我们赶不上的啊。"

于是韩信向广武君请教，说："我想北边攻打燕国，东边讨伐齐国，怎么样才能取得成功？"广武君谦逊地推辞说："我听说败军之将，没资格谈论勇敢；亡国的大夫，没资格谋划国家的生存。如今我是一个败军的俘虏，哪有资格来计议大事呢！"韩信说："我听说百里奚在虞国而虞国灭亡了，在秦国而秦国称了霸，并不是他在虞国时愚笨，而在秦国时聪明，这是任用与不任用，听从意见与不听从意见的结果啊。假如成安君听从了你的计谋，那我韩信也早已被生擒了。因为成安君没有任用你，所以我才得以奉陪请教啊！"韩信一再请教，说："我诚心诚意听你的计谋，希望你不要推辞。"广武君说："我听说，'智者千虑，必有一失；愚者千虑，必有一得'。所以说，'狂人的话，也可供圣人选择’。只是我献的计谋未必能实用，但愿忠心效力，说说浅见。成安君本来有百战百胜的计谋，一旦不用，军队在鄗城打了败仗，自己死在泜水上。如今将军渡过西河，俘虏了魏王，在阏与生擒了夏说，一战而下井陉，不到一个上午打败二十万赵军，杀了成安君。将军名声传四海，声威震动天下，农夫百姓生怕兵灾来临，无不放下农具停止耕作，穿好的，吃好的，拉长耳朵在听你出兵的消息。这一些，是将军的长处。但是你连续作战的军队十分疲劳，很难继续作战。如今将军想率领疲劳的士兵，停留在燕国坚守的城池之下，想要进攻作战，恐怕拖得太久，力量不能攻克，实情暴露，主动权就要丧失，相持日久，粮食耗尽，而弱小的燕国都不能降服，那齐国一定增强信心把守边境。燕国和齐国坚持对抗，而又攻不下来，那么刘、项相争的胜负就难说了。这一些，是将军的短处。我很愚笨，个人认为北攻燕、东伐齐的计划是不对的。本来善用兵的人不是以短击长，而是要以长击短。”韩信说：“那么该怎么办呢？”广武君回答说：“现今替将军打算，最好按兵不动，休整士卒，稳定赵国，抚恤阵亡将士的遗孤，在方圆百里之内，每天都送来牛肉美酒犒劳将士，摆出向北进军的架势，驻守在通往燕国的要道上，然后派一个会说话的辩士，送一封书信，把自己的绝对优势充分显示给燕国看，燕国不敢不听从。燕国既已听从，再派一个能说会道的人向东劝降齐国，齐国也一定听到消息就服从，即使有大智大慧的人，也不知该怎样替齐国谋划了。如果是这样，那么天下大事就都好办了。用兵之道，本来就有先虚张声势而后采取实际行动的，我说的就是这样的情况。”韩信说：“好啊！”听从了广武君的计谋，派出使者前往燕国，燕国听到消息真的立即投降。于是派人报告汉王，借机请求立张耳为赵王，用以镇抚赵国。汉王同意韩信的报告，就封立张耳为赵王。

楚国多次派遣奇兵渡过黄河进攻赵国，赵王张耳和韩信来回救援，在行进中安定赵国的城邑，调派军队去支援汉王。楚军在荥阳包围了汉王，形势危急，汉王突围南下，到达宛县、叶县地区，与黥布会合，立即进入成皋，楚军又紧急围攻。六月，汉王逃出成皋，东渡黄河，单独与滕公夏侯婴一起，到修武投向张耳军。到达后，住在客馆里。清晨，汉王早起，自称是汉使，驰马进入赵军营垒。张耳、韩信还没起床，就在两人卧室内，汉王夺了印信和兵符，用兵旗召集诸将，调整他们的职务。张耳、韩信起床后，才知道汉王来了，大为吃惊。汉王夺了两人的军队，就令张耳守备赵地，拜韩信为赵相国，集中未被汉王调走的部队攻打齐国。

韩信领兵东向，还没渡过黄河平原津，听说汉王派郦食其已经说降了齐国，韩信打算停止前进。范阳辩士蒯通劝说韩信，说："将军奉命攻打齐国，而汉王派密使说降了齐国，难道有新的命令让将军停止前进吗？怎么能不向前行进呢！何况郦生只是一介书生，坐着车子去摇动那三寸之舌，就说降了齐国七十余城，将军率领数万之众，一年多才攻下赵国五十余座县城，做了几年将军，反而比不上一个书呆子的功劳吗？"于是韩信非常赞同蒯通的话，听从他的计谋，终于渡过黄河。齐王已经听从了郦生，就挽留郦生开怀畅饮，撤除了防备驻兵的戒备。韩信趁这机会偷袭齐国驻在历下的主力军队，得手后汉军直驱齐国都临淄。齐王田广认为郦生出卖了自己，就把郦生烹杀了，匆匆逃往高密，派出使者向楚国求救。韩信平定了临淄的局势后，就向东追击田广，直追到高密县的西境。这时，楚王也派出龙且为大将，率领人马，号称二十万，来救齐国。

齐王田广、龙且合兵一处与韩信交战，两军还未接触。有人对龙且说："汉兵远来深入，尽力战斗，它的锋芒不可抵挡。齐、楚之兵，在自家地面作战，士兵容易逃散。还不如深沟高垒，坚守不战，让齐王派出亲信使臣去招抚已经沦陷了的城邑，那些城邑听说齐王还在，楚军来救，一定反叛汉王。汉兵远出两千里，客居在外，齐国城邑又都反叛，汉兵势必没有地方得到粮饷，可以不战而使汉兵投降。"龙且说："我平生知道韩信的为人，容易对付的。何况救援齐国，不战而使汉军投降，我有什么功劳？现在战而胜之，齐国一半土地可以得到，为什么不打？"于是决定交战，与韩信夹潍水两岸布阵。韩信派人连夜赶做了一万多个袋子，装满沙子，堵住潍水的上游，只率领一半军队渡河，攻击龙且，假装不胜，败走。龙且果然高兴地说："我本来就知道韩信胆怯。"于是追击韩信，挥军渡河。韩信派人撤走堵水的沙袋，河水倾泻而下。龙且的军队大半没有渡过去，韩信回头猛烈攻击，杀了龙且。留在潍水东岸的龙且军溃散逃跑，齐王田广逃走。韩信追击败兵到城阳，把楚军士兵全部俘虏了。

汉四年，韩信降服平定了齐国。派人向汉王报告说："齐国人狡诈多变，反复无常，南面与楚国交界，不设立一个代理的王来镇抚，局势不能稳定。我希望做代理王，以便对全局有利。"正是此时，楚军紧急地在荥阳围攻汉王，韩信使者到来，汉王打开书信一看，勃然大怒，骂道："我在这儿被围困，日夜盼望你来辅佐我，你却想自立为王！"张良、陈平暗中踩汉王的脚，凑近汉王的耳朵说："汉军目前正不利，难道能阻止韩信称王吗？不如顺水推舟封他为王，好好地待他，使他自己镇守齐国。不这样，怕要发生变乱。"汉王也醒悟了，又故意骂道："大丈夫平定了诸侯，就要做一个真王，为什么只能做一个代理王？"就派遣张良前往，封立韩信为齐王，征调他的军队攻击楚军。

楚军失去了龙且，项王害怕了，派盱台人武涉前往游说齐王韩信，说："天下人遭受秦朝暴政统治的痛苦已经很久了，因而共同合力攻打秦朝。秦朝已经破灭，按照功劳大小，划分土地，分立为王，以便休兵罢战。如今汉王却又起兵东进，侵犯别人的主权，夺取人家的土地，已经攻破了三秦，又领兵出函谷关，收聚诸侯的军队向东攻打楚国，汉王吞并天下的意图不达就不罢休，汉王不知满足竟是这样没有止境，太过分了。况且汉王不可靠，他落在项王手里好几次了，项王同情他让他活了下来。然而他一脱身就背弃盟约，一次次攻击项王，是这样的不可亲近，不可信任。现今你自认与汉王交情深厚，替他卖力打仗，但终究会被他擒拿的。你之所以能苟延性命到今天，是因为项王还活着。当今楚、汉两王的成败，就掌控在你手里。你投向右边，那么汉王取胜；你投向左边，那么项王取胜。如果今天项王灭亡了，那么依次就轮到收拾你了。你和项王有过交情，为什么不反叛汉王与楚联合，三分天下称王呢？如果错过这个时机，必然要站到汉王一边，攻打楚王，作为一个有智谋的人，难道应该是这样的吗？"韩信推辞说："我侍奉项王，官位不过是一个郎中，职分不过是一个执戟的卫士，说话不听，计谋不用，所以才背叛楚王投归了汉王。汉王授给我上将军的印章，给了我几万人的兵众，脱衣给我穿，分食给我吃，言听计从，所以我才有今天的地位。汉王亲近我、信任我，我背叛他不吉利，即使死了也不改变主意。希望您能替我辞谢项王。"

武涉走后，齐人蒯通也知道天下大势举足轻重的关键操在韩信手中，想用一个奇妙的计谋来挑动他。蒯通用看相的手段游说韩信，说："我曾经学过看相的技艺。"韩信说："你是怎样给人看相的？"蒯通回答说："人的高贵和卑贱看他的骨相，忧愁和喜悦看他的脸色，做事成功与失败看他的决断，用这三项参验给人看相，万无一失。"韩信说："好，请先生看看我的相怎么样？"蒯通回答说："希望其他人暂时回避。"韩信对身边的人说："你们休息去吧。"蒯通说："看你的面相，不过封侯，而且危险不安全。看你的背相，高贵得不可言说。"韩信说："这是什么意思？"蒯通说："天下反秦最初起兵的时候，英雄豪杰自立为王，一声呼喊，天下的志士仁人像云雾那样会合，像鱼鳞那样密集，如火花迸发，狂风骤起。当时的情况，大家忧虑的只是如何消灭暴秦罢了。现在的情况是楚汉相争，造成天下无罪的百姓肝脑涂地，父子老少的尸骨暴露在荒野，数也数不清。楚军从彭城奋起，转战四方，追逐败兵，直到荥阳，乘着胜利，像卷席子一样向前推进，声威震动天下。然而楚军在京县与索城之间陷于被动，被阻遏在成皋以西的山岳地带不能再前进，至今已三年了。汉王领兵数十万，在巩县、洛阳一带抗拒楚军，凭借山河的险要，虽然一日数战，却无尺寸之功，受挫败逃几乎不能自救。汉王在荥阳战败，在成皋受伤，于是逃到宛城与叶县之间。这可以说是楚汉两败俱伤，项王之勇，汉王之智，都到了尽头了。将士的锐气长期被险要阻遏而受挫伤，仓库的粮食也消耗殆尽，百姓疲劳困苦，怨声载道，人心浮动，无所归宿。按我的估量，这种形势之下若不是天下的圣贤，根本不能平息这天下的大祸。现今项王、汉王两王的命运，都悬挂在你的手中。你帮助汉王，那么汉王胜；你帮助项王，那么项王胜。我愿推心置腹、披肝沥胆，敬献愚计，只怕你不采纳。你真能听从我的计谋，不如让楚汉双方有利，共存下去，你跟他们三分天下，鼎足而立，互相牵制的形势，使任何一方都不敢轻举妄动。凭借你的贤能圣德，拥有众多的人马装备，占据强大的齐国，迫使燕、赵屈服，从刘、项两方的空隙地出兵，牵制他们的后方，顺从百姓的心愿，向西去制止刘、项的争斗，为士兵黎民请命，那么天下诸侯就会闻风响应，谁敢不听从！然后分割大国，削弱强国，用以分封诸侯，诸侯恢复之后，天下就会感恩戴德，归服听命于齐。安定好齐国现有的地盘，进而据有胶水、泗水流域地区，用恩德安抚诸侯，诚恳地拱手谦让，那么天下的君王都会一个接一个来朝拜齐国了。常言说，'上天的赐予不接受，反过来就要受到惩罚；时机来了不行动，反过来就要遭到祸殃'。希望你认真考虑。"

韩信说："汉王待我很宽厚，有车与我同坐，有衣与我共穿，有饭与我同吃。我听说，坐了人家的车，要分担人家的祸患；穿了人家的衣服，要分担人家的忧愁；吃了人家的饭，要替人家的事业卖命，我怎能图谋私利而背弃信义呢？"蒯通说："你自认为与汉王交情好，想建立万世的基业，我认为错了。当初常山王张耳与成安君陈馀，两人为平民时，结为生死之交，后来因为张黡、陈泽的事发生争执，两人结仇。常山王背叛项王，捧着项婴的人头逃跑，归降汉王。汉王借给他军队向东进击，在泜水南岸杀了成安君，被天下人耻笑。这两人的相交，可说是天下最好的朋友。然而到头来，都想抓获对方置于死地，这是为什么呢？祸患产生于太贪心，而且人心难测。现在你想实践忠诚信义与汉王交往，肯定不可能比张耳、陈馀两人的交情更可靠，而你与汉王之间的事情有很多比张黡、陈泽的事件要大得多。所以我认为你肯定汉王不加害于你就错了。大夫文种、范蠡挽救快要灭亡的越国，辅佐勾践称霸，结果功成名就以后，文种被迫自杀，范蠡逃亡湖上。野兽捕完，猎狗就要被烹杀。从交友的角度说，你与汉王的关系赶不上张耳与陈馀的关系；从君臣忠信的角度说，比不上大夫文种、范蠡与勾践的关系。陈馀与文种两人的结局，可充分地做你的借鉴。希望你仔细地考虑。况且我听说，勇敢谋略震动了主子就有生命危险，功劳业绩超过了天下所有的人就无法赏赐。请让我说说大王的功劳和谋略：你渡过西河，俘虏了魏王，擒获了夏说，领兵攻占井陉口，杀死成安君，攻占赵国，制服燕国，平定齐国，南下摧毁了楚军二十万，在东边杀死了楚将龙且，西向汉王报捷，这可以说功劳天下无双，论谋略世上再没有人能超出。现在你拥有震动君王的威势，挟有无法赏赐的功绩，归附楚国，楚国人不相信；归附汉国，汉国人震惊。你想归附到哪一边去安身呢？你处在臣子的地位，却有震动君王的威势，声名也盖过天下所有的人，我真替你感到危险啊。”韩信辞谢说：“先生暂且别说了，让我考虑考虑吧。”

过了几天，蒯通又劝告韩信说：“能听取善谋是事情成功的征兆，能计划周密是事情成功的关键，听错了意见、订错了计划却能长久安全的人，实在少有。听取意见没有失误的人，就不可能被花言巧语所迷惑；制订计划不会本末倒置的人，就不可能被闲言碎语所扰乱。一个安心做奴仆的人，绝不会得到君主的权柄；一个谨守着微薄俸禄的人，不可能得到公卿宰相的高位。所以聪明的人往往当机立断，迟疑不决的人一定坏事，专在细小的事情上用心思，就会忘记天下的大事，理智懂得该怎样去做，作了决断却不敢执行，这是一切事情的祸根。所以说‘猛虎迟疑不决，还不如马蜂、蝎子敢于放刺；骏马徘徊不前，比不上劣马的慢步行进；孟贲那样的勇士犹豫不定，不如庸夫一定要达到目的实干。即使有虞舜、大禹的智慧，但闭口不说话，还不如聋哑人用手势比画’。这一切比喻都说的是一个道理，付诸行动最可贵。功业难于成功容易失败，机会难得容易丧失。时机啊时机，失去了就不会再来。希望你详细而认真地考虑。”韩信犹豫不决，不忍心背叛汉王，又认为自己功劳多，汉王终究不会夺去自己的齐国，于是谢绝了蒯通。蒯通的游说没被采纳，就装疯扮成了一个巫师。

汉王被围困在固陵，采用张良的计策征召齐王韩信，于是韩信率兵到垓下会师。项羽被打败以后，汉高祖出其不意夺了齐王的军队。汉五年正月，改封齐王为楚王，定都下邳。

韩信到了下邳，召见曾经分给他饭食的那位漂洗丝绵的老大娘，送了一千金。还召见了下乡南昌亭长，送了他一百钱，说：“你是一个小人，做好事有始无终。”又召见凌辱自己，让自己从他胯下爬过的那位青年，任用他做楚国的中尉。韩信告诉各将领说：“这是一位壮士，当他侮辱我的时候，我难道不能杀死他吗？但杀掉他没有意义，所以我忍让了一时的屈辱，才能有今天的成就。”

项王的一员部下，逃亡将领钟离眛，家住伊庐县，一向与韩信交好。项王死后，钟离眛投奔韩信。汉王怨恨钟离眛，听说他在楚国，下诏令让楚国逮捕钟离眛。韩信刚到楚国时，巡察所属县乡邑，进进出出用部队戒严。汉六年，有人上书告发楚王韩信谋反。高祖用陈平的计谋声言出巡，按惯例天子出巡要会见诸侯。南方有一个云梦泽，高祖派出使者通告各诸侯到陈县朝会，说：“我将巡视云梦。”实际是想偷袭韩信，韩信却不知道。高祖将要到达楚国时，韩信想要发兵反叛，但估量自己没有罪过，想朝见高祖，又怕被擒获。有人劝韩信说：“你杀了钟离眛去朝见皇上，皇上一定高兴，就没有祸患了。”韩信召见钟离眛商议这件事。钟离眛说：“汉王之所以不来攻取楚国，是因为我在你这里。你想捕杀我去讨好汉王，我今天死了，你跟着也要灭亡。”就骂韩信说，“你不是一个忠厚的人！”终于自杀了。韩信带着钟离眛的首级，到陈县去朝见高祖。皇上令武士捆绑韩信，放在后面的副车上。韩信说：“果真像人们说的，‘狡兔死了，猎狗遭烹杀；高飞的鸟完了，良弓被收藏；敌国破灭，谋臣死亡！’天下已经平定了，我当然该被烹杀。”皇上说：“有人告发你谋反！”于是给韩信戴上刑具。到了洛阳，赦免了韩信的罪过，改封为淮阴侯。

韩信知道汉王害怕和嫉妒自己的才能，常常借口生病不朝见，也不随从。

韩信日夜怨恨，孤独闭门闷闷不乐，耻于与绛侯周勃、颍阴侯灌婴等人处在同等地位。韩信曾经拜访樊哙将军，樊哙用跪拜的礼节迎进送出，说："大王竟肯光临寒舍。"韩信出门，无可奈何地笑着说："我这一辈子，竟然和樊哙这样的人同在一个地位。"皇上曾经与韩信闲谈各位将领的才能高下，评说他们各有长短。皇上问："像朕能带多少兵？"韩信说："陛下不过能带十万兵。"皇上又问："对你来说怎么样？"韩信说："我带兵越多越好。"皇上笑着说："带兵越多越好的人，为什么被我抓获了？"韩信说："陛下不擅长带兵，可善于驾驭将领，这就是韩信被陛下擒获的原因。何况陛下的地位是上天赐予的，不是人力可以获取的。"

陈豨被任命为巨鹿郡守，向淮阴侯辞行。淮阴侯拉着他的手，避开左右，与陈豨在庭院散步，仰天叹息说："跟你可以谈知心话吗？我有知心话想和你谈谈。"陈豨说："一切听从将军的吩咐。"淮阴侯说："你上任的地方，集中了国家的精兵，你又是陛下亲信宠爱的臣子。有人说你造反，陛下肯定不相信；再次来人告你造反，陛下就会有疑心了；第三次还来人告你造反，陛下一定会发怒，亲自领兵征讨了。真到这一天，我替你在京城起事为内应，天下就可以取得了。"陈豨一向知道韩信的能力，相信了他，说："谨听指教。"汉十年，陈豨果然反叛。皇上亲自领兵前往，韩信称病不随从，暗中派人到陈豨处说："只管起兵，我在这里协助你。"韩信就与家臣策划，在夜里假传诏书赦免各官府服役的罪徒和奴隶，打算发动他们去袭击吕后和太子。部署完毕，等待陈豨的消息。韩信的门客中有一人得罪了他，韩信把他抓了起来想杀掉他。这人的弟弟上书告变，向吕后揭发了韩信打算谋反的情况。吕后想召韩信进宫，担心他不肯就范，就与萧相国商量，派人假装从皇上那里来，说陈豨已被捉住处死，传令列侯群臣都要进宫庆贺。萧相国哄骗韩信说："你即使有病，也要强打精神进宫庆贺。"韩信入宫，吕后命武士把韩信捆起来，在长乐宫的钟室杀掉了。韩信临刑时说："我后悔没有听从蒯通的计谋，竟遭妇人的欺骗，这难道不是天意吗！"后诛杀了韩信的三族。

高祖平定陈豨回来，到了京城，看到韩信已死，又高兴又同情，问："韩信死时留下什么话？"吕后说："韩信后悔没有用蒯通的计谋。"高祖说："这人是齐国的辩士。"就下诏令齐国捕捉蒯通。蒯通被带到，皇上说："你教唆过淮阴侯谋反吗？"回答说："有这事，我的确教唆他谋反。这小子不用我的计谋，所以自我倒霉遭到灭亡。如果那小子用了我的计谋，陛下怎能够灭掉他呢？”皇上发怒说：“煮死他。”蒯通叫屈说：“哎呀，煮死我，冤枉啊！”皇上说：“你教唆韩信谋反，有什么冤枉？”蒯通说：“秦朝的法度败坏，政权解体，山东地方大乱，各姓诸侯并起，天下英雄豪杰像群鸦一样聚集。秦朝丢失的帝位，天下的人一同追逐它，本领高强、行动迅速的人先抢到它。盗跖的狗对着尧狂叫，尧并不是不仁德，只因为他不是狗的主人。在当时的环境，我只知道有个韩信，并不知道有陛下。况且天下磨快武器、手执利刀想干与陛下同样事业的人多得很，只是力不从心罢了。又怎么可以把他们全部煮杀呢？”高帝说：“放掉他。”就赦免了蒯通的罪过。

太史公说：我到了淮阴，当地人对我说，韩信还是平民的时候，志向就与众不同。他的母亲死后，家里穷得买不起棺材埋葬，仍然到处访求高敞的坟地，好使日后在坟旁的空地上可以安置万户人家。我看了他母亲的坟地，的确是这样。假使韩信学会道家的谦恭退让，不夸耀自己的功劳，不仗恃自己的才能，那就差不多了。若果这样，他对汉朝的功劳真可以和周代的周公、召公、太公这些人相比，世世代代享受香火的祭祀了。可是，他不从这方面努力，而在天下安定后，又策划反叛，遭到灭族的灾祸，不也是应当的吗！

【讲析】

韩信是秦末农民战争中涌现出来的杰出历史人物，但他的才能发挥却是在楚汉战争中显现出来的。他本是淮阴一个流荡青年，贫无以食。秦末动乱，先投靠项羽，未得重用，又投奔刘邦，仍未被重用，后经萧何推荐，得以举拔为大将，由是感激汉王刘邦。在楚汉战争中，刘邦从彭城败逃，靠韩信在京、索间挫败项羽，才稳住了楚汉相争的阵脚。然后，韩信率领一支队伍，开辟北方第二战场，以少胜众，取得了吞灭魏、赵、燕、齐的胜利，完成了对项羽的战略包围。最后与刘邦会师在垓下歼灭项羽。

韩信功高震主，遭刘邦猜忌。他的精锐部队，经常被刘邦抽走。但韩信却不知时务，竟然在楚汉相争难分难解之时，逞兵胁迫刘邦封自己为齐王，这就种下了灭族的祸胎。项羽死后，韩信的兵权立即被解除，迁为楚王，随后又以谋反罪被削王贬爵为淮阴侯，牢笼于京都。韩信失势，日益怏怏，于是暗中与陈豨通谋，企图造反，被萧何用计捕杀，夷灭三族。司马迁对韩信这样一个杰出的智能之士而惨遭不幸，深表同情和惋惜，以充满激情和深沉的笔触写下这一悲剧史传，成为千古传颂的名篇。

读《淮阴侯列传》，当从司马迁、司马光评论入手，谈三个问题。

首先是《淮阴侯列传》的思想倾向。这是一篇司马迁替淮阴侯韩信写的翻案史传，满怀作者同情的泪水，读来使人心酸。淮阴侯韩信是西汉第一大功臣，他替刘邦打下了半壁江山，忠心耿耿尽效犬马之劳，又拒武涉、蒯通之说，成就了汉家天下，到头来却陷于“叛逆”之罪，被夷三族，蒙上了污秽的恶名。司马迁愤愤不平，笔端饱含着极大的热情替韩信写了翻案史传，并用“淮阴侯”这一封爵名篇，表示了他深切的同情和赞叹。司马迁以其高超的艺术手法为我们塑造了一个光彩的形象，奠定了后之读史者“憎刘惜信”的基调。司马迁用简练的笔法，寓褒贬于叙事之中，韩信亡楚归汉，定策汉中，擒魏取代，破赵胁燕，东击齐，南灭楚，是一个无往而不胜的名将，把他比之为周、召、太公。司马光的《资治通鉴》，就是依据《淮阴侯列传》作赞，曰：“世或以韩信首建大策，与高祖起汉中，定三秦，遂分兵以北，禽魏，取代，仆赵，胁燕，东击齐而有之，南灭楚垓下，汉之所以得天下者，大抵皆信之功也。”（《资治通鉴·汉纪》四）由于两司马都肯定了韩信的功绩，淮阴侯才彪炳于纪传史和编年史中，这是符合历史实际的结论。

韩信是中国古代杰出的军事家，他有着过人的才能。刘邦也情不自禁地做了这样的评价，他说：“连百万之军，战必胜，攻必取，吾不如韩信。”（《高祖本纪》）并称之为“人杰”。明茅坤说：“予览观古兵家流，当以韩信为最，破魏以木罂，破赵以立汉赤帜，破齐以囊沙，彼皆从天而下，而未尝与敌人血战者。予故曰：……韩信，兵仙也。”（《史记钞》）韩信用兵，多多益善，灵活多变。垓下之战，他为全军统帅，指挥三十多万大军，一举全歼项羽军，此为多多益善，载于《高祖本纪》。但更能表现韩信军事艺术天才的却是以少击众，以弱胜强。擒魏取代，破赵胁燕，东击齐，南破楚，一个胜利接着一个胜利，都是以弱胜强，智计胜算，层出不穷。敌方赵相陈馀，楚将龙且，生搬硬套兵法，骄傲轻敌，刚愎自用，一个个被歼灭，从反面烘托了韩信的高大形象。《淮阴侯列传》突出韩信以少胜众，目的是集中笔墨写他的“智”，既深刻地抓住了韩信光辉形象的特点，也是为他悲剧的结局做铺垫。

汉初三个军事功臣韩信、彭越和黥布，都以谋反罪被夷三族，刘邦死后也没有人敢替三人平反。在封建专制制度下，身为汉廷史官的司马迁要为三人树碑立传，是需要极大勇气的。三人中韩信功最大，亦最冤，第一个遭擒拿，司马迁也最同情他。因此，《淮阴侯列传》是一篇立意撰述的翻案史传。司马迁在《苏秦列传》赞中示例说：“夫苏秦起闾阎，连六国从亲，此其智有过人者。吾故列其行事，次其时序，毋令独蒙恶声焉。”这“毋令独蒙恶声焉”就是司马迁写翻案史传的原则。以今语言之，即还历史的本来面目。韩信有大功于汉，本意并不反汉，而他通谋陈豨是蒙冤后被逼上梁山的，是不能让他“独蒙恶名”的。

韩信拒武涉、蒯通之说一节最为精彩。如果说武涉说辞句句为项羽，而蒯通设喻则句句是为韩信，以相人之术进说辞更加耸动视听，韩信犹豫之后终不背汉王。可以说这段文字就是司马迁在为韩信辩诬。司马迁还用互见法在《陈丞相世家》中，对汉六年楚王信谋反案做了淋漓尽致的揭露。这次谋反是刘邦蓄意策划的一场政治陷害案，记载是十分清楚的。

但是以“实录”精神垂名于世的司马迁，他不为贤者讳，因此对于韩信谋反关中不加掩饰，而是抱着十分惋惜的心情，批评韩信不能学道谦让，功成身退，对悲剧的演出含有自作孽的成分。这表明司马迁裁断历史的公案是十分严肃的。

韩信关中谋反，是为形势所逼，正所谓“成也萧何，败也萧何”。韩信登坛拜将，靠的是萧何力荐；韩信被斩，亦是萧何设谋。一个萧何干出了这样似不相容的两件事，正是形势使然。南宋思想家陈亮说：“汉高帝所借以取天下者，固非一人之力，而萧何、韩信、张良盖杰然于其间。天下既定而不免于疑，于是张良以神仙自托；萧何以谨畏自保；韩信以盖世之功，进退无以自明。萧何能知之于未用之先，而卒不能保其非叛，方且借信以为自保矣。”(《陈亮集》卷九《论》) 陈亮揭露专制统治集团的内部矛盾是十分深刻的。在刘邦猜忌功臣的高压政策之下，人人自危，如何做到明哲保身，也颇不容易。萧何不但“谨畏自保”，而且他还能逢迎高帝和吕后之意。韩信正相反，文武兼备，功高震主，是刘邦要拔除的第一个眼中钉，反而不能顺时取容，失职生怨，溢于言表。所以萧何“卒不能保其非叛”，而借韩信之头以自保了。韩信的思想变化，《淮阴侯列传》作了生动的记载：

> 信知汉王畏恶其能，常称病不朝从。信由此日夜怨望，居常鞅鞅，羞与绛、灌等列。信尝过樊将军哙，哙跪拜送迎，言称臣，曰："大王乃肯临臣！"信出门，笑曰："生乃与哙等为伍！"上常从容与信言诸将能不，各有差。上问曰："如我能将几何？"信曰："陛下不过能将十万。"上曰："于君何如？"曰："臣多多而益善耳。"上笑曰："多多益善，何为为我禽？"信曰："陛下不能将兵，而善将将，此乃信之所以为陛下禽也。且陛下所谓天授，非人力也。"

这就是夺王贬爵后的韩信。司马迁善于在对比中刻画人物性格情态，揭示内心世界。韩信能忍夺军徙王，而不能忍夺王贬爵，这是对他热衷于功名利禄的生动写照。青年时期的韩信，能忍恶少年的胯下之辱，却不能忍南昌亭长的怠慢不食，因为恶少年的羞辱，是一场无知逞强的胡闹，信为前途计能忍；南昌亭长有意怠慢，为德不终，信不能忍。刘邦诈捕韩信，夺王贬爵，乃属为德不终之类，故韩信不能忍。韩信的忍与不忍都与他的壮志屈伸有密切联系。司马迁通过韩信葬母，行营高敞地的故事，揭示他"其志与众异"，早就蓄有裂地封王的欲望。所以韩信不能忍项氏的压抑，而亡楚归汉。他登坛拜将，首建大谋，就迫不及待地说出了"以天下城邑封功臣，何所不服"的话。王夫之评论说："为人主者可有是心，而臣子且不可有是语。"（《读通鉴论》卷二）李贽也说："明以自家把柄授沛公矣。"（《史纲评要》卷五）

正当韩信"日夜怨望，居常鞅鞅"之时，陈豨来访，燃起了他东山再起的欲望。司马迁做了这样的记载：

> 陈豨拜为巨鹿守，辞于淮阴侯。淮阴侯挈其手，辟左右与之步于庭，仰天叹曰："子可与言乎？欲与子有言也。"豨曰："唯将军令之。"淮阴侯曰："公之所居，天下精兵处也；而公，陛下之信幸臣也。人言公之畔，陛下必不信；再至，陛下乃疑矣；三至，必怒而自将。吾为公从中起，天下可图也。"陈豨素知其能也，信之，曰："谨奉教！"汉十年，陈豨果反。

陈豨守代，尝告归过赵，赵相周昌见豨宾客随之者千余乘，邯郸官舍皆满。周昌见此情况，向刘邦报告，早为防备。陈豨到京，明知韩信为朝廷所忌，是被软禁的，他却偏偏冒险去访，这一行动本身就是非常之举。这说明陈豨有争天下之志，故阴养宾客，又不惜冒人主之忌拜访韩信。所以两人一见如故，韩信才敢以谋反言论挑之，同时也是现身说法。韩信捧钟离眛之头晋谒刘邦，委曲求全而遭捕，已知其必死，故当即愤怒地喊出了“狡兔死，良狗亨；高鸟尽，良弓藏；敌国破，谋臣亡”的怨言。至洛阳，刘邦赦其为淮阴侯，韩信深知，这只不过是刘邦把他作为政治人质而使其残喘岁月。因彭越、黥布还拥兵在外，众多功臣还没有分封，政局尚未稳固，屠功臣的时机还未到来。查《史记·高祖功臣侯者年表》可知，汉初封授的第一批功臣，恰值捕系韩信之后。诸将仍不平，相聚谋叛，刘邦用张良计，封雍齿为侯，这才安定了局势。刘邦的大仇人雍齿尚且不能杀，自然杀韩信的时机更不成熟。但这只在早晚之间，韩信反亦死，不反亦死。俗话说“困兽犹斗”，蒯通之语，句句在心，韩信想求得雍齿的地位而不能，因此他的谋反是在情理之中。须知韩信是一个自请“假王”的人，他并不是一个效愚忠的腐儒。

如何评价韩信的功过是非？韩信之功，如日月之明，司马迁比之于周朝开国的太公、周公、召公，无须多说。这里客观评论韩信之过。俗话说：“金无足赤，人无完人。”韩信智勇双全，特立于世，但他由于功名心切，也糊涂一时，招来杀身之祸。具体来说，以下几个方面都触犯了刘邦的忌讳，生命不保，良有以也。

其一，韩信身为大将，其职责是攻城略地，至于政治上的措置自有汉王布置，无须他来操心。但是，韩信打下赵地以后，“乃遣使报汉，因请立张耳为王，以镇抚其国”，这是一种越职犯分的行为。实际上这一行动包藏了韩信的隐私，是自以为封王立例。刘邦迫于形势，不得不应，“乃立张耳为赵王”，但迟迟不正式封拜。查《汉书·异姓诸侯王表》，正式册封张耳为赵王，已是汉四年十一月韩信破齐之时。刘邦修武夺军，“以麾召诸将，易置之”，实萌于韩信为张耳请王。后来韩信不敢谋反齐地，对武涉说“我倍之不祥”，因其部属皆刘邦亲信，如副手曹参、先锋骑将灌婴皆刘邦心腹，韩信不能不有所忌惮。

其二，郦食其说降齐国，已经形成了对项羽的包围形势。可是韩信为了邀功，掌握齐国，背信袭齐，破坏了这一形势。明李贽说：“即此一端，信有死

道矣。”(《藏书》)

其三，韩信拒武涉、蒯通之说，不忍背汉，也是从形势上考虑。当时并没出现三分天下的地理均势。因山东居高以临彭城，若刘邦西退，项羽必来争齐，这是韩信熟虑的。韩信三思蒯通之言，自作聪明，借重兵在握之机，要挟为王，以为是上策，实当事者韩信至愚。韩信遣使报汉王，刘邦大怒，立即就要讨伐。由于张良、陈平的点化，才将计就计笼络他为齐王。刘邦杀信，实萌于此。韩信被立为齐王后，仍消极观战，不听调遣，以索重赏，彭越也跟了上来。查《秦楚之际月表》，汉四年十一月，韩信已破齐并击杀楚将龙且，此时项羽震恐，谋臣死，良将亡，众叛亲离，本可一举歼灭。但是由于韩、彭观望，使得项羽苟延残喘在广武与刘邦对峙了一年。刘邦迫不得已，诈项羽东归，权用张良之计增封韩信、彭越地盘，直到汉五年十二月才会围垓下。这是明显地搞分裂割据。从动机上立论，韩信无争天下之志，故不忍背汉，但他热衷于裂土称王的落后政治观念，无可讳言是取死之道。

司马光说得有道理：“臣以为高祖用诈谋禽信于陈，言负则有之；虽然，信亦有以取之也。始，汉与楚相距荥阳，信灭齐，不还报而自王；其后汉追楚至固陵，与信期共攻楚而信不至。当是之时，高祖固有取信之心矣，顾力不能耳。及天下已定……酬功而报德者……而以士君子之心望于人，不亦难哉！”(《资治通鉴·汉纪》四）司马光的这一评论是十分中肯的。长沙王吴芮，并无大功，可以传世久远；韩信功最大，首先遭诛灭。

从巩固统一的家天下来看，也是正常的，所以萧何设谋诛韩信。但功臣遭屠，无论如何是大失人心的。可以说这正是封建专制主义的弊端，其手段的残忍，令人发指。

以上三点就是论韩信的功过是非。下面再简说韩信的人格魅力。由于韩信出身下层平民，他身上闪射出勤劳人民的许多美德，值得称道。具体说，韩信的光彩形象有以下几点：第一，少小立大志，识见高远。由于秦朝统治严刑苛法，社会不稳，因此青年韩信不肯用苦力治生，而使枪弄棒，好带刀剑，结识豪侠，立志干一番大事，常常搞得自己饥肠辘辘，被人看不起，在背后对他指手画脚，说东道西。于是一个淮阴青年屠夫当众羞辱韩信，要与其比武，不然就是胆小鬼，从他胯下爬过，这就是韩信受“胯下之辱”的故事。韩信面对这突如其来的羞辱，满街人众的讥笑，他“孰视之”，打量了半天，认真思考后决定忍让，因他立有大志，不值得把生命舍去与无赖赌博，这是度量宏大、识见高远的表现，用时下流行语说，是思想成熟的表现。第二，以德报怨，度量宽广。韩信当了楚王，回到家乡，找到当年侮他的屠夫，韩信没有报复，而是任用为中尉。明代思想家李贽在《史纲评要》卷五中对此评论说“尤难”，难就难在韩信超脱于世俗之上，其度量容人之宽广确实难得。第三，不耻下问。井陉之战，韩信活捉赵将李左车，韩信亲自替他解开绳索，安置在上座，像学生尊敬老师一样听取李左车的形势分析，让他为自己出谋献计。由于韩信的真诚，李左车也毫无保留地贡献了才智，韩信获得了好处，兵不血刃降燕。韩信的智慧从不耻下问的学习中来。第四，韩信拒武涉、蒯通之说，不搞割据，维护统一大局，精神难能可贵。以上这些，可以看出韩信保留了勤劳人民的朴素本质，这与他的逆境生活有关。但韩信追求功名过于心切，没有谦谦退让之风，看不起樊哙等武将，竟至于与汉高祖刘邦辩论带兵几何，自誉“多多益善”，也不能不说是取祸之道。

最后略说本传特点。《淮阴侯列传》的章法结构，编年记事而波澜起伏；剪裁巧妙，虚实相参；行文精妙，欲扬先抑，艺术上可以说是精湛妙绝。韩信的前半生走背字，给人的印象是志大才疏，又不安本分，背项羽，又从汉中出逃，差点成了刀下鬼，此为先抑。萧何月下追韩信，时来运转，登台拜将，一席汉中对，语惊四座，刘邦心服，韩信的才华如惊雷闪电爆发而出，一路顺风，打了半壁江山，封楚王，衣锦还乡，陡然生变又成阶下囚。司马迁的疏怠组合，前后对照，行文造句，说客妙语，编织成一篇精美艺术品。《淮阴侯列传》可以一气读完，掩卷长思，沉重而不气闷，可惜却催人奋起。《史记》的悲剧文章，总是激扬人生，《淮阴侯列传》是典范之一。

读《淮阴侯列传》给人们以多方面的教益与启发，永远有现实意义。

【原文】

淮阴侯韩信者，淮阴人也。始为布衣时，贫无行，不得推择为吏，又不能治生商贾，常从人寄食饮，人多厌之者。常数从其下乡南昌亭长寄食，数月，亭长妻患之，乃晨炊蓐食。食时信往，不为具食。信亦知其意，怒，竟绝去。

信钓于城下，诸母漂，有一母见信饥，饭信，竟漂数十日。信喜，谓漂母曰：“吾必有以重报母。”母怒曰：“大丈夫不能自食，吾哀王孙而进食，岂望报乎！”

淮阴屠中少年有侮信者，曰：“若虽长大，好带刀剑，中情怯耳。”众辱之曰：“信能死，刺我；不能死，出我袴下。”于是信孰视之，俛出袴下，蒲伏。一市人皆笑信，以为怯。

及项梁渡淮，信杖剑从之，居戏下，无所知名。项梁败，又属项羽，羽以为郎中。数以策干项羽，羽不用。汉王之入蜀，信亡楚归汉，未得知名，为连敖。坐法当斩，其辈十三人皆已斩，次至信，信乃仰视，适见滕公，曰：“上不欲就天下乎？何为斩壮士！”滕公奇其言，壮其貌，释而不斩。与语，大说之。言于上，上拜以为治粟都尉，上未之奇也。

信数与萧何语，何奇之。至南郑，诸将行道亡者数十人，信度何等已数言上，上不我用，即亡。何闻信亡，不及以闻，自追之。人有言上曰：“丞相何亡。”上大怒，如失左右手。居一二日，何来谒上，上且怒且喜，骂何曰：“若亡，何也？”何曰：“臣不敢亡也，臣追亡者。”上曰：“若所追者谁？”何曰：“韩信也。”上复骂曰：“诸将亡者以十数，公无所追；追信，诈也。”何曰：“诸将易得耳。至如信者，国士无双。王必欲长王汉中，无所事信；必欲争天下，非信无所与计事者。顾王策安所决耳。”王曰：“吾亦欲东耳，安能郁郁久居此乎？”何曰：“王计必欲东，能用信，信即留；不能用，信终亡耳。”王曰：“吾为公以为将。”何曰：“虽为将，信必不留。”王曰：“以为大将。”何曰：“幸甚。”于是王欲召信拜之。何曰：“王素慢无礼，今拜大将如呼小儿耳，此乃信所以去也。王必欲拜之，择良日，斋戒，设坛场，具礼，乃可耳。”王许之。诸将皆喜，人人各自以为得大将。至拜大将，乃韩信也，一军皆惊。

信拜礼毕，上坐。王曰：“丞相数言将军，将军何以教寡人计策？”信谢，因问王曰：“今东乡争权天下，岂非项王邪！”汉王曰：“然。”曰：“大王自料勇悍仁强孰与项王？”汉王默然良久，曰：“不如也。”信再拜贺曰：“惟信亦为大王不如也。然臣尝事之，请言项王之为人也。项王喑噁叱咤，千人皆废，然不能任属贤将，此特匹夫之勇耳。项王见人恭敬慈爱，言语呕呕，人有疾病，涕泣分食饮，至使人有功当封爵者，印刓敝，忍不能予，此所谓妇人之仁也。项王虽霸天下而臣诸侯，不居关中而都彭城。有背义帝之约，而以亲爱王，诸侯不平。诸侯之见项王迁逐义帝置江南，亦皆归逐其主而自王善地。项王所过无不残灭者，天下多怨，百姓不亲附，特劫于威强耳。名虽为霸，实失天下心。故曰其强易弱。今大王诚能反其道：任天下武勇，何所不诛！以天下城邑封功臣，何所不服！以义兵从思东归之士，何所不散！且三秦王为秦将，将秦子弟数岁矣，所杀亡不可胜计，又欺其众降诸侯，至新安，项王诈坑秦降卒二十余万，唯独邯、欣、翳得脱，秦父兄怨此三人，痛入骨髓。今楚强以威王此三人，秦民莫爱也。大王之入武关，秋豪无所害，除秦苛法，与秦民约，法三章耳，秦民无不欲得大王王秦者。于诸侯之约，大王当王关中，关中民咸知之。大王失职入汉中，秦民无不恨者。今大王举而东，三秦可传檄而定也。”于是汉王大喜，自以为得信晚。遂听信计，部署诸将所击。

八月，汉王举兵东出陈仓，定三秦。汉二年，出关，收魏、河南，韩、殷王皆降。合齐、赵共击楚。四月，至彭城，汉兵败散而还。信复收兵与汉王会荥阳，复击破楚京、索之间，以故楚兵卒不能西。

汉之败却彭城，塞王欣、翟王翳亡汉降楚，齐、赵亦反汉与楚和。六月，魏王豹谒归视亲疾，至国，即绝河关反汉，与楚约和。汉王使郦生说豹，不下。其八月，以信为左丞相，击魏。魏王盛兵蒲坂，塞临晋，信乃益为疑兵，陈船欲度临晋，而伏兵从夏阳以木罂缻渡军，袭安邑。魏王豹惊，引兵迎信，信遂虏豹，定魏为河东郡。汉王遣张耳与信俱，引兵东，北击赵、代。后九月，破代兵，禽夏说阏与。信之下魏破代，汉辄使人收其精兵，诣荥阳以距楚。

信与张耳以兵数万，欲东下井陉击赵。赵王、成安君陈馀闻汉且袭之也，聚兵井陉口，号称二十万。广武君李左车说成安君曰：“闻汉将韩信涉西河，虏魏王，禽夏说，新喋血阏与，今乃辅以张耳，议欲下赵，此乘胜而去国远斗，其锋不可当。臣闻千里馈粮，士有饥色，樵苏后爨，师不宿饱。今井陉之道，车不得方轨，骑不得成列，行数百里，其势粮食必在其后。愿足下假臣奇兵三万人，从间道绝其辎重；足下深沟高垒，坚营勿与战。彼前不得斗，退不得还，吾奇兵绝其后，使野无所掠，不至十日，而两将之头可致于戏下。愿君留意臣之计。否，必为二子所禽矣。”成安君，儒者也，常称义兵不用诈谋奇计，曰：“吾闻兵法十则围之，倍则战。今韩信兵号数万，其实不过数千。能千里而袭我，亦已罢极。今如此避而不击，后有大者，何以加之！则诸侯谓吾怯，而轻来伐我。”不听广武君策，广武君策不用。

韩信使人间视，知其不用，还报，则大喜，乃敢引兵遂下。未至井陉口三十里，止舍。夜半传发，选轻骑二千人，人持一赤帜，从间道萆山而望赵军，诫曰：“赵见我走，必空壁逐我，若疾入赵壁，拔赵帜，立汉赤帜。”令其裨将传飧，曰：“今日破赵会食！”诸将皆莫信，详应曰：“诺”。谓军吏曰：“赵已先据便地为壁，且彼未见吾大将旗鼓，未肯击前行，恐吾至阻险而还。”信乃使万人先行，出，背水陈。赵军望见而大笑。平旦，信建大将之旗鼓，鼓行出井陉口，赵开壁击之，大战良久。于是信、张耳详弃鼓旗，走水上军。水上军开入之，复疾战。赵军空壁争汉鼓旗，逐韩信、张耳。韩信、张耳已入水上军，军皆殊死战，不可败。信所出奇兵二千骑，共候赵空壁逐利，则驰入赵壁，皆拔赵旗，立汉赤帜二千。赵军已不胜，不能得信等，欲还归壁，壁皆汉赤帜，而大惊，以为汉皆已得赵王将矣，兵遂乱，遁走，赵将虽斩之，不能禁也。于是汉兵夹击，大破虏赵军，斩成安君泜水上，禽赵王歇。

信乃令军中毋杀广武君，有能生得者购千金。于是有缚广武君而致戏下者，信乃解其缚，东向坐，西向对，师事之。

诸将效首虏，毕贺，因问信曰：“兵法右倍山陵，前左水泽，今者将军令臣等反背水陈，曰破赵会食，臣等不服。然竟以胜，此何术也？”信曰：“此在兵法，顾诸君不察耳。兵法不曰‘陷之死地而后生，置之亡地而后存’？且信非得素拊循士大夫也，此所谓‘驱市人而战之’，其势非置之死地，使人人自为战；今予之生地，皆走，宁尚可得而用之乎！”诸将皆服曰：“善。非臣所及也。”

于是信问广武君曰：“仆欲北攻燕，东伐齐，何若而有功？”广武君辞谢曰：“臣闻败军之将，不可以言勇；亡国之大夫，不可以图存。今臣败亡之虏，何足以权大事乎！”信曰：“仆闻之，百里奚居虞而虞亡，在秦而秦霸，非愚于虞而智于秦也，用与不用，听与不听也。诚令成安君听足下计，若信者亦已为禽矣。以不用足下，故信得侍耳。”因固问曰：“仆委心归计，愿足下勿辞。”广武君曰：“臣闻智者千虑，必有一失；愚者千虑，必有一得。故曰‘狂夫之言，圣人择焉’。顾恐臣计未必足用，愿效愚忠。夫成安君有百战百胜之计，一旦而失之，军败鄗下，身死泜上。今将军涉西河，虏魏王，禽夏说阏与，一举而下井陉，不终朝破赵二十万众，诛成安君。名闻海内，威震天下，农夫莫不辍耕释耒，褕衣甘食，倾耳以待命者。若此，将军之所长也。然而众劳卒罢，其实难用。今将军欲举倦弊之兵，顿之燕坚城之下，欲战恐久力不能拔，情见势屈，旷日粮竭，而弱燕不服，齐必距境以自强也。燕、齐相持而不下，则刘、项之权未有所分也。若此者，将军所短也。臣愚，窃以为亦过矣。故善用兵者不以短击长，而以长击短。”韩信曰：“然则何由？”广武君对曰：“方今为将军计，莫如案甲休兵，镇赵抚其孤，百里之内，牛酒日至，以飨士大夫醳兵，北首燕路，而后遣辩士奉咫尺之书，暴其所长于燕，燕必不敢不听从。燕已从，使喧言者东告齐，齐必从风而服，虽有智者，亦不知为齐计矣。如是，则天下事皆可图也。兵固有先声而后实者，此之谓也。”韩信曰：“善”。从其策，发使使燕，燕从风而靡。乃遣使报汉，因请立张耳为赵王，以镇抚其国。汉王许之，乃立张耳为赵王。

楚数使奇兵渡河击赵，赵王耳、韩信往来救赵，因行定赵城邑，发兵诣汉。楚方急围汉王于荥阳，汉王南出，之宛、叶间，得黥布，走入成皋，楚又复急围之。六月，汉王出成皋，东渡河，独与滕公俱，从张耳军修武。至，宿传舍。晨自称汉使，驰入赵壁。张耳、韩信未起，即其卧内上夺其印符，以麾召诸将，易置之。信、耳起，乃知汉王来，大惊。汉王夺两人军，即令张耳备守赵地。拜韩信为相国，收赵兵未发者击齐。

信引兵东，未渡平原，闻汉王使郦食其已说下齐，韩信欲止。范阳辩士蒯通说信曰：“将军受诏击齐，而汉独发间使下齐，宁有诏止将军乎？何以得毋行也！且郦生一士，伏轼掉三寸之舌，下齐七十余城，将军将数万众，岁余乃下赵五十余城，为将数岁，反不如一竖儒之功乎？”于是信然之，从其计，遂渡河。齐已听郦生，即留纵酒，罢备汉守御。信因袭齐历下军，遂至临淄。齐王田广以郦生卖己，乃亨之，而走高密，使使之楚请救。韩信已定临淄，遂东追广至高密西。楚亦使龙且将，号称二十万，救齐。

齐王广、龙且并军与信战，未合。人或说龙且曰：“汉兵远斗穷战，其锋不可当。齐、楚自居其地战，兵易败散。不如深壁，令齐王使其信臣招所亡城，亡城闻其王在，楚来救，必反汉。汉兵二千里客居，齐城皆反之，其势无所得食，可无战而降也。”龙且曰：“吾平生知韩信为人，易与耳。且夫救齐不战而降之，吾何功？今战而胜之，齐之半可得，何为止！”遂战，与信夹潍水陈。韩信乃夜令人为万余囊，满盛沙，壅水上流，引军半渡，击龙且，详不胜，还走。龙且果喜曰：“固知信怯也。”遂追信渡水。信使人决壅囊，水大至。龙且军大半不得渡，即急击，杀龙且。龙且水东军散走，齐王广亡去。信遂追北至城阳，皆虏楚卒。

汉四年，遂皆降平齐。使人言汉王曰：“齐伪诈多变，反覆之国也，南边楚，不为假王以镇之，其势不定。愿为假王便。”当是时，楚方急围汉王于荥阳，韩信使者至，发书，汉王大怒，骂曰：“吾困于此，旦暮望若来佐我，乃欲自立为王！”张良、陈平蹑汉王足，因附耳语曰：“汉方不利，宁能禁信之王乎？不如因而立，善遇之，使自为守。不然，变生。”汉王亦悟，因复骂曰：“大丈夫定诸侯，即为真王耳，何以假为！”乃遣张良往立信为齐王，征其兵击楚。

楚已亡龙且，项王恐，使盱台人武涉往说齐王信曰：“天下共苦秦久矣，相与勠力击秦。秦已破，计功割地，分土而王之，以休士卒。今汉王复兴兵而东，侵人之分，夺人之地，已破三秦，引兵出关，收诸侯之兵以东击楚，其意非尽吞天下者不休，其不知厌足如是甚也。且汉王不可必，身居项王掌握中数矣，项王怜而活之。然得脱，辄倍约，复击项王，其不可亲信如此。今足下虽自以与汉王为厚交，为之尽力用兵，终为之所禽矣。足下所以得须臾至今者，以项王尚存也。当今二王之事，权在足下。足下右投则汉王胜，左投则项王胜。项王今日亡，则次取足下。足下与项王有故，何不反汉与楚连和，参分天下王之？今释此时，而自必于汉以击楚，且为智者固若此乎！”韩信谢曰：“臣事项王，官不过郎中，位不过执戟，言不听，画不用，故倍楚而归汉。汉王授我上将军印，予我数万众，解衣衣我，推食食我，言听计用，故吾得以至于此。夫人深亲信我，我倍之不祥，虽死不易。幸为信谢项王！”

武涉已去，齐人蒯通知天下权在韩信，欲为奇策而感动之，以相人说韩信曰：“仆尝受相人之术。”韩信曰：“先生相人何如？”对曰：“贵贱在于骨法，忧喜在于容色，成败在于决断，以此参之，万不失一。”韩信曰：“善。先生相寡人何如？”对曰：“愿少间。”信曰：“左右去矣。”通曰：“相君之面，不过封侯，又危不安。相君之背，贵乃不可言。”韩信曰：“何谓也？”蒯通曰：“天下初发难也，俊雄豪杰建号壹呼，天下之士云合雾集，鱼鳞杂遝，熛至风起。当此之时，忧在亡秦而已。今楚、汉分争，使天下无罪之人肝胆涂地，父子暴骸骨于中野，不可胜数。楚人起彭城，转斗逐北，至于荥阳，乘利席卷，威震天下。然兵困于京、索之间，迫西山而不能进者，三年于此矣。汉王将数十万之众，距巩、雒，阻山河之险，一日数战，无尺寸之功，折北不救，败荥阳，伤成皋，遂走宛、叶之间，此所谓智勇俱困者也。夫锐气挫于险塞，而粮食竭于内府，百姓罢极怨望，容容无所倚。以臣料之，其势非天下之贤圣固不能息天下之祸。当今两主之命县于足下。足下为汉则汉胜，与楚则楚胜。臣愿披腹心，输肝胆，效愚计，恐足下不能用也。诚能听臣之计，莫若两利而俱存之，三分天下，鼎足而居，其势莫敢先动。夫以足下之贤圣，有甲兵之众，据强齐，从燕、赵，出空虚之地而制其后，因民之欲，西乡为百姓请命，则天下风走而响应矣，孰敢不听！割大弱强，以立诸侯，诸侯已立，天下服听而归德于齐。案齐之故，有胶、泗之地，怀诸侯以德，深拱揖让，则天下之君王相率而朝于齐矣。盖闻天与弗取，反受其咎；时至不行，反受其殃。愿足下孰虑之。”

韩信曰：“汉王遇我甚厚，载我以其车，衣我以其衣，食我以其食。吾闻之，乘人之车者载人之患，衣人之衣者怀人之忧，食人之食者死人之事，吾岂可以向利倍义乎！”蒯生曰：“足下自以为善汉王，欲建万世之业，臣窃以为误矣。始常山王、成安君为布衣时，相与为刎颈之交，后争张黡、陈泽之事，二人相怨。常山王背项王，奉项婴头而窜，逃归于汉王。汉王借兵而东下，杀成安君泜水之南，头足异处，卒为天下笑。此二人相与，天下至欢也。然而卒相禽者，何也？患生于多欲而人心难测也。今足下欲行忠信以交于汉王，必不能固于二君之相与也，而事多大于张黡、陈泽。故臣以为足下必汉王之不危己，亦误矣。大夫种、范蠡存亡越，霸句践，立功成名而身死亡。野兽已尽而猎狗亨。夫以交友言之，则不如张耳之与成安君者也；以忠信言之，则不过大夫种、范蠡之于句践也。此二人者，足以观矣。愿足下深虑之。且臣闻勇略震主者身危，而功盖天下者不赏。臣请言大王功略：足下涉西河，虏魏王，禽夏说，引兵下井陉，诛成安君，徇赵，胁燕，定齐，南摧楚人之兵二十万，东杀龙且，西乡以报，此所谓功无二于天下，而略不世出者也。今足下戴震主之威，挟不赏之功，归楚，楚人不信；归汉，汉人震恐：足下欲持是安归乎？夫势在人臣之位而有震主之威，名高天下，窃为足下危之。”韩信谢曰：“先生且休矣，吾将念之。”

后数日，蒯通复说曰：“夫听者事之候也，计者事之机也，听过计失而能久安者，鲜矣。听不失一二者，不可乱以言；计不失本末者，不可纷以辞。夫随厮养之役者，失万乘之权；守儋石之禄者，阙卿相之位。故知者决之断也，疑者事之害也，审豪氂之小计，遗天下之大数，智诚知之，决弗敢行者，百事之祸也。故曰‘猛虎之犹豫，不若蜂虿之致螫；骐骥之跼躅，不如驽马之安步；孟贲之狐疑，不如庸夫之必至也。虽有舜、禹之智，吟而不言，不如喑聋之指麾也’。此言贵能行之。夫功者难成而易败，时者难得而易失也。时乎时，不再来。愿足下详察之。”韩信犹豫不忍倍汉，又自以为功多，汉终不夺我齐，遂谢蒯通。蒯通说不听，已详狂为巫。

汉王之困固陵，用张良计，召齐王信，遂将兵会垓下。项羽已破，高祖袭夺齐王军。汉五年正月，徙齐王信为楚王，都下邳。

信至国，召所从食漂母，赐千金。及下乡南昌亭长，赐百钱，曰：“公，小人也，为德不卒。”召辱己之少年令出胯下者以为楚中尉。告诸将相曰：“此壮士也。方辱我时，我宁不能杀之邪？杀之无名，故忍而就于此。”

项王亡将钟离眛家在伊庐，素与信善。项王死后，亡归信。汉王怨眛，闻其在楚，诏楚捕眛。信初之国，行县邑，陈兵出入。汉六年，人有上书告楚王信反。高帝以陈平计，天子巡狩会诸侯，南方有云梦，发使告诸侯会陈：“吾将游云梦。”实欲袭信，信弗知。高祖且至楚，信欲发兵反，自度无罪，欲谒上，恐见禽。人或说信曰：“斩眛谒上，上必喜，无患。”信见眛计事。眛曰：“汉所以不击取楚，以眛在公所。若欲捕我以自媚于汉，吾今日死，公亦随手亡矣。”乃骂信曰：“公非长者！”卒自刭。信持其首，谒高祖于陈。上令武士缚信，载后车。信曰：“果若人言，‘狡兔死，良狗亨；高鸟尽，良弓藏；敌国破，谋臣亡’。天下已定，我固当亨！”上曰：“人告公反。”遂械系信。至雒阳，赦信罪，以为淮阴侯。

信知汉王畏恶其能，常称病不朝从。信由此日夜怨望，居常鞅鞅，羞与绛、灌等列。信尝过樊将军哙，哙跪拜送迎，言称臣，曰：“大王乃肯临臣！”信出门，笑曰：“生乃与哙等为伍！”上常从容与信言诸将能不，各有差。上问曰：“如我能将几何？”信曰：“陛下不过能将十万。”上曰：“于君何如？”曰：“臣多多而益善耳。”上笑曰：“多多益善，何为为我禽？”信曰：“陛下不能将兵，而善将将，此乃信之所以为陛下禽也。且陛下所谓天授，非人力也。”

陈豨拜为巨鹿守，辞于淮阴侯。淮阴侯挈其手，辟左右与之步于庭，仰天叹曰：“子可与言乎？欲与子有言也。”豨曰：“唯将军令之。”淮阴侯曰：“公之所居，天下精兵处也；而公，陛下之信幸臣也。人言公之畔，陛下必不信；再至，陛下乃疑矣；三至，必怒而自将。吾为公从中起，天下可图也。”陈豨素知其能也，信之，曰：“谨奉教！”汉十年，陈豨果反。上自将而往，信病不从。阴使人至豨所，曰：“弟举兵，吾从此助公。”信乃谋与家臣夜诈诏赦诸官徒奴，欲发以袭吕后、太子。部署已定，待豨报。其舍人得罪于信，信囚，欲杀之，舍人弟上变，告信欲反状于吕后。吕后欲召，恐其党不就，乃与萧相国谋，诈令人从上所来，言豨已得死，列侯群臣皆贺。相国绐信曰：“虽疾，强入贺。”信入，吕后使武士缚信，斩之长乐钟室。信方斩，曰：“吾悔不用蒯通之计，乃为儿女子所诈，岂非天哉！”遂夷信三族。

高祖已从豨军来，至，见信死，且喜且怜之，问：“信死亦何言？”吕后曰：“信言恨不用蒯通计。”高祖曰：“是齐辩士也。”乃诏齐捕蒯通。蒯通至，上曰：“若教淮阴侯反乎？”对曰：“然，臣固教之。竖子不用臣之策，故令自夷于此。如彼竖子用臣之计，陛下安得而夷之乎！”上怒曰：“亨之。”通曰：“嗟乎，冤哉亨也！”上曰：“若教韩信反，何冤？”对曰：“秦之纲绝而维弛，山东大扰，异姓并起，英俊乌集。秦失其鹿，天下共逐之，于是高材疾足者先得焉。跖之狗吠尧，尧非不仁，狗因吠非其主。当是时，臣唯独知韩信，非知陛下也。且天下锐精持锋欲为陛下所为者甚众，顾力不能耳。又可尽亨之邪？”高帝曰：“置之。”乃释通之罪。

太史公曰：吾如淮阴，淮阴人为余言，韩信虽为布衣时，其志与众异。其母死，贫无以葬，然乃行营高敞地，令其旁可置万家。余视其母冢，良然。假令韩信学道谦让，不伐己功，不矜其能，则庶几哉于汉家勋可以比周、召、太公之徒，后世血食矣。不务出此，而天下已集，乃谋畔逆，夷灭宗族，不亦宜乎！

魏其武安侯列传

本传是窦婴、田蚡、灌夫三人的合传。标题只称《魏其武安侯列传》是为了突出矛盾主线，“灌夫传”亦可视为附传。窦婴是汉文帝窦皇后的堂侄。景帝三年吴楚七国反，窦婴为大将军屯荥阳监军，七国被平定后，封为魏其侯。田蚡是景帝王皇后的同母异父弟，景帝后三年封为武安侯。灌夫在平吴楚之战中，其父战死，他为报父仇，勇猛冲陷敌军而扬名天下。武帝时官至太仆，坐法失官，家居长安，与窦婴为同党，故合传。武帝初即位，两宫皇太后干预朝政，表现在朝中就是窦、田相争。围绕窦、田相争这一矛盾主线，司马迁还写了一群陪衬人物。两个不可一世的皇太后，两个至高无上的君主，一班保官自重的朝臣，一帮苟且蝇营的宾客，纷纷登场表演。司马迁用犀利的笔触展示了统治集团上层各色人物的内心世界，勾画出一幅绝妙的群丑图。在这里，司马迁深刻地揭露了西汉盛世下的宫廷斗争，描写了上层统治集团的互相倾轧，表现了对专制主义黑暗政治的批判和谴责。在专制政体下，品行愈是卑鄙无耻，愈能在斗争中占上风，这就是在封建社会中常见的君子败而小人胜。所以本传用主要篇幅刻画了田蚡这样一个微不足道的卑劣人物。

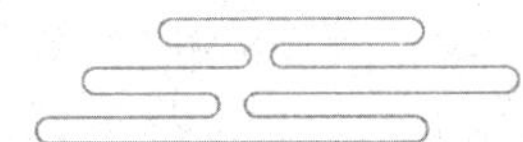

【语译】

魏其侯窦婴，是汉文帝皇后堂兄的儿子。他父亲家里世世代代都是观津人。窦婴喜欢交朋友。汉文帝时，窦婴做了吴王的国相，因为身体有病被免职。汉景帝刚即位时，就委任窦婴担任詹事。

梁孝王是汉景帝的弟弟，他的母亲窦太后非常疼爱他。梁孝王入京朝见，汉景帝以亲兄弟的家人礼与梁孝王宴饮。当时汉景帝还没有立太子，喝酒高兴了，汉景帝随口说："我千秋之后，帝位传给梁王。"窦太后十分高兴。窦婴端起酒杯到景帝面前进言罚酒，说："天下是高祖的天下，父子相传，这是汉朝的规矩，皇上怎么能随便传给梁王呢！"由于这个缘故，窦太后十分憎恨窦婴。窦婴也看不起詹事这个官位，因此称病，最终被免职。窦太后削除了窦婴出入宫廷的名籍，窦婴不得入宫参加春秋两季的朝请。

汉景帝三年，吴、楚等七国反叛，景帝考察宗室以及外家窦氏子弟，没有人比得上窦婴能干，于是便召见窦婴。窦婴入宫晋见景帝，坚决推辞，托称有病不能胜任。窦太后也感到惭愧。于是皇上说："国家正有难，你难道可以推让吗？"就委任窦婴为大将军，赏赐黄金一千斤。于是窦婴将袁盎、栾布等闲散在家的各位名将贤士推荐给景帝。窦婴把所得的赏金摆放在廊檐下，让路过廊檐的每一个军官酌量取用，千斤黄金没有一毫拿进自家门。窦婴扼守荥阳，监督进攻齐国、赵国的军队。七国反叛军被全部攻破后，景帝封窦婴为魏其侯。那些游士、食客都争相投奔在窦婴门下。景帝时每逢朝廷议论大事，对于条侯周亚夫、魏其侯窦婴，其他列侯没有谁敢与两人平起平坐。

汉景帝四年，册立栗太子，让窦婴为太子太傅。景帝七年，栗太子被废，魏其侯多次争谏没有效果。魏其侯借口有病，隐居在蓝田南山脚下几个月，各位宾客游士劝魏其侯，却没有人能说动他回京师。梁地人高遂便劝说魏其侯说："能让将军富贵的是皇上，能亲爱将军的是太后。如今将军辅导太子，太子被废没有力谏，力谏了没有效果，最后又不能以身殉职。您称病引退，却拥着美女，悠闲隐居，不去上朝，把劝谏皇上与称病隐居两事联系起来，这不是明摆着是张扬皇上的过错吗！倘若太后和皇上两宫都怀恨将军，那么您一家老小都不能活命了。”魏其侯认为他说得对，这才动身回来，朝请像往常一样。

丞相桃侯刘舍被免职，窦太后多次向皇上提起魏其侯。汉景帝说：“太后难道认为我舍不得，不让魏其侯做丞相吗？魏其侯这个人骄傲自满，办事轻率，难以胜任丞相，担当重任。”终于没有用，而任用建陵侯卫绾为丞相。

武安侯田蚡，是汉景帝王皇后同母异父的弟弟，出生在长陵。魏其侯为大将军后，正值鼎盛，田蚡为郎官，尚未显贵，经常出入魏其侯家陪伴宾客喝酒，跪拜起立像子侄辈一样。到了景帝晚年，田蚡一天天显赫起来，任职太中大夫。田蚡很有口才，学习《盘盂》等书，王太后认为田蚡很能干。景帝驾崩，当天太子即位，窦太后、王太后临朝称制，朝廷施行的一些镇抚措施，有很多出自田蚡宾客的策划。田蚡和他弟弟田胜，都因为是王太后的弟弟，汉景帝后元三年被封为侯，田蚡为武安侯，田胜为周阳侯。

武安侯又燃起想当丞相的欲望，谦恭待士，把那些闲居在家的知名人士推荐做官，想用这办法来压倒魏其侯及其他将相大臣。建元元年，丞相卫绾以病免职，皇上考虑任命丞相、太尉等官职。籍福奉劝武安侯说：“魏其侯尊贵很久了，天下士人一向归附他。如今将军您刚刚起势，声望不如魏其侯，即使皇上任用将军为丞相，也一定要推让给魏其侯。魏其侯做了丞相，将军肯定被委任为太尉。太尉与丞相，尊贵相当，将军还落下让贤的名誉。”于是武安侯含蓄地告诉王太后，让王太后暗示皇上，就这样魏其侯做了丞相，田蚡做了太尉。籍福向魏其侯祝贺升任丞相，同时又提醒魏其侯说：“你天生喜欢好人，讨厌坏人，现在好人称誉君侯，所以当上了丞相；可是君侯疾恶如仇，而坏人多，他们将败坏君侯名誉。君侯对这两种都兼容，那么相位就能保持长久；不能兼容，将遭受诽谤而丢官。”魏其侯没有听从。

魏其侯和武安侯都喜好儒术，于是便推荐赵绾为御史大夫，王臧为郎中令。他们请来鲁人申公，计划建置明堂，让列侯回到各自的封国，除去关禁，按照礼制来规范各种服饰，以此实现太平政治。检举弹劾窦氏和皇族中品德不端的人，并一律从宗谱上勾销名籍。当时各外戚不少是列侯，这些列侯很多娶了公主，不想回到封国去，因此天天在窦太后面前说东道西。窦太后喜欢黄老学说，而魏其侯、武安侯、赵绾、王臧等着力推崇儒术，贬低道家学说，因此窦太后很不喜欢窦婴等人。到了建元二年，御史大夫赵绾奏请武帝亲政，不到东宫奏事。窦太后极为震怒，于是罢免斥逐赵绾、王臧等人，又罢除了丞相、太尉的职务，用柏至侯许昌为丞相，武强侯庄青翟为御史大夫。魏其侯、武安侯由此只能以列侯身份闲居在家。

武安侯虽然没有担任官职，但由于王太后的关系仍然受到皇上的宠信，多次建言政务，都被皇上采纳，那些趋炎附势的官吏和士人，都离开了魏其侯，转而归附武安侯。武安侯一天天放纵起来。建元六年，窦太后辞世，丞相许昌和御史大夫庄青翟因主办丧事不力，被免职。任用武安侯田蚡为丞相，同时任用大司农韩安国为御史大夫。于是天下的士人、郡国的官吏以及诸侯一天天更加依附武安侯。

武安侯相貌丑陋，却出生在权贵之家。他认为当时的诸侯王大多年长，而皇帝刚刚即位，又很年轻，自己以皇帝的至亲骨肉身份为丞相，如果不狠心地整顿一番，以礼约束，天下就不安定。当时，田丞相入宫奏事，往往一坐就是大半天，他所提出的建议皇上无不听从。田丞相推荐的人有的从平民很快提升到二千石的高官，就这样，田丞相把皇上的权力逐渐转移到自己手里。皇上怨恨地说："你任命的官吏任命完了没有？我也要任命几个。"田蚡曾经要求把考工官署的空地划给自己扩大住宅，皇上发怒了，说："你怎么不干脆把武器库搬了去！"从这以后，他才有所收敛。田蚡有一次召宾客饮酒，让他的哥哥盖侯王信坐在向南的陪位上，自己坐在向东的主位上，认为汉朝丞相的尊严，不能因为是自己的兄长便委屈了丞相的身份。武安侯从此越来越骄横，修建的住宅极其华丽，超过了所有的贵族府第。他的田庄总是占上等土地，他派出到郡县采购名贵器物的人，在路上络绎不绝。前厅摆设了钟鼓，树立着曲柄长幡；后房的姬妾仆妇多达百数。诸侯奉送的金玉狗马和玩好器物，数也数不清。

魏其侯自从失去窦太后的庇护，更加被皇帝疏远，不受重用，没有权势，宾客们渐渐离去，对他怠慢起来，只有灌将军一人对他还是原来的老样子。魏其侯每天沉默不语，心里很不是滋味，唯独厚待灌将军。

灌将军名夫，是颍阴县人。他原姓张，父亲叫张孟，曾经当过颍阴侯灌婴的舍人，很受宠信，靠这层关系上升到二千石，所以改姓灌，叫灌孟。吴、楚反叛时，颍阴侯灌何为将军，隶属于太尉周亚夫部下，灌何举荐灌孟为校尉。

灌夫也带了一千人与父亲一起。灌孟年老，由于颍阴侯力荐才得任用为校尉，以致郁郁不得志，所以作战时总是向最顽强的敌人冲锋陷阵，最终战死在吴军中。按军法，父子同时从军，有一人战死，没死的人可以奉丧回乡。灌夫不肯奉父丧回乡，激昂地说："我希望斩杀吴王或吴国将军的人头，替父报仇。"于是灌夫披上甲衣，手持战戟，招募军中同他友好并愿意同去的壮士数十人出战。等到走出军营门户，没有人敢再前进。只有两人和灌夫的奴仆十余骑奔驰突入吴军中，一直攻到吴军的将旗之下，杀死杀伤敌人数十人。因为无力再向前攻击，只好奔驰回汉军营中，所带奴仆全都战死，只剩灌夫和一骑生还。灌夫身上有数十处重伤，恰好军中有贵重良药，才保住了灌夫的性命。灌夫的伤口稍微好了一些，又向将军请战，说："我现在更加了解吴军阵中的部署情况，请准许我再次出战。"灌何将军对灌夫的勇气很钦佩，但恐怕灌夫战死，就向太尉报告，于是太尉下令阻止灌夫出战。等到吴军战败，灌夫也名闻天下。

颍阴侯把灌夫的勇敢向皇上报告，皇上任用灌夫为中郎将。过了几个月，灌夫因犯法丢了官。后来灌夫迁居京城长安，京师的许多显贵没有不称赞他的。灌夫恢复了官职，在景帝时官至代国丞相。汉景帝逝世，当今皇上刚刚即位，认为淮阳是天下的交通枢纽，是驻重兵的军事重镇，所以调动灌夫做淮阳太守。建元元年，灌夫又内调京师做太仆。第二年，灌夫与长乐宫卫尉窦甫一起饮酒，因为喝酒多少不均，发生争执，灌夫喝醉了，打了窦甫一拳。窦甫是窦太后的弟弟。皇上担心太后要杀害灌夫，把他调出京师去做燕国丞相。过了几年，灌夫又犯法丢了官，回到长安闲居。

灌夫为人刚直，好酗酒使气，不喜欢当面奉承别人。凡是贵戚或有权有势地位在灌夫之上的人，他不但不向他们表示敬礼，并且还想方设法当面杀他们的威风；而一般士人地位在他之下的，或愈是贫贱的人，灌夫愈是对他们恭敬，平等待人。在人多的场合，灌夫对地位低下的年轻人更是推荐夸奖。因此，一般士人都很称赞他。

灌夫不喜欢读经书做学问，却爱好行侠仗义，答应的事一定做到。那些和他交往的人，全是豪侠或大奸巨猾。他家的资产有几千万，每天进出的食客有数十上百人。对于山林、水池、田地、园苑，灌夫的宗族、宾客仗势争夺，垄断利益，在颍川郡横行霸道。颍川郡流行儿歌说："颍水清澈，灌氏安宁；颍水浑浊，灌氏灭族。"

灌夫虽然家中豪富，但失去了权势，于是卿相、侍中等达官贵人和宾客逐渐疏远了他。后来魏其侯失势，想依靠灌夫去打击那些曾经恭维自己而后又背叛了的趋炎附势之徒，而灌夫也想利用魏其侯的关系去交结列侯和皇族来抬高自己的名望。两人互相援引，交相标榜，往来像父子一样亲密。彼此投合，非常高兴，毫无忌嫌，只恨互相了解得太晚了。

灌夫在为姐服丧期间，去拜访丞相田蚡。田丞相随便说了一句："我想要跟您一起去拜访魏其侯，偏巧你有丧服不便。"灌夫说："将军竟肯光顾魏其侯那里，我怎敢借丧服来推辞呢？请允许我通告魏其侯准备宴会，将军明天早点光临。"武安侯田蚡答应了。灌夫一五一十地转告了魏其侯。魏其侯和他的夫人便特意备好酒肉，夜里就起来打扫房子，准备酒食一直忙到天亮。天刚亮，魏其侯就吩咐管事人员迎候张望。但是直到中午，田丞相还没有来。魏其侯对灌夫说："丞相难道忘记了吗？"灌夫很不高兴，说："我灌夫带着丧服去请，他应该来的。"于是灌夫驾了车，亲自前去迎接田丞相。原来丞相前一天不过是与灌夫开一个玩笑，根本就没有拜访魏其侯的意思。等到灌夫到了其家门，丞相还在高睡懒觉。灌夫便进门去见田丞相，说："将军昨天说要拜访魏其侯，魏其侯夫妇具办酒食，从早晨到现在，没敢吃一点东西。"

武安侯装出一副惊愕的样子，向灌夫道歉说："我昨天喝醉了，忘了跟你说的话。"于是驾车前往，又慢吞吞地行驶，灌夫心里更加恼火。直到宴会酒喝得差不多时，灌夫起身跳舞，跳完邀请田丞相起舞，田丞相不肯起身，灌夫便在酒席上用话语冒犯丞相。魏其侯便把灌夫扶出宴席，向丞相道歉。田丞相一直喝酒到夜晚，尽兴而去。

田丞相曾委托食客籍福传话，请求魏其侯把城南的田园出让给他。魏其侯深怀怨恨，说："老夫虽然被废弃，将军虽然显贵，难道可以仗势强夺吗？"便拒绝了田蚡的要求。灌夫得到消息，发火骂籍福。籍福不愿意两人产生隔阂，便自己编了一些好话劝说田丞相，说："魏其侯已经老了，快要死了，再忍耐些日子，姑且等等吧。"不久，武安侯打听到是魏其侯、灌夫愤怒不肯让出城南田园，也发狠地说："魏其侯的儿子曾经杀了人，是我田蚡救了他的命。再说我田蚡侍奉魏其侯时对他百依百顺，怎么就舍不得这几顷田园？况且这跟灌夫有什么相干？我不敢再要这块地了。"武安侯从此深深怀恨灌夫和魏其侯。

元光四年的春正月，丞相奏言灌夫家在颍川横行霸道，老百姓深受其苦，请求皇上查办。皇上说："这是丞相的事，何必请示。"灌夫也抓住丞相的短处相要挟，称丞相用非法手段谋取私利，接受淮南王的金钱，私下说了一些不该说的话。由于两家的宾客从中调停劝解，双方停止了互相攻击，矛盾化解，彼此和好。

那年夏天，丞相娶燕王的女儿为夫人，太后下了诏令，要列侯和宗室前往贺喜。魏其侯去拜访灌夫，想邀请他一起去。灌夫推辞说："我多次因饮酒得罪丞相，丞相现在与我正有隔阂。"魏其侯说："事情已经化解了。"强拉着灌夫一起去贺喜。宴会饮酒到正高兴的时候，武安侯起身向大家敬酒，座位上的人全都离开席位拜伏在地上。后来魏其侯向大家敬酒，只有老朋友离开了席位，有过半数的人只是欠了一下身子。灌夫不高兴。他起身一一敬酒，轮到向武安侯敬酒，武安侯也只是挺起身子说："我不能喝满杯了。"灌夫发了火，一副苦相嘲弄说："将军是贵人，更要喝满杯才好。"当时武安侯没有喝干。灌夫依次敬酒到了临汝侯，临汝侯正在与程不识说悄悄话，又没有避席。灌夫无处发泄怒气，于是就骂临汝侯说："你一贯把程不识说得一钱不值，现在长者向你敬酒，你却像个女孩子一样咬耳朵说话！"武安侯对灌夫说："程不识、李广两将军是东西两宫的卫尉，现在你当众侮辱程不识，就不替你敬仰的李将军留面子？"灌夫说："今天杀我的头穿我的胸，我都不在乎，我还管什么程、什么李！"座上的客人看见势头不妙，便起身托言上厕所，渐渐散去了。

魏其侯也起身离去，并挥手让灌夫赶快走。武安侯于是发火说："这是我放纵灌夫种下的祸。"就下令骑士拘留灌夫。灌夫出不去了。籍福起身替灌夫赔罪，并按着灌夫的脖子让他道歉。灌夫越是发火，不肯道歉。武安侯就指挥骑士捆绑灌夫拘留在驿馆里，招来丞相长史说："今天召请皇族，有太后诏令。"弹劾灌夫大闹宴会，侮辱诏令，犯了大不敬的罪，把他关押在居室中。同时追究灌夫此前在颍川的种种不法行为，派遣快捕分头逮捕灌夫的旁支亲属，全都判处杀头示众的重刑。魏其侯深感惭愧，出钱让宾客向田丞相求情，没有得到谅解。武安侯的下属都是他的耳目，灌家漏网的人都躲藏起来，灌夫被拘禁，于是没有人告发武安侯那些见不得人的事。

魏其侯挺身营救灌夫。他的夫人规劝说："灌将军得罪丞相，是与太后家作对，你能救得了吗？"魏其侯说："列侯的爵位是我挣来的，如果我今天把它弄丢了，也不会后悔。再说，也不能让灌仲孺一个人去死，我窦婴一个人活着。”于是瞒着他的家人，私自出来上书给皇上。皇上看了魏其侯的奏章，立即把他召进宫去，魏其侯原原本本把灌夫因喝醉了酒而失言的事告禀皇上，认为够不上死罪。皇上认为他说得对，赏赐魏其侯酒食，说：“你到东宫太后那里辩白清楚这件事。”

魏其侯到了东宫，极力称誉灌夫，说灌夫因喝醉酒得罪了丞相，于是丞相就用其他罪名来诬陷他。武安侯则大谈灌夫横行霸道的所作所为，认为他犯了大逆不道的罪。魏其侯估计没有办法救灌夫，就攻击丞相的短处。武安侯说：“幸亏天下太平无事，我得以作为皇上的心腹，我田蚡爱好的不过是音乐、狗马、田宅而已。我喜欢的人也不过是歌舞演员、能工巧匠罢了，哪里赶得上魏其侯、灌夫不分白天黑夜招聚天下的豪杰壮士议论国家大事，满腹牢骚，不是抬头看天，就是低头画地，窥测于两宫之间，希望天下发生变乱，想乘机建立大功。我真不明白魏其侯等人究竟要干什么。”于是皇上询问朝臣：“两人谁是谁非？”御史大夫韩安国说：“魏其侯说灌夫父亲为国殉职，灌夫亲自拿着兵器飞马冲入不知底细的吴国叛军中，全身受了几十处重伤，名声在全军中第一，是真正的天下勇士，没有大罪恶，只是喝酒发生争执，不应当援引其他过错来诛杀他。魏其侯所说是对的。丞相说灌夫交结大奸巨猾，欺压平民，家产有数万万之多，在颍川横行霸道，凌辱宗室，侵犯骨肉，这就是所谓‘枝丫大于树干，小腿粗过大腿，不是折断就是分裂’。丞相的话也不错。只有请皇上自己裁决两人的是非了。”主爵都尉汲黯认为魏其侯所说是对的。内史郑当时也认为魏其侯说得对，后来却又不敢坚持回答皇上的问话。剩下的人都不敢回答。皇上嫌内史没有坚持原先的意见，就向他发怒说：“你平日多次议论魏其侯、武安侯两人的优劣，今天廷辩，你却畏缩得就像驾在车辕上的小马驹，我恨不得把你们这班人全杀光。”随即罢朝入宫，皇上陪伴太后吃饭。太后早已派人暗中打探，他们一一告诉了太后。太后发火不吃饭，说：“现今我活着，人们就这样践踏我的弟弟，等我死了，他还不像案板上的鱼肉一样任人宰割？！再说皇上怎能像一个石头人一样没有主张呢！现今皇上还在，这班大臣只知随声附和，如果皇上百岁以后，这班人还靠得住吗？”皇上赔不是，说：“魏其侯和武安侯两家都是外戚，所以在朝廷上辩论。要不然的话，这事交给一个司法官就解决了。”在这骨节眼儿上郎中令石建单独向皇上分说两人的事。

武安侯退朝下来，走出了止车门，招呼御史大夫韩安国同乘一辆车，生气地说："我和长孺共同对付一个老秃头，你为何要左右摇摆？"韩安国过了好一阵才回答说："您怎么不自爱自重？魏其侯诽谤你，你应该摘下官帽，解下相印，做出辞官回家的姿态，说：'我以皇上的心腹侥幸得以任职，本来是不称职的，魏其侯说得很对。'如果这样，皇上一定称赞你能够谦让，也不会罢免你。魏其侯一定内心惭愧，关紧大门咬舌自尽。现在别人骂你，你也骂人，好像商贩、女人吵嘴，多么不识大体啊！"武安侯道歉说："争论时性急，没有想到这样做。"

于是皇上派御史按卷宗记载追查魏其侯所说的灌夫情况，很不符合，这就犯了欺瞒皇上的罪过。被弹劾拘禁在都司空衙门的监狱。景帝时，魏其侯得赐遗诏，说："遇到不利境地时，可以越级直接向皇上报告。"等到自己被拘捕，灌夫被判罪灭族，事态一天天紧急，朝中大臣没人敢向皇上再次说明这件事。魏其侯便让侄儿上书说了这事，希望皇上再次召见。报告奏上以后，可是检查宫内的档案，没有这样的遗诏副件，只有魏其侯家藏的一份，由管家头目封藏。于是弹劾魏其侯假传先帝遗诏，罪当杀头示众。元光五年十月，全部处决了灌夫及其家属。魏其侯过了很久才知道这消息，听到后气愤至极，患了中风病，绝食想死。有人打探到皇上无意判魏其侯死罪，魏其侯停止了绝食，开始治病，已经判定了不是死罪。可是又有诽谤皇上的流言被人上奏，所以十二月三十日，皇帝判处将魏其侯在渭城杀头示众。

这年春正月，武安侯病重，一个劲地喊服罪。让能够看见鬼神的巫婆来察看，看到了魏其侯、灌夫两鬼一起监管着田蚡，要杀死他。田蚡终于死了。他的儿子田恬继承侯位。元朔三年，武安侯田恬因为穿着短衣进入宫中，犯了大不敬的罪，被废为平民。

淮南王刘安谋反的事败露以后，立案追查。淮南王先前到京师朝贺，武安侯田蚡当时为太尉，他出郊到霸上迎接淮南王，对淮南王说："皇上没有太子，大王最能干，是汉高祖的孙子，如果皇上谢世，不是大王登位，还能是谁呢！"淮南王非常高兴，送重礼给田蚡。皇上在处理魏其侯时，就认为武安侯太过分，只是碍于太后的面子罢了。当皇上听到武安侯接受淮南王贿赂的钱财时，说："假使武安侯现在还活着，那就该灭族。"

太史公说：魏其、武安都因是外戚而尊贵，灌夫为父报仇，一时冲动驰入吴军而扬名天下。魏其显赫起来靠的是平定吴楚之乱，武安的显贵是因为武帝初即位，王太后当权。但是，魏其不懂得乘时变化，硬与武安争势，灌夫既无权术，又不谦逊，两人互相辅翼，于是构成了大祸。武安倚仗贵幸地位而耍手段，为了敬酒的小事而怨愤，陷害了窦、灌二人。唉，可悲啊！因怨愤灌夫而牵连魏其，自己也活不长。老百姓都不拥护，到底得了坏名声。唉，可悲啊！祸患的兴起蓄积很久了。

【讲析】

封建专制政治，有着不可救药的两大病根：一是用人唯亲，二是争权夺利。司马迁"稽其成败兴坏之理"，把这两大病根，用寓论于叙事的手法，含蓄地显于笔端。分析本传，关键在此。

本传是窦婴、田蚡、灌夫三人的合传，标题只称"魏其武安侯列传"，是为了突出矛盾主线。窦、田两人都是外戚。窦婴是汉文帝皇后的本家侄儿，田蚡是景帝王皇后的同母异父弟，两人于汉武帝都是国舅。汉武帝初即位，年仅十六，两宫皇太后争相干预朝政。而窦、田这一对外戚之间的斗争，既反映了汉武帝与两位皇太后之间的矛盾，也反映了西汉政治从重刑名到独尊儒术这一转折过程中的矛盾斗争。围绕窦、田相争这一矛盾主线，司马迁还写了一大群做背景的陪衬人物。两个不可一世的皇太后，两个至高无上的君主，一班保官自重的朝臣，一帮苟且蝇营的宾客，纷纷登场表演。司马迁将错综复杂的各种矛盾巧妙地组织起来，用他那犀利的笔锋展示了统治集团上层各色人物的内心世界，勾画出一幅绝妙的群丑图，使《魏其武安侯列传》成为两千年前的"官场现形记"实录。

让我们具体分析本传的矛盾斗争和人物刻画，看看这些高居庙堂的人物是怎样在司马迁笔下现形的。

在专制主义政体下，品行愈是卑鄙无耻，愈能在斗争中占上风，这就是在封建社会中常见的君子败而小人胜。本传用主要篇幅刻画的田蚡，就是这样一个卑劣人物。

田蚡是一个典型的势利小人。他贪得无厌，阴险狡诈，专横跋扈，仗势欺人，集中了市井无赖与贵族官僚骄奢淫逸的一切劣根性，合二者于一身。田蚡原本是长陵一市井小民，油头粉面，极善逢迎。他形陋貌丑，身材矮小，从外形到灵魂都十分丑恶，实在是一个上不了台面的人物。他的发迹完全是靠王太后。当其姐王太后未贵之时，田蚡“往来侍酒魏其，跪起如子侄”，不择手段地钻营。此等势利小人，一旦得势，就要反噬他曾经卑躬屈膝侍奉过的主人，雪洗他当年的耻辱。明茅坤说：“‘往来侍酒魏其’一句，专伏魏其所以轻武安而相起衅。”（《史记评林》引）果然，景帝后三年，田蚡被封为武安侯后，他的眼睛就立即瞄向了丞相宝座。他故作姿态，卑下宾客，而目的则在于“欲以倾魏其诸将相”。天下吏士多趋炎附势之徒，“皆去魏其归武安。武安日益横”。窦太后一死，田蚡果然上升为丞相，不仅势夺魏其，甚至“权移主上”，日益骄恣。他在兄长面前摆丞相尊严，夺人良田，营造府第，前堂罗钟鼓，后房妇女以百数，还超越礼制，竖起了曲柄长伞。他气焰熏天，颐指气使，生活极端腐化堕落。他还仗着王太后撑腰，肆意阴谋陷害对自己不快意的人，必欲置之死地。只因灌夫曾奚落过他，并且使酒骂坐，田蚡就无限上纲，以“大不敬”的罪名逮捕了灌夫，并借口灌夫横恣颍川，侵害百姓，问了个灭族的罪。窦婴营救灌夫，田蚡就血口喷人，造谣诬陷窦婴和灌夫“日夜招聚天下豪杰壮士与论议，腹诽而心谤”，谋划造反。田蚡又指控窦婴替灌夫辩解不实，犯了欺君之罪，下在牢里。窦婴依照景帝遗诏便宜上书申辩，田蚡说他伪造诏书，又进一步打成死罪。为了在季冬之末杀害窦婴，田蚡制造流言，说窦婴在牢里咒骂武帝。通过一次又一次的陷害，硬是把窦婴杀了。“杯酒责望，陷彼两贤”，表现了田蚡是多么狠毒。作者流露出的感情倾向是很鲜明的。

在外戚中，窦婴是一个有所作为的“贤者”。孝景三年，吴、楚七国反汉，“上察宗室诸窦毋如窦婴贤”，于是“拜婴为大将军，赐金千斤”。窦婴肩负重任后，荐“袁盎、栾布诸名将贤士在家者进之”，又将所赐千金“陈之廊庑下，军吏过，辄令财取为用，金无入家者”。由于他如此公忠体国，荐贤爱士，不贪财利，又有荥阳监军平吴、楚的战功，因而获得了很高的声望，封魏其侯，“诸游士宾客争归魏其侯”。在朝仪中，魏其侯与条侯周亚夫等列，而“诸列侯莫敢与抗礼”，可以说人臣之贵已极。但是，窦婴之贵，在很大程度上仍靠的是裙带关系，这一点和田蚡并无区别。所以“太史公曰”，劈头一句就说，“魏其武安皆以外戚重”。传中又借高遂之口说窦婴：“能富贵将军者，上也；能亲将军者，太后也。”事实正是这样，因此窦太后一死，窦婴权势立即一落千丈。

“魏其失窦太后，益疏不用，无势。”但是魏其侯不知时变，他结纳“无术而不逊”的灌夫，两人相翼，终至酿成祸乱。对此，窦婴夫人看得很清楚。她曾对窦婴说：“灌将军得罪丞相，与太后家忤，宁可救邪？”当然窦婴也是明白这一层利害关系的。他和夫人“益市牛酒，夜洒扫，早帐具至旦”，以迎接田蚡的来临。田蚡娶妇，他又强拉着灌夫去庆贺。目的还是为了逢迎丞相。不过田蚡太骄横，他仗恃王太后，竟请魏其城南田。久处权势地位的窦婴不能忍受这一口气，又低估了王太后的势力，不顾一切地和田蚡作起对来。他瞒着家人上书，锐身救灌夫，武帝不直田蚡，特诏三公九卿在东朝廷辩。结果，王太后一耍泼，“悉论灌夫及家属”，窦婴也终于“论弃市渭城”。什么是非曲直，什么廷议刑律，甚至天子尊严，全被践踏在王太后的脚下，一文不值了。盛平之世，英明天子，尚且如此，司马迁在这里深刻地揭露了专制政治只讲亲疏、不论是非的种种黑暗和腐败。

卷入窦、田之争的灌夫不是外戚，他出身低下，在矛盾主线上是一个陪衬人物。灌夫的父亲张孟只不过是颍阴侯灌婴的门下舍人，是一个忠实奴仆，因卖姓投靠灌氏而发迹起来，基本上还是田蚡一流。但灌氏父子与田蚡又有本质上的区别。田蚡是典型的市井小民，完全靠拍马屁术和裙带关系而飞黄腾达。灌氏父子是一介武夫，以军功作进身的资本。灌夫有耿直的一面。他倔强，在统治阶级上层凌强不欺弱，有游侠之风，所以仕途不得意。但灌夫同时又是一个恶霸。他结交豪杰大猾，宗室宾客横恣颍川，颍川人民深受其苦。这样一个灌夫，他失势后，自然不甘寂寞，混迹于京师贵族间。他最后虽是蒙冤而死，但也是罪有应得。

司马迁对窦、田之争的思想倾向是极其鲜明的。他同情窦、灌，颂扬他们的战功、美德，但同时也谴责他们的横暴，描绘他们贪权逐利的嘴脸。在压榨平民百姓上，窦婴、灌夫和田蚡都是一丘之貉，并且是利害一致的。“魏其子尝杀人，蚡活之”，这些地方生动地表现了一个实录史家的正义感，也就是《史记》的人民性之所在。

封建社会统治集团内部错综复杂的矛盾，离不开“权”与“利”两个字。

本传生动地揭示了从皇太后、皇帝到朝臣、宾客，人人都在为自己的权势利益而竞进斗争。用人唯亲，其目的是为了保住自己的权势。一旦权势有损，则六亲不认。这可以说是宫廷斗争以及贵族之间互相倾轧的一条规律。

窦太后是庇护窦婴的，目的是使窦婴成为自己的支持者。一旦窦婴的行事不遂自己的心意，甚或触犯了自己的权势，窦太后就立即表示憎恶，并褫夺其官职，毫不手软。窦太后疼爱少子梁王，景帝为了讨母亲的欢心，在梁王进朝的家宴上随便说了句“千秋之后传梁王”，窦婴一本正经地谏说景帝失言：皇帝只能父子相传，不能兄终弟及。这又触犯了窦太后，窦婴不仅被罢了官，而且还被削除了名籍，连亲戚都不认了。窦太后信奉黄老，推行“无为”政治；汉武帝推尊儒术，要改弦更张。窦婴和田蚡倒向武帝，推重儒术，危及窦太后的权势。于是窦太后大怒，罢了窦婴的丞相。这一次窦婴被罢相，背后却是帝、后斗争。田蚡为相，汉武帝本来是“所言皆听”的，没想到这位无赖国舅竟然有些忘乎所以，十分跋扈，“荐人或起家至二千石，权移主上”，武帝就大为不满了。他讽刺田蚡：“君除吏已尽未？吾亦欲除吏。”田蚡又请考工地扩建住宅，武帝愤愤地说：“君何不遂取武库！”田蚡胆大妄为，是因为他的权势和王太后连体相依。武帝不直田蚡，背景仍是一场帝、后斗争。东朝廷辩既是窦、田矛盾的高潮，又是宫内外权势斗争的一场精彩表演。

太后、皇帝、外戚、朝臣俱会朝廷，各方势力，明争暗斗，人人自谋，审势度力，司马迁把其间的细意委典写得淋漓尽致。廷辩开始，首先是窦婴和田蚡辩论。窦婴“盛推”灌夫之善，田蚡“盛毁”灌夫之恶。两个“盛”字极状争辩之激烈。“蚡辩有口”，鼻子眉眼都会说话，巧言善对，耿直的窦婴不是他的对手。窦婴无可奈何，他仗恃武帝撑腰，话锋一转，“因言丞相短”。这一下闯下了大祸，把本来可以妥协解决的窦、田矛盾一下激化了。他“因言丞相短”，实质把帝、后矛盾的面纱揭开了，但窦婴又有些迂阔，他没有揭发田蚡与淮南王谋反的阴事，无非是指责田蚡受贿舞弊、生活奢侈之类，留有余地，不失君子风度。阴险毒辣的田蚡则善于窥伺人主心病，他信口开河，诬陷窦婴结纳灌夫谋反。田蚡之所以敢于当着满朝文武撒下弥天大谎，迫使群臣在权势面前表态，不仅因为有王太后做后台，而且也利用了汉武帝的忌疑之心。司马迁在另一外戚传，《卫将军骠骑列传》的“太史公曰”中对此做了交代。苏建指责大将军卫青不荐贤招士，卫青说：“自魏其、武安之厚宾客，天子常切齿。彼亲附士大夫，招贤绌不肖者，人主之柄也。人臣奉法遵职而已，何与招士！”正由于此，田蚡的陷害造谣终于得逞。集权者多疑，这就是封建社会愈是卑劣无耻之徒，在斗争中愈能占上风的重要原因。在家天下伴君的朝臣，大都谨小慎微。疏不间亲，这是一条做官的秘诀。东朝廷辩，论理应是魏其，论势则党田蚡。朝臣于此人人自危，手足无措。御史大夫韩安国最善全身，他此亦一是非，彼亦一是非，请求“唯明主裁之”。本来汉武帝不直田蚡，就是要借朝臣舆论来抑制王太后，韩安国却巧妙地把矛盾又交还汉武帝。戆直不阿的主爵都尉汲黯以魏其言为是，内史郑当时“是魏其”，但又“不敢坚对”。其余大臣，噤若寒蝉，“皆莫敢对”。汉武帝大怒，他冲着内史郑当时说：“公平生数言魏其、武安长短，今日廷论，局趣效辕下驹，吾并斩若属矣。”武帝不欢罢朝。王太后早已伺察虚实，以“不食”逼迫汉武帝让步。汉武帝不得已，谢太后。就这样，窦、灌两人被灭族的命运在帝后妥协的饭桌上决定了。此后的调查和法律程序都不过是掩人耳目的把戏。在这里，司马迁把封建社会温情脉脉的伦理面纱撕开了，显露出专制政治争权夺利、营私舞弊的黑暗内幕。

窦、灌蒙冤，还有一种人在背后做了手脚，那就是八面玲珑的石建这号人物。《万石张叔列传》载：“建为郎中令，事有可言，屏人恣言，极切；至廷见，如不能言者。”他在东朝廷辩时察言观色，背后顺风转舵，向汉武帝“分别言两人事”。他到底说了些什么，传中未做具体交代。但司马迁用互见法在石建本传中刻画了他的为人，这是一个以驯良为谄媚能事的官僚，专爱在背后打小报告。

他不得罪王太后，趋附武安，迎合武帝，是不言而喻的。明茅坤曰：“石建所分别，不载其详，大略右武安者。”（《史记评林》引）不能说是毫无根据的判断。对封建社会的世态炎凉，本传也做了深刻的揭示。请看那些游士宾客、郡吏诸侯的势利嘴脸。窦婴贵时，“诸游士宾客争归魏其侯”，无势，“诸客稍稍自引而怠傲”；田蚡得王太后亲幸，“天下吏士趋势利者，皆去魏其归武安”，田蚡升丞相，“天下士郡诸侯愈益附武安”。以士郡诸侯的趋离映衬权势者的兴衰，是寓有深意的。这是一种普遍的社会现象，它正是专制政治腐败黑暗的必然产物。

如上分析，《魏其武安侯列传》是一幅寓意深微的政治风云画卷，它揭示了西汉宫廷内外形形色色的矛盾斗争，深刻地刻画了贵族们互相倾轧、横暴自恣的丑恶形象，有力地抨击了当时专制政治的黑暗和腐朽。它所记叙的只不过是窦婴、田蚡、灌夫三个平庸人物的荣辱过程，然而却生动形象地展开了广阔的生活画面，描写了各色人物。看似平淡，读来却扣人心弦。本传作为《史记》中的名篇，不只是思想内容深刻，它的艺术手法也让人击节赞赏。

本传的艺术手法有着多方面的精彩表现。人物形象生动，个性鲜明，有血有肉，栩栩传神。语言简洁，叙事精练，人物对话，声口毕肖。篇末评论，画龙点睛，是非允当，含蓄犀利。本传所具有的独创的艺术手法，还有如下两个方面：

第一，章法结构，别开生面，似散而紧凑，千头万绪而条理明晰。清驻外使节郭嵩焘说："魏其、武安、灌将军，各以其势盛衰相次言之，合三传为一传，而情事益显。"（《史记札记》）三传分开来读，各具首尾只反映各个人物的个人荣辱，平淡无奇。司马迁把三传连缀起来，利用两个外戚的瓜葛，穿插各色人物，从而把各种复杂的矛盾交织起来，反映了波澜壮阔的历史画面。窦、田矛盾只是反映贵族之间的斗争，这是宫外的一条矛盾线。汉武帝与窦太后争权，继又与王太后争权，它反映的是帝、后之间的斗争，这是宫内的两条矛盾线。一共三条矛盾线，错综交织，把皇帝、太后、朝臣都卷进了窦、田矛盾的旋涡中。由于人们分析本传着眼点不同，仁者见仁，智者见智，有很大分歧。从矛盾线来分析，主张窦、田矛盾为主线的，认为本传主要是写魏其、武安两大贵族集团的斗争；主张帝、后矛盾为主线的，认为本传主要是揭露最高统治者帝、后之间的互相倾轧。从故事情节的发展来分析，又有两种看法。着眼于两大集团宾客的散聚来看，本传似乎主要是反映世情。如刑部员外郎明凌约言说："魏其、灌夫皆聚客以树党……岂所宝者之非贤欤！太史公三传联合，微旨见矣。"（《史记评林》引）着眼于是非随权势颠倒来看，本传又似在谴责强权。清曾国藩说："武安之势力盛时，虽以魏其之贵戚元功而无如之何，灌夫之强力盛气而无如之何，廷臣内史等心非之而无如之何，主上不直之而无如之何，子长深恶势力之足以移易是非，故叙之沉痛如此。"（《求阙斋读书录》）这些不同角度的分析都说明了本传内容的丰富性，但从传目的标题和叙述内容来看，窦、田矛盾显然是主线，其他的矛盾交织都是这一主线的背景。由于司马迁抓住了主线，所以叙述井然。本传内容的丰富和背景的广阔，正是司马迁将三人合传这一特殊章法结构带来的系列效应。清学者李景星在《四史评议》中对此做了精到而中肯的分析。他说："传以魏其、武安为经，以灌夫为纬，以窦、王两太后为眼目，以宾客为线索，以梁王、淮南王、条侯、高遂、桃侯、田胜、丞相绾、籍福、赵绾、王臧、许昌、庄青翟、韩安国、盖侯、颍阴侯、窦甫、临汝侯、程不识、汲黯、郑当时、石建许多人为点染，以鬼报为收束，分合联络，错综周密，使恩怨相结，权势相倾，杯酒相争情形宛然在目。”

第二，筛选一系列典型的生活场景来组织故事，刻画人物，反映不同政治集团势力的消长，富有生活情趣，引人入胜。窦、田矛盾的发展有两个重要场面。一是窦婴夫妇宴请田蚡，一是灌夫使酒骂坐。田蚡邀灌夫去拜访窦婴，这本是一句毫无诚意的人情话，灌夫却当了真，窦婴夫妇更是受宠若惊，买酒买肉，忙活了一天一夜。这次宴请田蚡，倒助长了田蚡的骄矜，一席酒肉，换来了田蚡求索城南田，真是赔了夫人又折兵。昔日“往来侍酒魏其，跪起如子侄”的田蚡，竟爬到头上来作威作福了。这一前一后的生活场景表现了两个贵族集团之间权势地位的逆转是多么触目惊心！灌夫使酒骂坐促使了窦、田矛盾的进一步发展。田蚡行酒，座上的人一个个离席跪伏，表示谦恭，吃罪不起；而窦婴行酒，却一个个只是“半膝席”，略微客气了一下。当朝丞相，人人巴结；失势的魏其侯，人人冷眼。这本是势利眼的常情，灌夫却受不了，他要打抱不平，又没别的本事，只会使酒骂坐，结果引来横祸。灌夫强请田蚡赴宴，弄假成真，自找麻烦；使酒骂坐，又是找上门去，自讨苦吃，演出了两场滑稽戏。本来这两件事的起因都是窦婴、灌夫主动讨好田蚡，结果反而弄巧成拙，原因在哪里呢？原来窦婴、灌夫失势，内心对田蚡这种势利小人极为嫉恨、憎恶，于是结成同党来对抗；可是由于他们不甘寂寞，想借重田蚡之势，所以又千方百计找机会逢迎。窦、灌两人违心事权贵，内心既矛盾又痛苦，所以在表演中出差错。司马迁捕捉住这些典型的生活场景来铺叙故事，情节虽无波澜起伏，却曲折生动，准确而形象地反映了窦、田之间矛盾的消长变化。

【原文】

魏其侯窦婴者，孝文后从兄子也。父世观津人。喜宾客。孝文时，婴为吴相，病免。孝景初即位，为詹事。

梁孝王者，孝景弟也，其母窦太后爱之。梁孝王朝，因昆弟燕饮。是时上未立太子，酒酣，从容言曰：“千秋之后传梁王。”太后欢。窦婴引卮酒进上，曰：“天下者，高祖天下，父子相传，此汉之约也，上何以得擅传梁王！”太后由此憎窦婴。窦婴亦薄其官，因病免。太后除窦婴门籍，不得入朝请。

孝景三年，吴楚反，上察宗室诸窦毋如窦婴贤，乃召婴。婴入见，固辞谢病不足任。太后亦惭。于是上曰：“天下方有急，王孙宁可以让邪？”乃拜婴为大将军，赐金千斤。婴乃言袁盎、栾布诸名将贤士在家者进之。所赐金，陈之廊庑下，军吏过，辄令财取为用，金无入家者。窦婴守荥阳，监齐赵兵。七国兵已尽破，封婴为魏其侯。诸游士宾客争归魏其侯。孝景时每朝议大事，条侯、魏其侯，诸列侯莫敢与亢礼。

孝景四年，立栗太子，使魏其侯为太子傅。孝景七年，栗太子废，魏其数争不能得。魏其谢病，屏居蓝田南山之下数月，诸宾客辩士说之，莫能来。梁人高遂乃说魏其曰：“能富贵将军者，上也；能亲将军者，太后也。今将军傅太子，太子废而不能争；争不能得，又弗能死。自引谢病，拥赵女，屏闲处而不朝。相提而论，是自明扬主上之过。有如两宫螫将军，则妻子毋类矣。”魏其侯然之，乃遂起，朝请如故。

桃侯免相，窦太后数言魏其侯。孝景帝曰：“太后岂以为臣有爱，不相魏其？魏其者，沾沾自喜耳，多易。难以为相，持重。”遂不用，用建陵侯卫绾为丞相。

武安侯田蚡者，孝景后同母弟也，生长陵。魏其已为大将军后，方盛，蚡为诸郎，未贵，往来侍酒魏其，跪起如子侄。及孝景晚节，蚡益贵幸，为太中大夫。蚡辩有口，学《槃盂》诸书，王太后贤之。

孝景崩，即日太子立，称制，所镇抚多有田蚡宾客计策。蚡弟田胜，皆以太后弟，孝景后三年封蚡为武安侯，胜为周阳侯。

武安侯新欲用事为相，卑下宾客，进名士家居者贵之，欲以倾魏其诸将相。建元元年，丞相绾病免，上议置丞相、太尉。籍福说武安侯曰：“魏其贵久矣，天下士素归之。今将军初兴，未如魏其，即上以将军为丞相，必让魏其。魏其为丞相，将军必为太尉。太尉、丞相尊等耳，又有让贤名。”武安乃微言太后风上，于是乃以魏其侯为丞相，武安侯为太尉。籍福贺魏其侯，因吊曰：“君侯资性喜善疾恶，方今善人誉君侯，故至丞相；然君侯且疾恶，恶人众，亦且毁君侯。君侯能兼容，则幸久；不能，今以毁去矣。”魏其不听。

魏其、武安俱好儒术，推毂赵绾为御史大夫，王臧为郎中令。迎鲁申公，欲设明堂，令列侯就国，除关，以礼为服制，以兴太平。举适诸窦宗室毋节行者，除其属籍。时诸外家为列侯，列侯多尚公主，皆不欲就国，以故毁日至窦太后。太后好黄、老之言，而魏其、武安、赵绾、王臧等务隆推儒术，贬道家言，是以窦太后滋不悦魏其等。及建元二年，御史大夫赵绾请无奏事东宫。窦太后大怒，乃罢逐赵绾、王臧等，而免丞相、太尉，以柏至侯许昌为丞相，武强侯庄青翟为御史大夫。魏其、武安由此以侯家居。

武安侯虽不任职，以王太后故，亲幸，数言事多效，天下吏士趋势利者，皆去魏其归武安。武安日益横。建元六年，窦太后崩，丞相昌、御史大夫青翟坐丧事不办，免。以武安侯蚡为丞相，以大司农韩安国为御史大夫。天下士郡诸侯愈益附武安。

武安者，貌侵，生贵甚。又以为诸侯王多长，上初即位，富于春秋，蚡以肺腑为京师相，非痛折节以礼诎之，天下不肃。当是时，丞相入奏事，坐语移日，所言皆听。荐人或起家至二千石，权移主上。上乃曰："君除吏已尽未？吾亦欲除吏。"尝请考工地益宅，上怒曰："君何不遂取武库！"是后乃退。尝召客饮，坐其兄盖侯南乡，自坐东乡，以为汉相尊，不可以兄故私桡。武安由此滋骄，治宅甲诸第。田园极膏腴，而市买郡县器物相属于道。前堂罗钟鼓，立曲旃；后房妇女以百数。诸侯奉金玉狗马玩好，不可胜数。

魏其失窦太后，益疏不用，无势，诸客稍稍自引而怠傲，唯灌将军独不失故。魏其日默默不得志，而独厚遇灌将军。

灌将军夫者，颍阴人也。夫父张孟，尝为颍阴侯婴舍人，得幸，因进之至二千石，故蒙灌氏姓为灌孟。吴、楚反时，颍阴侯灌何为将军，属太尉，请灌孟为校尉。夫以千人与父俱。灌孟年老，颍阴侯强请之，郁郁不得意，故战常陷坚，遂死吴军中。军法，父子俱从军，有死事，得与丧归。灌夫不肯随丧归，奋曰："愿取吴王若将军头，以报父之仇。"于是灌夫被甲持戟，募军中壮士所善愿从者数十人。及出壁门，莫敢前。独二人及从奴十数骑驰入吴军，至吴将麾下，所杀伤数十人。不得前，复驰还，走入汉壁，皆亡其奴，独与一骑归。夫身中大创十余，适有万金良药，故得无死。夫创少瘳，又复请将军曰："吾益知吴壁中曲折，请复往。"将军壮义之，恐亡夫，乃言太尉，太尉乃固止之。吴已破，灌夫以此名闻天下。

颍阴侯言之上，上以夫为中郎将。数月，坐法去。后家居长安，长安中诸公莫弗称之。孝景时，至代相。孝景崩，今上初即位，以为淮阳天下交，劲兵处，故徙夫为淮阳太守。建元元年，入为太仆。二年，夫与长乐卫尉窦甫饮，轻重不得，夫醉，搏甫。甫，窦太后昆弟也。上恐太后诛夫，徙为燕相。数岁，坐法去官，家居长安。

灌夫为人刚直使酒，不好面谀。贵戚诸有势在己之右，不欲加礼，必陵之；诸士在己之左，愈贫贱，尤益敬，与钧。稠人广众，荐宠下辈。士亦以此多之。

夫不喜文学，好任侠，已然诺。诸所与交通，无非豪桀大猾。家累数千万，食客日数十百人。陂池田园，宗族宾客为权利，横于颍川。颍川儿乃歌之曰："颍水清，灌氏宁；颍水浊，灌氏族。"

灌夫家居虽富，然失势，卿相侍中宾客益衰。及魏其侯失势，亦欲倚灌夫引绳批根生平慕之后弃之者。灌夫亦倚魏其而通列侯宗室为名高。两人相为引重，其游如父子然。相得欢甚，无厌，恨相知晚也。

灌夫有服，过丞相。丞相从容曰："吾欲与仲孺过魏其侯，会仲孺有服。"灌夫曰："将军乃肯幸临况魏其侯，夫安敢以服为解。请语魏其侯帐具，将军旦日早临。"武安许诺。灌夫具语魏其侯如所谓武安侯。魏其与其夫人益市牛酒，夜洒扫，早帐具至旦。平明，令门下候伺。至日中，丞相不来。魏其谓灌夫曰："丞相岂忘之哉？"灌夫不怿，曰："夫以服请，宜往。"乃驾，自往迎丞相，丞相特前戏许灌夫，殊无意往。及夫至门，丞相尚卧。于是夫入见，曰："将军昨日幸许过魏其，魏其夫妻治具，自旦至今，未敢尝食。"

武安鄂谢曰："吾昨日醉，忽忘与仲孺言。"乃驾往，又徐行，灌夫愈益怒。及饮酒酣，夫起舞属丞相。丞相不起，夫从坐上语侵之。魏其乃扶灌夫去，谢丞相。丞相卒饮至夜，极欢而去。

丞相尝使籍福请魏其城南田。魏其大望曰："老仆虽弃，将军虽贵，宁可以势夺乎！"不许。灌夫闻，怒，骂籍福。籍福恶两人有郄，乃谩自好谢丞相曰："魏其老且死，易忍，且待之。"已而武安闻魏其、灌夫实怒不予田，亦怒曰："魏其子尝杀人，蚡活之。蚡事魏其无所不可，何爱数顷田？且灌夫何与也？吾不敢复求田。"武安由此大怨灌夫、魏其。

元光四年春，丞相言灌夫家在颍川，横甚，民苦之。请案。上曰："此丞相事，何请。"灌夫亦持丞相阴事，为奸利，受淮南王金与语言。宾客居间，遂止，俱解。

夏，丞相取燕王女为夫人，有太后诏，召列侯宗室皆往贺。魏其侯过灌夫，欲与俱。夫谢曰："夫数以酒失得过丞相，丞相今者又与夫有郄。"魏其曰："事已解。"强与俱。饮酒酣，武安起为寿，坐皆避席伏。已魏其侯为寿，独故人避席耳，余半膝席。灌夫不悦。起行酒，至武安，武安膝席曰："不能满觞。"夫怒，因嘻笑曰："将军贵人也，属之！"时武安不肯。行酒次至临汝侯，临汝侯方与程不识耳语，又不避席。夫无所发怒，乃骂临汝侯曰："生平毁程不识不直一钱，今日长者为寿，乃效女儿呫嗫耳语！"武安谓灌夫曰："程、李俱东西宫卫尉，今众辱程将军，仲孺独不为李将军地乎？"灌夫曰："今日斩头陷匈，何知程、李乎！"坐乃起更衣，稍稍去。

魏其侯去，麾灌夫出。武安遂怒曰："此吾骄灌夫罪。"乃令骑留灌夫。灌夫欲出不得。籍福起为谢，案灌夫项令谢。夫愈怒，不肯谢。武安乃麾骑缚夫置传舍，召长史曰："今日召宗室，有诏。"劾灌夫骂坐不敬，系居室。遂按其前事，遣吏分曹逐捕灌氏支属，皆得弃市罪。魏其侯大愧，为资使宾客请，莫能解。武安吏皆为耳目，诸灌氏皆亡匿，夫系，遂不得告言武安阴事。

魏其锐身为救灌夫。夫人谏魏其曰："灌将军得罪丞相，与太后家忤，宁可救邪？"魏其侯曰："侯自我得之，自我捐之，无所恨。且终不令灌仲孺独死，婴独生。"乃匿其家，窃出上书。立召入，具言灌夫醉饱事，不足诛。上然之，赐魏其食，曰："东朝廷辩之。"

魏其之东朝，盛推灌夫之善，言其醉饱得过，乃丞相以他事诬罪之。武安又盛毁灌夫所为横恣，罪逆不道。魏其度不可奈何，因言丞相短。武安曰："天下幸而安乐无事，蚡得为肺腑，所好音乐狗马田宅。蚡所爱倡优巧匠之属，不如魏其、灌夫日夜招聚天下豪桀壮士与论议，腹诽而心谤，不仰视天而俯画地，辟倪两宫间，幸天下有变，而欲有大功。臣乃不知魏其等所为。"于是上问朝臣："两人孰是？"御史大夫韩安国曰："魏其言灌夫父死事，身荷戟驰入不测之吴军，身被数十创，名冠三军，此天下壮士，非有大恶，争杯酒，不足引他过以诛也。魏其言是也。丞相亦言灌夫通奸猾，侵细民，家累巨万，横恣颍川，凌轹宗室，侵犯骨肉，此所谓'枝大于本，胫大于股，不折必披'，丞相言亦是。唯明主裁之。"主爵都尉汲黯是魏其。内史郑当时是魏其，后不敢坚对。余皆莫敢对。上怒内史曰："公平生数言魏其、武安长短，今日廷论，局趣效辕下驹，吾并斩若属矣。"即罢起入，上食太后。太后亦已使人候伺，具以告太后。太后怒，不食，曰：“今我在也，而人皆藉吾弟，令我百岁后，皆鱼肉之矣。且帝宁能为石人邪！此特帝在，即录录，设百岁后，是属宁有可信者乎？”上谢曰：“俱宗室外家，故廷辩之。不然，此一狱吏所决耳。”是时郎中令石建为上分别言两人事。

武安已罢朝，出止车门，召韩御史大夫载，怒曰：“与长孺共一老秃翁，何为首鼠两端？”韩御史良久谓丞相曰：“君何不自喜？夫魏其毁君，君当免冠解印绶归，曰：‘臣以肺腑幸得待罪，固非其任，魏其言皆是’。如此，上必多君有让，不废君。魏其必内愧，杜门齰舌自杀。今人毁君，君亦毁人，譬如贾竖女子争言，何其无大体也！”武安谢罪曰：“争时急，不知出此。”

于是上使御史簿责魏其所言灌夫，颇不雠，欺谩。劾系都司空。孝景时，魏其常受遗诏，曰“事有不便，以便宜论上”。及系，灌夫罪至族，事日急，诸公莫敢复明言于上。魏其乃使昆弟子上书言之，幸得复召见。书奏上，而案尚书大行无遗诏。诏书独藏魏其家，家丞封。乃劾魏其矫先帝诏，罪当弃市。五年十月，悉论灌夫及家属。魏其良久乃闻，闻即恚，病痱，不食欲死。或闻上无意杀魏其，魏其复食，治病，议定不死矣。乃有蜚语为恶言闻上，故以十二月晦论弃市渭城。

其春，武安侯病，专呼服谢罪。使巫视鬼者视之，见魏其、灌夫共守，欲杀之。竟死。子恬嗣。元朔三年，武安侯坐衣襜褕入宫，不敬。

淮南王安谋反觉，治。王前朝，武安侯为太尉，时迎王至霸上，谓王曰：“上未有太子，大王最贤，高祖孙，即宫车晏驾，非大王立当谁哉！”淮南王大喜，厚遗金财物。上自魏其时不直武安，特为太后故耳。及闻淮南王金事，上曰：“使武安侯在者，族矣！”

太史公曰：魏其、武安皆以外戚重，灌夫用一时决策而名显。魏其之举以吴楚，武安之贵在日月之际。然魏其诚不知时变，灌夫无术而不逊，两人相翼，乃成祸乱。武安负贵而好权，杯酒责望，陷彼两贤。呜呼哀哉！迁怒及人，命亦不延。众庶不载，竟被恶言。呜呼哀哉！祸所从来矣！

李将军列传

李广是西汉抗击匈奴战争时期涌现出来的著名将领，也是千百年来人民最喜爱的历史人物之。他出生于“世世受射”的家庭，从小练就一身高强的射技。四十多年的戎马生涯把他锻炼成为临危不惧、胆略超群，治军简易、体恤士卒，颇受官兵爱戴的将领。李广立下卓越的战功，但“官不过九卿”“无尺寸之功以得封邑”，尤其是在最后一次汉与匈奴的决战中，人为造成了李广的悲剧，暴露了封建社会独裁政治摧残人才的弊端。由是作者寄寓了深深的同情，字里行间透露了无限的悲愤，使得《李将军列传》成为《史记》中的名篇，从而千古传颂不绝。这可以说是李广身后的荣名。

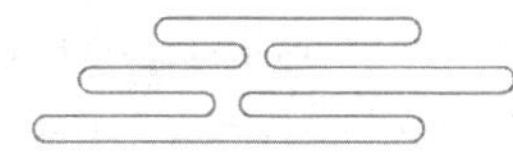

【语译】

李将军名广，是陇西郡成纪县人。他的先祖叫李信，在秦时当将军，就是追得燕国太子丹的那个人。他们老家在槐里，后来才迁到成纪。李家世世代代传习箭法。汉文帝十四年，匈奴兵大举侵入萧关，而李广就以良家子弟的身份从军抵抗匈奴。因为他精通骑马射箭，杀死、俘虏了很多敌人，被提拔做汉朝的中郎。李广的堂弟李蔡也被任命为中郎，他们都是侍从皇帝的侍卫骑郎，俸禄八百石。李广曾经侍卫文帝出行，每当他冲锋陷阵、破除障碍、搏斗猛兽时，文帝就感叹地说："可惜呀，你生不逢时！假如你生在高皇帝打天下的时候，封个万户侯也不算什么！"

等到汉景帝继位初立时，李广任陇西都尉，后来又调任骑郎将。吴、楚七国叛乱的时候，李广担任骁骑都尉，跟随太尉周亚夫攻打吴楚叛军，突入敌军中坚，在昌邑城下夺敌军旗，功名大扬。只因为他私下接受了梁王给予的将军印信，平乱回京后，将功折罪，没有得到朝廷的奖赏。被任命为上谷太守，匈奴每天都来跟李广交战。典属国公孙昆邪向皇帝哭诉说："李广的才能天下没有第二人，可是他对自己高强的本领太过自信，跟匈奴打起仗来，常常硬拼，这样下去，我真担心他有一天要阵亡。"于是景帝就把他调走，改封为上郡太守。后来李广又转任边郡太守，由边郡太守又改任上郡太守。他先后做过陇西、北地、雁门、代郡、云中等地的太守，都以跟匈奴打硬仗闻名。

匈奴又大规模地侵入上郡，皇帝派亲信的宦官随李广训练军队，抗击匈奴。有一天，这宦官带领了几十名骑兵，纵马驰骋，看到了三个匈奴人，就同他们打起来。那三个匈奴人转身放箭，射伤了宦官，把他带去的骑兵都快杀光了。宦官逃回到李广的营帐，李广说："这一定是专门射雕的能手。"于是，李广立刻带领了一百名骑兵追上去。那三个匈奴人没有骑马，走了几十里就给追上了。李广命令手下骑兵左右散开，从两翼包围过去，自己亲自拉弓搭箭射杀他们。杀死两人，活捉一个，一问，果然是匈奴人中射雕的能手。李广他们刚把匈奴人捆绑好，上马准备回去，远远望见有几千名匈奴骑兵过来。匈奴兵一见李广的小股骑兵，以为是汉人诱敌的疑兵，都大吃一惊，立刻上山摆开阵势，准备迎战。李广手下的一百名骑兵吓得心惊胆战，都想掉转马头往回逃。李广对他们说："我们已经离开大营几十里，现在就这样带人马往回跑，匈奴兵追来射击，我们会立即被全歼。现在我们停留下来，匈奴兵会认为我们是主力部队派来诱骗他们中计的，一定不敢来攻击我们。"接着，李广向手下骑兵发出命令说："前进！"前进到了离匈奴阵地二里左右，停了下来，又发令说："一律下马，把马鞍全部卸掉！"这时骑兵们沉不住气了，说："敌人这么多，而且距离我们这么近，万一情况紧急，又怎么办呢？"李广说："敌人以为我们会逃走，现在我们却下马，卸了马鞍，表示不走，这样使得敌人更加相信我们是来诱骗他们中计的。"因为这样，匈奴骑兵终究不敢出击。有一个骑白马的军官，为了稳定阵脚，走出阵来监护他们的骑兵。李广看见了，立刻上马，同十几名骑兵飞奔过去，一箭把他射死，然后再回到自己的队伍中，卸下马鞍，并命令士兵们都放开马匹躺下来休息。这时，刚好天色已晚，匈奴兵始终觉得捉摸不定，不敢前来攻击。到了半夜，匈奴兵还以为汉军主力埋伏在附近一带打算趁夜袭击他们，就连夜全部撤走了。翌日天亮后，李广才带着百名骑兵回到大营。大营本部不知道李广行动的方位，所以没有派兵去接应。

过了几年，汉景帝死了，武帝登基，大臣们都认为李广是名将，可以重用，武帝就把他从上郡太守任上调回京城，担任未央宫卫尉，而程不识也正担任长乐宫卫尉。程不识和李广同样是以边郡太守的身份，统率军队，屯守驻防。在他们出关攻打匈奴的时候，李广行军，不讲究队形组织行列阵势，靠近水草充足的地方驻扎下来，士兵可以自由活动，晚上不打更警戒，指挥部简化一切公文簿册，但也远远地派出哨兵深入侦察敌情，队伍从来没有遇到过什么危险。程不识却严格要求部下遵守约束，注重队形组织与行列阵势，晚上总派人打更巡夜，文书官吏办理公文簿册忙得通宵达旦，部队得不到休息，但是也从来没有碰到过什么危险。程不识说："李广治军十分简易，可是匈奴突然来袭击，他就没法防备，不得不打遭遇战，然而部下也安逸快乐，都心甘情愿地为他效死力。我治军虽然繁忙劳顿，可是匈奴也不敢来侵犯。"当时，汉朝边防线上，李广、程不识皆为名将，但是匈奴更害怕李广的胆略，士兵们也大都愿意跟随李广而以程不识的严厉为苦。程不识在汉景帝时由于屡次直言进谏，改任为太中大夫。他为政清廉，对于朝廷的条文法令，执行得很严谨。

后来，汉朝用马邑城来引诱单于，派大军埋伏在马邑城旁边的山谷里伏击匈奴，李广担任骁骑将军，受护军将军韩安国节制。当时，单于觉察到引诱他的计谋，就逃走了，汉军都未能建树功绩。过了四年，李广从卫尉调升将军，率领军队出雁门关讨伐匈奴。这一次，匈奴兵多势壮，打败了汉军，活捉了李广。单于素闻李广本领高强，命令部下说："俘获李广，一定要活着给我送来。"匈奴骑兵俘虏了李广，那时李广身受创伤，就让他躺在一张网兜里，挂在并排的两匹马中间抬着走。走了十几里路，李广装死，斜眼瞧见旁边有个年轻的匈奴人骑着一匹好马，他突然纵身一跃，跳上那匈奴青年的马背，夺了弓箭，把那青年推下马去，他快马加鞭，向南奔驰几十里，又会合了部下的残兵，就带着他们进入雁门。匈奴骑兵几百人紧追不舍，李广一面飞跑，一面拿出从那个匈奴青年手里缴获来的弓箭，转身射杀追赶他的骑兵，才得以脱险。于是他回到了京师长安，汉廷把他交给主管官吏审讯。司法官认为李广损兵折将，本人又被匈奴活捉，这样的失军之罪，罪该斩首。李广用钱赎了死罪，被降为平民。

转眼间，李广已在家闲居了几年。他和从前颖阴侯的孙子灌强都住在蓝田南山脚下，便经常与退职闲居的灌强到山中打猎。一天晚上，李广带一随从骑马夜出，跟朋友在田间喝酒。回家的路上，走过霸陵亭，霸陵尉喝醉了酒，吆喝着拦住了李广，不准他通行。李广的随从通报说："这位是前任李将军。"霸陵尉说："就是现任的将军夜间也不准通行，何况是前任呢！"说着便把李广扣留下来，在驿亭中过夜。过了不久，匈奴兵侵入边境，杀死辽西太守，打败了将军韩安国，韩将军后来改调右北平，死在任上。于是天子召见李广，封他为右北平太守。李广随即请求武帝调霸陵尉和他一起去，后来到了军中，就把霸陵尉斩了。

李广镇守右北平，匈奴闻讯，号称他为"汉朝的飞将军"，一直避开他，好几年都不敢侵犯右北平。

有一次，李广外出打猎，远远望见草丛里的一块石头，以为是老虎，一箭射去，射中石头，箭头全钻了进去，走过去一看，才知道是块石头。于是就重新再射，就再也射不进去了。李广从前在所驻守的各郡，听说有老虎出没，就常常亲自去射杀。等到驻守右北平，射杀老虎时，老虎跳跃起来，扑伤了李广，但结果李广还是把老虎射死了。

李广为人廉洁，得了赏赐就分给自己的部下，吃喝都和士兵在一起。他一辈子，前后做了四十多年二千石俸禄的高级官员，家里却没有多余的财产，也始终不谈个人家产的事。李广个子高大，臂膀长得像长臂猴一般灵活，他射箭的本领也是一种天赋，即使是他的子孙和跟他学习射箭的人，也全都比不上他。李广说话迟钝，不善言谈，休闲时和人们聚会，总是在地上划成阵势，比赛射箭，输了就罚酒。他把比赛射箭当作唯一消遣的游戏，一直到死，都是这样。李广带兵行军，走到水源缺乏、粮食断绝的时候，发现了水，士兵们不全喝遍了，他不到水边去；士兵们不全吃遍了，他坚决不尝一口饭。李广对待士兵十分宽和，一点也不苛刻，所以士兵们也都爱戴他，心甘情愿听他任用。他射箭的习惯是即使敌人逼近了，也要估计一下距离，如果不是在几十步可以射中的范围里，就不发射，只要他一发箭，敌人就应弦倒毙。因此，他带兵作战多次遭遇被围困，他射猛兽也常常被扑伤。

过了不多久，石建死了，于是皇上召见李广，让他替代石建做郎中令。元朔六年，李广改任为后将军，跟随大将军卫青，从定襄出击匈奴。和李广一道出征的将领们，大多数因为斩敌首级达到奖励标准，封了侯，而只有李广这支部队没有军功。两年以后，李广以郎中令率领四千骑兵从右北平出发，博望侯张骞带领一万名骑兵和李广一起出征。出塞后，两支军队分路进军。李广军队前进了几百里，遭到匈奴左贤王带领的四万骑兵的包围。李广部下士兵恐慌起来，李广就派他的儿子李敢骑马驰奔敌阵探察敌情。李敢领着几十名骑兵前去，直贯敌人的包围圈，又突击了敌人的左右两翼，然后回到自己的阵地，向李广报告说："匈奴兵是好对付的。"军心才安定下来。李广命令士兵们摆成圆形阵势，人人面向敌军，匈奴兵疯狂进攻，箭如雨下。汉军死亡过半，箭也快射光了。李广就命令士兵们把箭搭在弦上，拉满了弓不要发射，他亲自用威力极大的黄弩弓射杀敌军的副将，一连射杀了几个，敌军才渐渐散开。这时，刚好天色已晚，官兵们都吓得面无人色，可是李广的神色还是和平常一样，而且还整顿好了军队。从此以后，他的部属更加佩服他的勇气了。第二天，又和匈奴拼死作战，这时，博望侯张骞的大军也赶到了，敌军才解围而去。汉军已经非常疲乏，没有力量再去追击。这时，李广的军队几乎全军覆没，打完仗回到朝廷。根据汉朝法令，博望侯行动迟缓，耽误军机，应当处死。张骞出钱赎免了死罪，被降为平民。李广功过相抵，没有得到赏赐。

当初，李广的堂弟李蔡和李广一起侍奉汉文帝。景帝时，李蔡的功劳累积起来，已经做到二千石的高官。武帝时，升到了代国相的位置。元朔五年被任命为轻车将军，跟随大将军卫青攻打匈奴右贤王有功，符合封侯标准，被封为安乐侯。元狩二年，替代公孙弘为丞相。李蔡的人品在九品中属第八等，名气声望比李广相差甚远，可是李广却没有得到爵位和封邑，做官没有超过九卿；而李蔡却被封为列侯，担任丞相。李广麾下的一些军官和士兵们，有的也得到了侯爵和封赏。李广曾经同观测星象云气、占卜吉凶的阴阳家王朔私下交谈说："自从汉朝攻打匈奴以来，我李广没有一次不参加战斗。而各军校尉以下的军官，他们的才能比不上中等的人，以攻打匈奴有功而取得侯爵高位的却有几十人。我李广不比别人差，可是不承认我有尺寸之功而给以封邑的待遇，这是为什么呢？难道是我的骨相不应该封侯，还是本来命运注定这样呢？"王朔说："将军自己回想一下，是不是曾经做过自己认为遗憾的事？"李广说："我曾经做过陇西太守，有一次羌族反叛，我用计诱降，投降的有八百多人，我用欺骗的手段在同一天把他们全杀了。直到今日，我最大的遗憾，也就只有这一件事。"王朔说："罪过没有比杀死已经投降的人更大的了，这就是将军不能封侯的原因啊。"

两年后，大将军和骠骑将军大举出征匈奴。李广多次请求随军出征，武帝认为他年纪太大，没有允许；过了好久，才允许他出征，任命他为前将军。这一年，是元狩四年。

李广跟随大将军卫青出击匈奴，出了边塞，卫青捉到俘虏，问出了单于住的地方，他就自己率领精锐部队去追赶单于，而命令李广的部队隶属于右将军赵食其，将两支部队合并，从东路出发。东路稍为迂曲绕远，而这支大部队又行经水草稀少的地方，其势不能聚集行进。李广就自动向卫青请求说："我是部队前将军，现在大将军却把我改调从东路行军；况且我年轻时就开始和匈奴作战，今天才得到一次与单于对阵的机会，我愿意担任前锋，首先与单于决一死战。"大将军卫青曾秘密受到武帝的告诫，认为李广年老，又命运不好遇事不吉，不要让他正面同单于对阵，因为这样子恐怕不能达到取胜单于的目的。而这时，公孙敖刚刚失掉侯爵，担任中将军跟随大将军出征，大将军也想让公孙敖同自己一起与单于对阵，所以调开前将军李广。李广当时也知道内情，向大将军表示坚决不出东道。大将军不理会李广的请求，命令长史下一道公文给李广的幕府，说道：“赶快到右将军的大营去报到，照文书的命令执行。”李广不辞而别，内心怨怒地回到大营，带领士兵和右将军的人马合并从东路出发。部队没有向导，又迷了路，落在大将军的后面，耽误了和大将军约定的军期。大将军与单于交战，单于逃走了，未能擒得单于而还。大将军向南穿过沙漠，才遇到前将军和右将军。李广谒见大将军后，回到自己的军营。大将军派长史拿着干粮、酒浆送给李广，顺便问了李广、赵食其迷失道路的情况，卫青要上书向天子报告军事详情。李广没有回答，大将军派长史迫令李广的幕府人员前去听候审讯。李广说：“校尉们都没有罪，是我自己迷失了道路，现在我亲自上供状，到幕府听候审问。”

回到大将军幕府，李广对他的部下说：“我从年轻时起与匈奴作战，大大小小经历了七十多次战斗，现在有幸跟随大将军出战，直接对阵单于，可是大将军又把我的部队调开，去走迂回遥远的路，部队偏又迷了路，难道不是天意吗！况且我六十多岁了，终究不能忍受那些舞文弄墨的刀笔吏的侮辱了。”于是就拔刀自刎了。李广所部全军都哭了，老百姓听到这消息，不论是认识他的还是不认识他的，年老的还是年轻的，都为他流泪。而右将军赵食其单独被移送法官审理，本应处以死刑，却出钱赎罪降为平民。

李广有三个儿子，名叫李当户、李椒、李敢，都担任郎官。有一次，汉武帝和宠臣韩嫣戏耍，韩嫣稍有失礼，李当户便打了韩嫣，韩嫣逃走。因此汉武帝认为李当户勇敢。李当户很早就死了，武帝封李椒为代郡太守，都先于李广死去。李当户有个遗腹子李陵。李广死于军中时，李敢正跟随骠骑将军霍去病。李广死的第二年，李蔡身为丞相却侵占了汉景帝陵园前大道两边的空地，罪当惩办，李蔡不愿去受审，也自杀了，封国被废除。李敢以校尉的身份跟随骠骑将军攻打匈奴的左贤王，奋力作战，夺得了左贤王的战鼓和帅旗，斩杀了很多敌人首级，被封关内侯，食邑两百家，接替李广做了郎中令。不久，李敢怨恨大将军卫青致使他父亲含恨而死，便打伤了大将军，大将军包容了这件事。过了不多久，李敢侍从汉武帝到雍县去打猎。骠骑将军霍去病和卫青有亲戚关系，射杀了李敢。霍去病当时正是显贵又受武帝宠信，武帝隐瞒了真相，故意说李敢是被鹿撞死的。过了一年多，霍去病也死了。李敢有个女儿是太子的侍妾，深受太子的宠爱，李敢的儿子李禹也受到太子的宠爱，但他很贪利，李家的门第声望也就日益衰落了。

李陵长大成人后，被选拔任用为建章宫羽林郎的监督官，监管那些骑兵。他善于射箭，爱护士兵。天子认为李家世代为将，就任用他为八百骑兵的长官。李陵曾经深入匈奴境内二千多里，穿过居延海观察地形，没有看到匈奴踪影，就回来了。被任用为骑都尉，率领丹阳楚兵五千人，在酒泉、张掖教授射箭，屯驻防御匈奴。

过了几年，到天汉二年秋，贰师将军李广利率领三万骑兵攻击匈奴右贤王于祁连山，同时派李陵率领射手和步兵五千人北出居延一千多里，想用来分散匈奴的兵力，不让匈奴集中力量阻击贰师将军。李陵到了预定的期限往回撤兵，却遭到了匈奴单于率领的八万大军围攻。李陵的军队只有五千人，箭射完了，兵士死了一大半，但他们杀伤的匈奴兵数量达到一万多。李陵边退边战，不停顿地战斗了八天，往回走到距离居延海还有一百多里时，匈奴截断了通路，李陵军缺少粮食，而救兵又不来，匈奴加紧攻击，并劝降李陵。李陵说："我没脸面回报皇上。"于是投降了匈奴。他的军队全军覆没，其余逃散回到汉朝的只有四百多人。

单于得到李陵以后，因一向听说李家的名声，看到他打仗又非常勇猛，就把自己的女儿嫁给了李陵，让他显贵。汉朝听到消息，就杀了李陵的母亲、妻子及全家。从那以后，李家名声败落，陇西的士人曾做过李氏门客的，都深深地感到耻辱。

太史公说：古书上说："本身行为端正，不用命令人们也遵行；本身行为不端正，虽然三令五申人们也不遵从。"这话就像是对李将军说的啊！我看李将军诚诚恳恳像个乡下人，口齿木讷不会讲话。他死的那一天，全天下认识他的人和不认识他的，都在为他尽哀。他那一颗忠诚的心确实感动了士大夫。谚语说："桃树李树都不会讲话，但树底下却踩出了一条条小路。"这话虽然讲的小事，可说明了一个大道理。

【讲析】

飞将军李广是西汉反击匈奴侵扰战争中涌现出来的一位英雄。

秦时明月汉时关，万里长征人未还。

但使龙城飞将在，不教胡马度阴山。

这首著名的《出塞》诗，是唐代边塞诗人王昌龄的作品。它反映了历代人民每当国家有敌警之时就会想起李广，由此可见李广在历史上的地位和影响。李广是一位神箭手，百发百中，用兵神出鬼没，善于奔袭敌人，敢于打近战，短兵相接，拼死战斗，全军团结如一人，个个神勇，匈奴将士畏之如神，于是给他起了一个绰号叫“汉之飞将军”。

然而，这样一个不可多得的将领，在仕途上却得不到公平的待遇，后半生始终是“官不过九卿”“无尺寸之功以得封邑”。特别是最后一次与匈奴决战，统治集团出于偏见与私心，竟把李广调出主力部队，使他难以施展自己的才干；加之行军迷路，贻误军机，在上司的威逼下，不得不含恨自刎。

李广的悲剧暴露了封建社会摧残人才的本质。汉武帝是想干一番事业的，他曾破格提拔了一批人才，而他的迷信、褊狭，又使他压抑了某些人才。李广的命运在封建时代具有普遍性的意义。

单从战功来看，李广一生血战，败多胜少。而且从汉匈战争的大背景来看，李广带兵四五千，最多一万骑，不是汉军主力，常常是作为配合主战场的支路战术部队来使用的。像李广这样的战将很多，例如与李广齐名并称的程不识将军，也是当时名将。司马迁没有给程不识立传。此外，将军公孙贺、公孙敖、赵信、李息、张次公、苏建等一大批封侯的将军有几十位，司马迁为何不为之立传，为何单单给李广作传？而且李广正是因为有司马迁才垂名青史，受到万人景仰的。司马迁对李广的遭遇极为不平，百分之百的同情，对统治集团最高统治者处事不公抱有深深的愤慨，但又没有直接表露，而是“寓论断于叙事”中，把悲愤之情藏于字里行间，所以写得辞采流丽，是一篇情、理、事绝佳的人物传记。司马迁是怎样塑造李广的典型形象的呢？下面试做分析，用三个题目来谈。

1.《李将军列传》的内容

汉武帝时的汉匈大决战，几次大战役都投入了数十万的兵力，李广作为二千石级的将军，虽然独立作战，但只是支军策应，由于带兵少，遇上匈奴主力时因寡不敌众，总是遭到重创，甚至全军覆灭，乃至一次被俘逃脱。可以说李广一生悲剧，一生传奇，最后自杀也是惊天地、泣鬼神。司马迁与李广是同时代人，他目睹李将军其人风采，熟悉他的为人，采访的事迹一定不少。但作者没有记流水账，不是泛泛记述人物，只选取了若干典型事例，仅用三千多字的篇幅，就把李广一生的精神风采和人格魅力活灵活现再现了出来。

全文有五个大段落。

第一段，用简要文字写李广的家世和他在青年时期仕文景时的际遇与战功，可以说李广出场就与众不同。李广出身于盛产将军的关西，是陇西成纪人。秦汉时有“山东出相，山西出将”的民谚。因春秋战国至秦汉之际，今陕甘一带地区是汉族与胡人争战之地，生活在那里的人们对打仗是十分熟悉的，男女都能走马射箭。而李广又身为世代将门之后，其先人就是秦朝著名大将李信，受着“世世受射”的家庭熏陶，更具有当军事指挥员的优越条件，因此从军之初，便很快显露出他的才干。李广侍卫皇帝，“冲陷折关”，搏斗猛兽；李广与吴楚军作战，“取旗，显功名昌邑下”。李广担任的职务随着战功也迅速提升，从中郎到武骑常侍，从骁骑都尉到边郡太守。论年龄，当时不过三十多岁，而李广已经以勇猛善战著称于世了。难怪汉文帝对他说：“惜乎，子不遇时！如令子当高帝时，万户侯岂足道哉！”李广生不逢时吗？历史的答案是否定的。在文景时，李广就在吴楚之战以及在边郡与匈奴的战斗中崭露头角，可是未得封侯；在武帝时赶上大规模反击匈奴的战争，而阴差阳错，仍未封侯。司马迁引用汉文帝的话对李广的杰出才干做了高度评价，也是后来李广没有得到公平待遇的反证。司马迁在传记一开头就引用了汉文帝对李广的评语，用意深刻，透出一种悲凉的气氛。

第二段，写李广与匈奴作战的事迹，以及突显李广善射特长的射虎没矢等内容，展示了李广胆略超群、治军简易、很受官兵爱戴的名将风采。同时也写了李广心胸狭隘，枉杀霸陵尉的故事。本段内容是全传的精髓，而对李广敢打硬仗的作风的描写是重中之重。作者用精细的笔触，绘声绘色地写下了三个完整生动的战斗故事。

第一个是追捕射雕人。突然遇敌，在众寡悬殊的情况下，他从容自若，指挥战士佯装“诱骑”，使对方上当受骗，终于化险为夷，最后脱险而归。

第二个是受伤被俘。在押送途中，他趁敌不备，飞身夺马，且战且逃，最后脱险而归。

第三个是被十倍于己的左贤王军队包围。他率领全军将士浴血奋战，即使伤亡过半，仍鼓舞士气，沉着应敌。一直战斗到援军赶来，迫使敌人解围而去。

三个故事表现了李广作为指挥员的三个侧面：第一个表现他临危不惧，机智沉着；第二个表现他善抓时机，勇脱困境；第三个表现他身先士卒，顽强坚定。看过这三个故事，读者无不为李广超人的胆略和勇猛善战的精神所感动。

李广在战场上对敌人猛打猛冲，冷酷无情；平时和战士相处又是那样平易近人，对士卒关怀备至。他得到皇帝的赏赐，从不独占，总是拿出来分给部下。队伍饮食供应不足，一向是“士卒不尽饮，广不近水；士卒不尽食，广不尝食”。他的生活十分简朴，为二千石四十余年，而“家无余财”，看来他也从不把治家产的事放在心上，“终不言家产事”。

在治军方面，他也有独特的风格。行军没有严格的编制和行阵，幕府中的文书簿籍事务一律“省约”，甚至夜间连刁斗都“不击”。是不是李广太随便、太麻痹大意了呢？不是这样。他只是不讲究烦琐的形式，而在关键的地方他是丝毫不放松的。作者明明白白地告诉我们“然亦远斥候”，这句话很有分量，尤其是那个“远”字，对表现李广治军粗中有细的特点，颇有画龙点睛的作用。

第三段，写李广一生血战不得封侯的苦闷，以及晚年出征，遭受排斥，含恨自刎的悲剧。李广青年从军，为二千石四十余年，却始终未能封侯，相反“为人在下中，名声出广下甚远”的李蔡，不但封侯，还做了丞相，位至三公，甚至连“才能不及中人”的李广部下，封侯者也多达以数十计，这是什么缘故呢？李广心情十分苦闷，找望气者王朔解答。望气者王朔是专以观测星象云气预卜吉凶的，这种人算命的诀窍就是先引诱人说出自己一生中最内疚的事，然后接过话题作为占卜的依据，以便自圆其说。所以当李广说出“杀已降”的事件之后，他便煞有介事地告诉李广“祸莫大于杀已降，此乃将军所以不得侯者也”。倘若李广说出别的内疚的事，他也会接过来说“啊！祸莫大于如此如此”的。这等人，说话总是左右逢源，不足为训。那么李广何以难封，本文留待后面探讨。

第四段，写李广门第的衰落，加重了悲剧气氛。传末写李陵降匈奴事，因与李广个人事迹较远，这里亦不作对李陵的评论。

第五段，作者评论。称赞李广是活在人们心中的英雄。

2. 李广难封的原因

李广未能封侯，当时军民为之抱不平，故李广死时，一军皆哭，天下知与不知的平民百姓也为之动容。历代以来，人们也为李广鸣不平，以至“李广难封”成为一个讨论的课题，至今仍争论不已。有人说，李广难封，是因其祖上李信是秦朝大将，汉朝承秦，对秦人遗民子孙有歧视。这种观点毫无根据，把现代的阶级观念搬到了古代，不符合历史，姑置不论。有人说，李广不善言辞，不会公关，不拍马屁。也有人赞同作者提示的观点，李广数奇，即命运不好。李广数奇，是一般世俗之见，是当时人的历史局限，也是给予李广不平待遇的汉武帝、卫青等人的观点，而且还是李广本人无可奈何而叹息的。这一观点，今天当然更不能立脚。李广难封，有主客观的原因。

秦汉时奖励战功，以斩敌首级来论功，杀敌首级，爵位升等，所以封爵为级。卫青、霍去病，他们打了大胜仗，且不用说，而跟随卫、霍主力作战的那些偏将军，才能不及中人，在李广之下的人，乃至李广部属因调离李广后不久也得了封侯，因为他们都立了战功，杀敌若干，俘获若干，自己未败。李广呢？却总是与敌死战硬拼，杀得匈奴人胆寒，畏李将军如虎。李广杀敌不少，可是却没有战功，原因是李广为支军诱敌，总是以少击众。例如元狩二年，李广出右北平，以四千骑之众迎战匈奴左贤王四万骑，虽然血战杀敌，而自己也差点全军覆没，于是功过相抵，无赏。这种封赏的法律本身就是不公平的。李广打的是阻击战、攻坚战，策应主力，本军做出重大牺牲是对全局付出的代价，应为首功。在现代战争中，受命打阻击战的作战部队差不多也要全军覆没，可是他们是当之无愧的英雄。特别是李广死心眼儿打仗，吃亏不小。元光六年（公元前 129 年），卫青、公孙贺、公孙敖、李广等四将军，各率万骑分路出击匈奴。李广等三路掩护卫青主力深入匈奴龙城，卫青如入无人之境，长驱直入龙城，立了战功，而李广出雁门恰遇匈奴主力，血战而全军覆没，自身被匈奴生俘，半道拼死逃脱回来，不但无功，按汉律还有死罪，由于李广勇猛杀敌，因而允许用钱赎罪，免官为平民。司马迁为之愤愤不平，字里行间批评李广，为什么这样死心眼儿打仗？司马迁是以贬为褒，就像写《屈原贾生列传》时，埋怨屈原为什么不离开楚国到别的国家去谋发展，可是读了《离骚》后深受屈原爱国的精神感动，认为自己的想法是错的，不觉出了一身冷汗。司马迁埋怨李广死心眼儿打仗，很可能也出了一身冷汗，所以才倾其全力用心用血写出《李将军列传》，表彰李广的爱国主义情怀，作者的立意就在此。千百年来，世世代代人对李广生出同情、怀念，李广难封而身后却活在人们的心中，李广及司马迁可以欣然长眠于地下了。

李广最后一次出征，正是汉朝大规模反击匈奴的漠北战役。汉朝投入骑兵十万、步兵（包括辎重部队）数十万，卫青、霍去病各率一军，兵分两路，双管齐下，这对李广来说是最难得的杀敌立功的好机会。他不顾年迈，“数自请行”。作为汉武帝本应该给他创造条件，发挥这位老将的作用，特别是发挥他百发百中的射技。不料，汉武帝的表现却很冷淡，“弗许”。经过再三请求，“良久乃许之”，以李广为前将军。前将军本应为先锋，正面当敌，李广的愿望眼看就要实现，不料，出军之时别生枝节。原来卫青是个外戚将军，他为郎时，其友公孙敖救过他的命。这次出征，卫青早有计算，他要公孙敖为先锋立功封侯，于是从中作梗，利用汉武帝迷信心理进行活动。果然汉武帝嘱咐卫青“李广老，数奇，毋令当单于，恐不得所欲”。这样，卫青有恃无恐，强令李广改出东路。东路迂远，又失向导。结果，李广非但不能杀敌立功，亲捉单于，而且还贻误了军机，按军法当受审。他毅然“引刀自刭”，酿成了一出千古悲剧。

李广死后，李氏的不幸并未结束。作者在第四段落又告诉我们，李广的儿子李敢因替父报仇击伤了大将军卫青，结果又被霍去病趁打猎的机会用暗箭“射杀”。当时霍去病正威名显赫，汉武帝为了袒护他这个姨侄，竟声称“鹿触杀之”，一桩人命攸关的事，就这样不了了之。

李广的一生大部分时间都是在战场上度过的，他为保卫汉朝边境的安全立下了汗马功劳，但最后并没有死在战场上，反而死在自己的刀下，这个历史悲剧是很能发人深思的。它告诉我们，封建社会统治者对人才的培养选拔除了要符合统治者利益的需要，还有一层亲疏关系、恩怨关系，以及个人偏爱或成见等人为的罗网在笼罩着它。即使像雄才大略的汉武帝和功劳显赫的卫青、霍去病也不例外。何况李广又是个“讷口少言”“自负其能”的人，遇到不顺心的时候还敢和顶头上司发脾气，不辞而别，这样一个有“个性”的人才，要想取得统治者的重用显然是很困难的。

一生血战的李广虽得不到统治者的喜欢，在人民群众中却享有崇高的威望。他死以后，“广军士大夫一军皆哭”“天下知与不知，皆为尽哀”，可以肯定在这个悼念的行列里一定也有司马迁。作者是怀着深深的敬意与同情来追述李广的故事的。在第五段赞语中作者引用了一句古语和一则谚语，高度赞扬李广那种以身作则的精神和朴素无华的美德，说明他和李广在感情上已经产生了巨大的共鸣，爱其所爱，憎其所憎，这篇传记之所以具有感人至深的力量，根本原因也就在这里。

3.《李将军列传》的艺术特色

本传作为千百年来传颂的名篇，不但内容丰富，思想厚重，而且艺术价值绝伦。举其大端有以下几个特点：

其一，司马迁塑造典型人物，善于立一主题编织故事，人物情节故事化，本传也是一个典型。从故事性来看，《李将军列传》重点记述李广追杀匈奴射雕者、佯死脱险、斩霸陵尉、右北平射虎没矢、破左贤王之围、不对簿自刎等一系列故事，展现了李广一生“数奇”怀才不遇的悲剧故事；故事突出，所以读来兴味无穷，氛围悲壮，发人深思。从主题看，明学者陈仁锡说：“子长作一传，必有一主宰，如《李广传》以‘不遇时’三字为主。”（《陈评史记》卷一〇九）李广一生屡立奇功而受到不公平待遇，这是一个突出的矛盾。全篇故事围绕这一主题矛盾来组织和展开，因此寓意深刻，非大手笔不能为此。

其二，把握人物特征，突显李广“善射”与“忠实宽厚”的特点，写出个性。先说“善射”。凡名将各有特长，李广“善射”，乃他家“世世受射”祖传，在李广身上发扬光大达于顶点。李广“与人居则画地为军阵，射阔狭以饮。专以射为戏，竟死”。这里的“竟死”，指李广一辈子终其身以射为乐。匈奴是引弓之民，为汉边患，李广以“善射”对匈奴，征服射雕者，其武艺精彩绝伦，乃至于射虎、射石没矢。艺高人胆大，如此“善射”，敢与引弓之民匈奴比高低，所以李广敢打近仗、硬仗。李广凭“善射”判断敌情，知道伤中贵人者乃匈奴射雕者。李广还凭“善射”脱险，凭“善射”在打遭遇战中稳住阵脚，阻敌前进。射石没矢，则是“善射”的传奇。李广有如此绝世之才艺，运用于生逢其时的抗匈战争中，而以悲剧结局，更加耐人寻味。因此司马迁写李广“善射”，不是孤立地写才艺，而是写人的际遇与命运，韵调高昂，不同凡响。

其三，把握人物性格特征，展示人格魅力。李广“忠实宽厚”也是古代名将中最突出的。李广外貌“悛悛如鄙人”，长得像一个庄稼汉。李广不善言辞，司马迁说他“口不能道辞”，一句假话都不会说，一点儿假也装不出，可以说貌如其心。李广作风宽缓不苛，让士卒人人自便，尊重他人人格，又廉洁奉公，把赏赐都分给了部下。李广行动上热爱士兵，“乏绝之处，见水，士卒不尽饮，广不近水；士卒不尽食，广不尝食”。李广做到了“其身正，不令而行”的圣人之教。司马迁许之以“忠实心”，说李广“忠实心诚信于士大夫”。这些是李广的人格美、心灵美，为他赢得了全军的拥护。李广死心眼儿打仗，与他的人格一致。

其四，善用对比手法。在《李将军列传》中，司马迁将李广的“善射”与匈奴射雕者对比；将李广的治军与程不识对比；将李广的业绩与李蔡对比，突出了李广的才艺、品格与际遇。用《史记》的互见法展开来看，《李将军列传》与《卫将军骠骑列传》对比，显现李广死心眼儿打仗的艰苦卓绝，虽受不平待遇而爱国精神不减，这正是中华民族可贵的民族精神，牺牲小我，一切为国为家。《李将军列传》与《韩长孺列传》对比，韩安国是忠厚长者，善待侮辱过他的人，而李广却杀了霸陵尉，这是对李广心胸狭隘的批评，也恰与一个粗犷猛将的生性合拍。

其五，语言朴素精练，生动传神。作者往往用三言两语就能把人物栩栩如生地刻画出来。例如李广夜行霸陵，李广、随从、霸陵尉三人情态就跃然纸上。三人对话场面非常精彩。霸陵尉喝醉了酒，一开口便“呵止广”。听了随从的介绍，他非但不收敛，反而借酒意挖苦人——“今将军尚不得夜行，何乃故也”，地地道道是一副酒醉失态的下级军官的模样。李广的随从话语不多，只有一句“故李将军”，但说得不卑不亢，十分得体。试想，在这种场合还能让李广出面介绍说“我是从前的李将军”吗？显然不能；再加上霸陵尉是乘酒兴执法，争吵不得，所以四个字看来简单，其实不多不少，正切合人物身份。那么此时此刻站在旁边的李广心情如何？不言而喻，肯定是感到蒙受了莫大的侮辱，他难受，他气愤，恨不得猛击对方一拳，方能吐出这口窝囊气。但他终究还是把怒火强压下来。他心里明白，自己毕竟是“故李将军”啊。

短短三十几个字，刻画了三个人物的形象。霸陵尉与随从当面对话，是明写；李广默不作声，是暗写。明写者，形象鲜明，惟妙惟肖；暗写者，虽不著一字，但读者根据作者叙述的矛盾冲突，完全可以想象得出他的心理、神态面貌的变化，多么精彩，多么耐人寻味！

【原文】

李将军广者，陇西成纪人也。其先曰李信，秦时为将，逐得燕太子丹者也。故槐里，徙成纪。广家世世受射。孝文帝十四年，匈奴大入萧关，而广以良家子从军击胡，用善骑射，杀首虏多，为汉中郎。广从弟李蔡亦为郎，皆为武骑常侍，秩八百石。尝从行，有所冲陷折关及格猛兽，而文帝曰："惜乎，子不遇时！如令子当高帝时，万户侯岂足道哉！"

及孝景初立，广为陇西都尉，徙为骑郎将。吴楚军时，广为骁骑都尉，从太尉亚夫击吴楚军，取旗，显功名昌邑下。以梁王授广将军印，还，赏不行。徙为上谷太守，匈奴日以合战。典属国公孙昆邪为上泣曰："李广才气，天下无双，自负其能，数与虏敌战，恐亡之。"于是乃徙为上郡太守。后广转为边郡太守，徙上郡。尝为陇西、北地、雁门、代郡、云中太守，皆以力战为名。

匈奴大入上郡，天子使中贵人从广勒习兵击匈奴。中贵人将骑数十纵，见匈奴三人，与战。三人还射，伤中贵人，杀其骑且尽。中贵人走广，广曰："是必射雕者也。"广乃遂从百骑往驰三人。三人亡马步行，行数十里。广令其骑张左右翼，而广身自射彼三人者，杀其二人，生得一人，果匈奴射雕者也。已缚之上马，望匈奴有数千骑。见广，以为诱骑，皆惊，上山陈。广之百骑皆大恐，欲驰还走。广曰："吾去大军数十里，今如此以百骑走，匈奴追射我立尽。今我留，匈奴必以我为大军之诱，必不敢击我。"广令诸骑曰："前！"前未到匈奴陈二里所，止，令曰："皆下马解鞍！"其骑曰："虏多且近，即有急，奈何？"广曰："彼虏以我为走，今皆解鞍以示不走，用坚其意。"于是胡骑遂不敢击。有白马将出护其兵，李广上马与十余骑奔射杀胡白马将，而复还至其骑中，解鞍，令士皆纵马卧。是时会暮，胡兵终怪之，不敢击。夜半时，胡兵亦以为汉有伏军于旁欲夜取之，胡皆引兵而去。平旦，李广乃归其大军。大军不知广所之，故弗从。

居久之，孝景崩，武帝立，左右以为广名将也，于是广以上郡太守为未央卫尉，而程不识亦为长乐卫尉。程不识故与李广俱以边太守将军屯。及出击胡，而广行无部伍行陈，就善水草屯，舍止，人人自便，不击刀斗以自卫，莫府省约文书籍事，然亦远斥候，未尝遇害。程不识正部曲行伍营陈，击刀斗，士吏治军簿至明，军不得休息，然亦未尝遇害。不识曰："李广军极简易，然虏卒犯之，无以禁也；而其士卒亦佚乐，咸乐为之死。我军虽烦扰，然虏亦不得犯我。"是时汉边郡李广、程不识皆为名将，然匈奴畏李广之略，士卒亦多乐从李广而苦程不识。程不识孝景时以数直谏为太中大夫。为人廉，谨于文法。

后汉以马邑城诱单于，使大军伏马邑旁谷，而广为骁骑将军，领属护军将军。是时单于觉之，去，汉军皆无功。其后四岁，广以卫尉为将军，出雁门击匈奴。匈奴兵多，破败广军，生得广。单于素闻广贤，令曰："得李广必生致之。"胡骑得广，广时伤病，置广两马间，络而盛卧广。行十余里，广详死，睨其旁有一胡儿骑善马，广暂腾而上胡儿马，因推堕儿，取其弓，鞭马南驰数十里，复得其余军，因引而入塞。匈奴捕者骑数百追之，广行取胡儿弓，射杀追骑，以故得脱。于是至汉，汉下广吏。吏当广所失亡多，为虏所生得，当斩，赎为庶人。

顷之，家居数岁。广家与故颍阴侯孙屏野居蓝田南山中射猎。尝夜从一骑出，从人田间饮。还至霸陵亭，霸陵尉醉，呵止广。广骑曰："故李将军。"尉曰："今将军尚不得夜行，何乃故也！"止广宿亭下。居无何，匈奴入杀辽西太守，败韩将军，后韩将军徙右北平。于是天子乃召拜广为右北平太守。广即请霸陵尉与俱，至军而斩之。

广居右北平，匈奴闻之，号曰"汉之飞将军"，避之数岁，不敢入右北平。

广出猎，见草中石，以为虎而射之，中石没镞，视之石也。因复更射之，终不能复入石矣。广所居郡闻有虎，尝自射之。及居右北平射虎，虎腾伤广，广亦竟射杀之。

广廉，得赏赐辄分其麾下，饮食与士共之。终广之身，为二千石四十余年，家无余财，终不言家产事。广为人长，猿臂，其善射亦天性也，虽其子孙他人学者，莫能及广。广讷口少言，与人居则画地为军陈，射阔狭以饮。专以射为戏，竟死。广之将兵，乏绝之处，见水，士卒不尽饮，广不近水；士卒不尽食，广不尝食。宽缓不苛，士以此爱乐为用。其射，见敌急，非在数十步之内，度不中不发，发即应弦而倒。用此，其将兵数困辱，其射猛兽亦为所伤云。

居顷之，石建卒，于是上召广代建为郎中令。元朔六年，广复为后将军，从大将军军出定襄，击匈奴。诸将多中首虏率，以功为侯者，而广军无功。后二岁，广以郎中令将四千骑出右北平，博望侯张骞将万骑与广俱，异道。行可数百里，匈奴左贤王将四万骑围广。广军士皆恐，广乃使其子敢往驰之。敢独与数十骑驰，直贯胡骑，出其左右而还，告广曰："胡虏易与耳。"军士乃安。广为圜陈外向，胡急击之，矢下如雨。汉兵死者过半，汉矢且尽。广乃令士持满毋发，而广身自以大黄射其裨将，杀数人，胡虏益解。会日暮，吏士皆无人色，而广意气自如，益治军。军中自是服其勇也。明日，复力战，而博望侯军亦至，匈奴军乃解去。汉军罢，弗能追。是时广军几没，罢归。汉法，博望侯留迟后期，当死，赎为庶人。广军功自如，无赏。

初，广之从弟李蔡与广俱事孝文帝。景帝时，蔡积功劳至二千石。孝武帝时，至代相。以元朔五年为轻车将军，从大将军击右贤王，有功中率，封为乐安侯。元狩二年中，代公孙弘为丞相。蔡为人在下中，名声出广下甚远，然广不得爵邑，官不过九卿；而蔡为列侯，位至三公。诸广之军吏及士卒或取封侯。广尝与望气王朔燕语，曰："自汉击匈奴而广未尝不在其中，而诸部校尉以下，才能不及中人，然以击胡军功取侯者数十人，而广不为后人，然无尺寸之功以得封邑者，何也？岂吾相不当侯邪？且固命也？"朔曰："将军自念，岂尝有所恨乎？"广曰："吾尝为陇西守，羌尝反，吾诱而降，降者八百余人，吾诈而同日杀之。至今大恨独此耳。"朔曰："祸莫大于杀已降，此乃将军所以不得侯者也。"

后二岁。大将军、骠骑将军大出，击匈奴。广数自请行，天子以为老，弗许；良久乃许之，以为前将军。是岁，元狩四年也。

广既从大将军青击匈奴，既出塞，青捕虏知单于所居，乃自以精兵走之，而令广并于右将军军，出东道。东道少回远，而大军行水草少，其势不屯行。广自请曰："臣部为前将军，今大将军乃徙令臣出东道；且臣结发而与匈奴战，今乃一得当单于，臣愿居前，先死单于。"大将军青亦阴受上诫，以为李广老，数奇，毋令当单于，恐不得所欲。而是时公孙敖新失侯，为中将军从大将军，大将军亦欲使敖与俱当单于，故徙前将军广。广时知之，固自辞于大将军。大将军不听，令长史封书与广之莫府，曰："急诣部，如书。"广不谢大将军而起行，意甚愠怒而就部，引兵与右将军食其合军出东道。军亡导，或失道，后大将军。大将军与单于接战，单于遁走，弗能得而还。南绝幕，遇前将军、右将军。广已见大将军，还入军。大将军使长史持糒醪遗广，因问广、食其失道状，青欲上书报天子军曲折。广未对，大将军使长史急责广之幕府对簿。广曰："诸校尉无罪，乃我自失道，吾今自上簿。"

至莫府，广谓其麾下曰："广结发与匈奴大小七十余战，今幸从大将军出接单于兵，而大将军又徙广部行回远，而又迷失道，岂非天哉！且广年六十余矣，终不能复对刀笔之吏。"遂引刀自刭。广军士大夫一军皆哭，百姓闻之，知与不知，无老壮皆为垂涕。而右将军独下吏，当死，赎为庶人。

广子三人，曰当户、椒、敢，为郎。天子与韩嫣戏，嫣少不逊，当户击嫣，嫣走。于是天子以为勇。当户早死，拜椒为代郡太守，皆先广死。当户有遗腹子名陵。广死军时，敢从骠骑将军。广死明年，李蔡以丞相坐侵孝景园壖地，当下吏治，蔡亦自杀，不对狱，国除。李敢以校尉从骠骑将军击胡左贤王，力战，夺左贤王鼓旗，斩首多，赐爵关内侯，食邑二百户，代广为郎中令。顷之，怨大将军青之恨其父，乃击伤大将军，大将军匿讳之。居无何，敢从上雍，至甘泉宫猎。骠骑将军去病与青有亲，射杀敢。去病时方贵幸，上讳云鹿触杀之。居岁余，去病死。而敢有女为太子中人，爱幸，敢男禹有宠于太子，然好利，李氏陵迟衰微矣。

李陵既壮，选为建章监，监诸骑。善射，爱士卒。天子以为李氏世将，而使将八百骑。尝深入匈奴二千余里，过居延视地形，无所见虏而还。拜为骑都尉，将丹阳楚人五千人，教射酒泉、张掖以屯卫胡。

数岁，天汉二年秋，贰师将军李广利将三万骑击匈奴右贤王于祁连天山，而使陵将其射士步兵五千人出居延北可千余里，欲以分匈奴兵，毋令专走贰师也。陵既至期还，而单于以兵八万围击陵军。陵军五千人，兵矢既尽，士死者过半，而所杀伤匈奴亦万余人。且引且战，连斗八日，还未到居延百余里，匈奴遮狭绝道，陵食乏而救兵不到，虏急击招降陵。陵曰："无面目报陛下。"遂降匈奴。其兵尽没，余亡散得归汉者四百余人。

单于既得陵，素闻其家声，及战又壮，乃以其女妻陵而贵之。汉闻，族陵母妻子。自是之后，李氏名败，而陇西之士居门下者皆用为耻焉。

太史公曰：传曰："其身正，不令而行；其身不正，虽令不从。"其李将军之谓也？余睹李将军悛悛如鄙人，口不能道辞。及死之日，天下知与不知，皆为尽哀。彼其忠实心诚信于士大夫也？谚曰：“桃李不言，下自成蹊。”此言虽小，可以谕大也。

匈奴列传

征伐是汉武帝这位雄才大略的君主政治生涯中最显赫的事业，对历史有着深远的影响。汉武帝征伐主要是征匈奴。他征大宛、平两越、开通西南夷等战争都是围绕征匈奴进行的。这场战争的性质和是非，在汉武帝当世就引起了争论，至今仍是史学界争论的一个重大问题。司马迁是“原始察终，见盛观衰”的实录史家，载述史事不虚美，不隐恶。他又是目睹了这场战争事势发展的见证人。《匈奴列传》着重写的就是汉匈战争。他是什么态度，抱着什么目的，写了些什么内容，读一读《匈奴列传》很有意义。梁启超认为《匈奴列传》是《史记》中十大名篇之一，颇具慧眼。

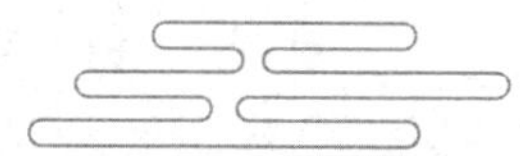

【语译】

匈奴的始祖是夏后氏的后代，叫淳维。唐尧、虞舜以前有山戎、猃狁、荤粥，生活在北方蛮荒之地，随着畜牧地点而迁徙。他们那里的牲畜，成群的是马、牛、羊，特异的牲畜则是骆驼、驴、骡、駃騠、騊駼、弹騱。他们追寻水草迁徙，没有城郭等固定住处和农耕之业，但也各有分占的牧地。没有文字书籍，以语言为约束人们的行为。儿童能骑羊，拉弓射鸟鼠；稍长大些则射狐狸、兔子充当食物。男子的力气能弯弓，都当骑兵。匈奴的习俗，平常无战事，就随着牲口游牧，以射猎飞禽走兽为谋生手段，遇到有紧急情况，就人人练习攻战的本领，侵掠攻取是他们的天性。他们的长兵器是弓箭，短兵器是刀矛。打仗时，战事顺利就前进，不利就后退，不以逃跑为耻。只要有利可图，他们就不顾礼义。从君王以下，人人都吃牲畜的肉，穿皮革，盖毡裘。青壮年吃肥美的食物，老年人吃剩余的。他们看重壮健的人，轻视老弱。父亲死后，儿子娶后母为妻；兄弟死后，活着的兄弟就娶死者的妻为妻。他们的习俗是每人有名，呼叫不必避讳，没有姓氏和字。

当夏朝国运衰微的时候，后稷的后裔公刘失去了世袭的农官，改用西戎的习俗，在豳地建立聚邑。三百多年后，戎狄进攻周太王古公亶父，古公亶父逃奔岐山之下，而豳地人都跟随古公亶父到岐山聚居，兴建了周邑。这以后的一百多年，周君西伯姬昌攻打畎夷氏。十多年后，周武王伐纣而营建洛邑，却又回到酆、镐，把戎夷驱逐到泾河、洛河的北面，令他们按时进献贡物，命名为“荒服”。这以后的两百多年，周朝国运衰落，周穆王攻打犬戎，获得四白狼和四白鹿而归。从此以后，荒服的戎狄不来朝贡了。当时周朝便制定了《甫刑》的法律。穆王之后二百多年，周幽王为了宠姬褒姒，与申侯有了矛盾。申侯一怒之下联合犬戎攻杀周幽王于骊山之下，犬戎夺取了周朝的焦获之地，进驻到了泾河、渭河之间，侵犯华夏。秦襄公护救周朝，于是周平王离开酆、镐而东迁洛邑。这时，秦襄公讨伐戎人一直到岐山，开始列为诸侯。过了六十五年后，山戎越过燕国进攻齐国，齐釐公在齐国的城郊应战。之后又过了四十四年，山戎进攻燕国。燕国向齐国告急，齐桓公北伐山戎，山戎战败逃走。这以后二十多年，戎狄来到洛邑，攻打周襄王，襄王逃奔到郑国的氾邑。当初，周襄王打算讨伐郑国，所以娶了戎狄之女作王后，与戎狄兵共同攻伐郑国。不久，废黜了狄后，狄后心怀怨恨。襄王的后母叫惠后，有儿子名叫子带，惠后想立他为王。于是，惠后、狄后与子带做内应，给戎狄大开方便之门，戎狄因此得以进城，打败并赶跑了周襄王，立子带为周天子。当时，戎狄有的居住在陆浑，向东扩张到卫国，侵掠中原各国。中原各国痛恨他们，因而诗人作诗说“抗击戎狄”“讨伐獫狁，到了大原”“战车出动，声势浩大，修筑城邑在那北方”。周襄王在外寄居了四年，才派使者到晋国告急。晋文公刚刚登位，想要建立霸业，便兴兵讨伐，驱逐戎狄，诛杀王子带，迎回周襄王，让他住进洛邑。

这时，秦国、晋国是强国。晋文公排斥戎狄，让他们居住在河西地区的圁水、洛河之间，称为赤狄、白狄。秦穆公得到由余的辅佐，西戎八国归顺秦国，所以从陇山以西有绵诸、绲戎、狄、豲等戎族，在岐山、梁山、泾水、漆河的北边有义渠、大荔、乌氏、朐衍各支戎族。而晋国的北边有林胡、楼烦各支戎族，燕国的北边有东胡、山戎。这些戎狄各自分散居住在溪谷里，都有自己的君长，常常相聚居住的有一百多个戎族部落，却不能统一。

从此以后一百多年，晋悼公派魏绛去同戎狄讲和修好，戎狄朝见晋君。又一百多年以后，赵襄子越过了句注山，攻破并且吞并了代国，临近了胡、貉地区。后来赵襄子又和韩、魏两家共灭智伯，分占了晋国的土地，这样，赵拥有代地和句注山以北的领土，魏国占有河西、上郡，跟戎人邻境。后来，义渠戎建筑城郭以自卫，而秦国逐渐蚕食它的领地，到秦惠王时，便夺取了义渠二十五座城邑。秦惠王进攻魏国，魏国献出了河西和上郡的全部领土。秦昭王时，义渠戎王和秦昭王之母宣太后私通，生了两个儿子。宣太后用欺诈手段在甘泉山杀死义渠戎王，接着发兵攻破义渠。这时，秦国占有陇西、北地、上郡，修筑长城以防御胡人。而赵武灵王也改革赵国的习俗，穿胡人服装，学习骑马射箭的本领，向北打败了林胡、楼烦。修筑长城，从代地沿阴山山麓延伸，直到高阙，都修筑了关塞。同时又设置了云中郡、雁门郡和代郡。后来燕国有一位贤能的将军秦开，在胡人那里做人质，胡人很信任他。他回国后，率兵袭击东胡，打败并且赶走了东胡，东胡退却了一千多里。跟随荆轲去行刺秦王的那个秦舞阳便是秦开的孙子。燕国也修筑了长城，从造阳到襄平。设置上谷、渔阳、右北平、辽西、辽东各郡以防御胡人。在这个时候，具有文明礼俗而互相攻战的中原国家有七个，其中有三个靠近匈奴。后来，在赵将李牧镇守边塞时，匈奴不敢入侵赵国边境。再后来秦灭六国，秦始皇派蒙恬率领十万大军北击匈奴，尽收黄河河套以南土地。秦凭借黄河为塞，修筑四十四座县城靠近黄河，迁徙被罚戍边的人去充实那些县城。又修通直道，北起九原直抵云阳，沿着山岭、险沟、溪谷等地势修筑长城，从临洮到辽东连绵一万余里。又渡过黄河占据阳山、北假地区。

当时，东胡强大而月氏兴盛。匈奴单于名叫头曼，头曼敌不过秦朝，向北迁徙。十几年后，蒙恬死了，原六国贵族反叛秦朝，中原地区扰攘动荡，那些被秦朝打发去戍边的人又都离开了，于是匈奴摆脱了困境，又渐渐地渡过黄河，来到南岸，与中原原有的关塞接界。

头曼单于立有太子，名叫冒顿。后来受头曼宠爱的阏氏生了一个小儿子，头曼打算废冒顿改立小儿子，便让冒顿到月氏那里当人质。冒顿已经在月氏当人质，而头曼急攻月氏。月氏想杀害冒顿，冒顿偷了月氏的良马，骑着逃归匈奴。头曼认为冒顿勇猛，让他率领一万骑兵。冒顿制造了一种响箭，用来训练部队骑马射箭。他下令说："我的响箭射向什么目标而不跟着尽力发射的，就杀他的头。"冒顿射猎鸟兽，发现有不射向响箭所射目标的人，就杀掉他。不久，冒顿用响箭射自己的良马，部下有不敢跟着发射的，冒顿马上杀了他们。过了些日子，冒顿又用响箭射自己的爱妻，手下人有的很害怕，不跟着射，冒顿又将他们杀了。又过了一段时间，冒顿出去打猎，用响箭射单于的良马，手下人都跟着发射。这时冒顿知道他的部下都可以利用了。一次，冒顿跟随父亲头曼单于打猎，他用响箭射头曼，他的部下也都跟着响箭发射的目标，射杀了头曼单于。于是他杀尽后母、弟弟以及不听命于他的大臣们，自立为单于。

冒顿继位的时候，东胡很强盛，听说冒顿杀死父亲自立为单于，便派使者对冒顿说，东胡想要得到头曼骑的千里马。冒顿询问大臣们，大臣们都说："千里马是匈奴的宝马，不要给他。"冒顿说："怎能和人家国境毗连却吝惜一匹马呢？"于是把千里马送给了东胡。过了一些日子，东胡认为冒顿怕他，便又派使者对冒顿说，想要得到单于的一位阏氏。冒顿又问左右大臣，大臣们都愤怒地说："东胡人没有道义，竟然索要阏氏！让我们发兵攻打他们。"冒顿说："怎能和人家国境毗连却吝惜一个女子呢？"就把自己宠爱的阏氏给了东胡。东胡王越发骄横起来，向西侵掠。东胡跟匈奴交界的中间地带，有一条隔离的荒地没人居住，长一千多里，双方只是在各自的地缘设立守备的哨卡。东胡派使者对冒顿说："匈奴同我们边界哨卡以外的荒弃地区，匈奴到不了那里，我们想占有它。"冒顿垂询大臣们，大臣中有人说："这是荒弃地区，给他们也行，不给也行。"当时冒顿非常愤怒地说："土地，是国家的根本，怎么可以送给他们！"那些主张把土地奉送给东胡的臣僚都被杀头。冒顿骑上马，命令说国中有后退的就杀头，便向东袭击东胡。东胡当初轻视冒顿，并未防备。等到冒顿率兵来到，发起冲击，一战大败东胡，消灭了东胡王，掳掠了他的人民和牲畜财产。冒顿征服东胡回来后，向西打跑了月氏，向南吞并了楼烦和白羊河南王。又全部收回了秦朝派遣蒙恬夺取的匈奴土地，与汉朝原有的河南塞为界，到达朝那、肤施两地，进而侵扰燕地、代地。这时汉军与项羽相持不下，中原被战火弄得疲惫不堪，因此冒顿得以自强，掌握着能弯弓射箭的强兵三十多万。

从淳维到头曼一千多年，匈奴的势力时大时小，别散分离，由来已久了，它的传代世系无法依次排列出来。但是到冒顿时匈奴最为强大，使所有北方部族都服从他的统治，同时在南方与中原王朝为敌国，它的世系传承、职官称谓才能加以记述。

匈奴职官设有左右贤王、左右谷蠡王、左右大将军、左右大都尉、左右大当户、左右骨都侯。匈奴人称贤能为"屠耆"，所以常由太子担任左屠耆王。从左右贤王以下到当户，大者有部众万骑，小者有部众数千，共有二十四个首领，名号叫"万骑"。各大臣的官职都是世袭的。呼衍氏、兰氏，后来有须卜氏，这三姓是匈奴的显贵家族。各位左方的王、将领居住在东方，正对上谷以东地区，东接秽貉、朝鲜；右方的王、将领居住在西方，直到上郡以西地区，和月氏、氐族、羌族接壤；而单于王庭正对代郡、云中地区。他们各有自己分管的土地，寻求水草而迁移。而左右贤王、左右谷蠡王最大，左右骨都侯辅政。二十四个首领也各自设置千长、百长、什长、裨小王、相、封都尉、当户、且渠之类职官。

每年正月，各位首领在单于王庭小型聚会，举行春祭。五月，在茏城举行盛大的集会，祭祀祖先、天地、鬼神。秋天，马长肥了，在蹛林举行大规模集会，核算人口、牲畜数目。匈奴的律法规定：拔刀出鞘一尺者，为意向杀人罪，要处死，犯盗窃罪者罚没其家属并没收其家产；有轻罪者用刀刺面，有重罪者处死。坐牢时间长的不过十天，一国的囚犯不过几人。单于早晨走出营房，敬拜初升的旭日，夜晚敬拜月亮。他们坐的规矩是以左为尊，正位坐北而南向。日子中推崇戊日、己日。他们的丧葬习俗有棺椁、金银、衣裘，不起坟墓，不在葬地种树，不穿丧服；单于死了，他的近臣、爱妾殉葬者多达几千几百人。兴兵打仗要观测星月，月圆的日子就攻战，月亏的日子便退兵。在战斗中，斩杀一个敌人得到一壶酒的赏赐，而所得的战利品就归给他，俘虏了敌人可以带回去作为奴婢。所以他们一旦参加作战，人人都在寻找自己的利益，善于运用诱敌设伏的手段攻击敌军。所以他们看见敌军便逐利而至，好像鸟雀飞集一般；他们受围困挫败，便土崩瓦解、风流云散了。战时谁能把战死的同伴尸体运送回来，谁就可以得到死者的全部财产。

后来冒顿单于向北又降服了浑庾、屈射、丁零、鬲昆、薪犁等国。对此，匈奴的贵族和大臣们都非常佩服，认为冒顿单于贤能。

这时，汉朝刚刚平定中原，把韩王信迁到代国，建都马邑。匈奴大举进攻并包围马邑，韩王信投降了匈奴。匈奴得了韩王信，便率军南进，越过句注山，进攻太原，打到晋阳城下。汉高祖亲自统率军队前去抗击匈奴。遇上冬天大寒、雨雪交加，士兵中十分之二三冻掉手指这时冒顿假装败逃，引诱汉兵。汉兵追击冒顿，冒顿埋伏精兵在后面等待，前面只用老弱兵挑战，引诱汉兵，汉兵全部出动，中了冒顿之计。汉全军三十二万人，主要是步兵，向北追击匈奴。高皇帝先到平城，汉兵没有全部跟进，冒顿派出精锐部队四十万骑兵，把高皇帝围困于白登山，前后七天，汉军内外不能互相接济军粮。匈奴的骑兵，西方全骑白马，东方全骑青马，北方全骑黑马，南方全骑红马。高皇帝便派使者暗中给阏氏送去厚礼，阏氏就对冒顿说："两方君主不要互相围困。如今即使占领汉朝土地，单于终究也不能住在那里。何况汉王也有神灵保佑，请单于明察。"冒顿与韩王信的部将王黄、赵利约定日期会合，而王黄、赵利的兵马没有到，于是怀疑他们与汉军有密谋，也就听从了阏氏的话，解开包围圈的一角。于是高皇帝命令士兵全部拉满弓，搭上箭，面朝外，从解围的一角直冲而出，终于跟大军会合，而冒顿也就率军撤退。汉朝也收兵停战，派刘敬前去缔结和亲的盟约。

此后韩王信充当匈奴将领，其部将赵利、王黄等多次违背汉匈和约，侵掠代郡、云中郡。过了不久，陈豨叛汉，又跟韩王信合谋进攻代郡。汉朝派樊哙前去攻打他们，又夺取了代郡、雁门、云中各郡县，未出边塞。当时，匈奴因有汉朝的将领们去投降，所以冒顿经常来来回回侵掠代地。对此，汉朝甚为忧虑，高皇帝便委派刘敬奉送皇族女儿以公主身份去做单于的阏氏，每年奉送匈奴丝绵、绸绢、酒、米、食物各有一定的数额，相约结为兄弟之国，实行和亲政策，冒顿的侵扰才稍有收敛。后来燕王卢绾叛汉，率领他的党羽几千人投降匈奴，往来劫掠上谷以东地区。

汉高祖逝世后，在孝惠帝、吕太后执政时，汉朝因刚刚安定下来，因此匈奴很骄横。冒顿竟写信给吕太后，大发狂言。吕太后想要反击匈奴，将军们劝阻说："以高祖的贤能英武，尚且还在平城被围困。"吕太后这才作罢，仍然跟匈奴和亲。

到汉文帝登皇位之初，继续奉行和亲政策。文帝三年五月，匈奴右贤王进占黄河河套以南地区，侵扰上郡归服汉朝的各部族，屠杀劫掠人民。当时，汉文帝指令丞相灌婴出动战车和骑兵八万五千人，进军高奴，攻打右贤王。右贤王逃出边塞。文帝到了太原。这时济北王反叛，文帝回京，停止了丞相反击匈奴的军事行动。

第二年，单于写给汉朝的信中说："天所立匈奴大单于敬问皇帝平安。前些日子皇帝所言和亲之事，跟来信的意思一致，双方皆大欢喜。汉朝边境将吏侵侮右贤王，右贤王未向我请示，而听从后义卢侯难氏等人的主意，与汉朝将吏相对抗，断绝了两国君王的盟约，离间了汉匈兄弟的情谊。皇帝两次送来责备我们的书信，我派出使者带着书信前往汉朝回复，使者却没有回来，而汉朝的使者又没有到来，汉朝因为这个缘故不同我们和解，我们作为邻国也不得归附。现在因为小吏破坏和约的缘故，我惩罚了右贤王，派他到西方寻找月氏并打击它。托天之福，将士精良，战马强壮，因此消灭了月氏，把反抗不服的全部斩杀，并降服了一般百姓。平定了楼兰、乌孙、呼揭及其附近的二十六国，它们都已归属匈奴统辖。各游牧民族合为一家。北方已经平定，我愿意停止战争，休养士兵，牧养马匹，消除先前的误会，恢复过去的和约，用以安定边民，用以顺应自古以来的友好传统，让少年得以成长，老年人能够安居，世世代代和平安乐。未知皇帝意下如何，所以委派郎中系雩浅呈送国书请安，进献骆驼一匹、坐骑二匹、驾车之马八匹。皇帝如不愿意让匈奴靠近边塞，那就姑且诏令官吏百姓远离边塞居住。使者抵达后，请即刻打发他们回来。”匈奴使者于六月中旬来到边塞薪望这个地方。国书送到朝廷，汉朝计议攻战与和亲哪种政策有利。公卿大臣都说：“单于新近打败了月氏，处在胜势，不可攻打。况且即使得到匈奴的土地，那里都是盐碱不毛之地，不是可以居住的地方。和亲很有利。”汉朝答应了单于的请求。

汉文帝前元六年，汉朝给匈奴的回书中写道：“皇帝敬问匈奴大单于平安。您委派郎中系雩浅送给我的书里说：‘右贤王未经请示，听从后义卢侯难氏等人的主意，断绝了两国君的盟约，离间了汉匈兄弟的情谊，汉朝因此不同我们和解，我们作为邻国也不得归附。现在因为小官吏破坏和约，所以惩罚右贤王让他西击月氏，已全部平定了。希望停止战争，休养士兵、牧养马匹，消除从前的误会，恢复过去的和约，以安定边民，让少年人得以成长，老年人能够安居，世世代代和平安乐。’我对此十分赞赏，这是当代圣王的意愿。汉朝与匈奴相约为兄弟，所以赠送给单于的礼物非常丰厚。背弃和约，破坏兄弟情谊的，多在匈奴方面。至于右贤王那回事发生在大赦之前，单于就不要过分地责备。单于如能按照来书所说的意思去办，那就明确地告诫大小官吏，让他们不要背弃和约，遵守信用，我将郑重地按照给单于的回书中所表达的意愿来做。使者谈及单于亲自率军攻伐敌国颇费功夫，打仗很辛苦，特将皇帝服装绣表绮里的夹衣、绣夹长袄、锦夹袍各一件，精制梳子一把，黄金装饰的腰带一条，黄金带钩一枚，彩绸十匹，锦缎三十匹，赤绨、绿缯各四十匹，委派中大夫意、谒者令肩赠送单于。”后来不久，冒顿死，他的儿子稽粥继位，称为老上单于。

老上稽粥单于刚登位，文帝又派送皇族女儿以公主名分去做单于阏氏，并派宦官燕地人中行说辅佐公主。中行说不愿意去，汉朝强迫他去。中行说便说：“一定要我去的话，我将要成为汉朝的祸根。”中行说到了匈奴那里，就投降了单于，单于很宠信他。

当初，匈奴喜欢汉朝的绸绢丝棉和食物，中行说说：“匈奴人口抵不上汉朝的一个郡，然而所以强大的原因，是因为衣食和汉人不同，没有什么要依赖汉朝的。现在单于改变习俗，爱好汉朝的东西，汉朝只要拿出十分之二的东西，那么匈奴就全归属于汉朝了。请把那些来自汉朝的绸绢丝棉，用来制成衣着，驰骋于野草荆棘之中，衣服裤子都开裂破败，说明汉人的丝绸不如匈奴毡裘之完美。把来自汉朝的食物都扔掉，以表明它们不如乳酪方便味美。”当时，中行说又教给单于身边的人员文字书记的方法，以统计他们的人口牲畜。

汉朝给单于的国书，木牍用一尺一寸长，开头的言辞是“皇帝敬问匈奴大单于平安”，接着写明所赠送的礼物和要说的话等等。中行说教单于给汉朝的国书，木牍用一尺二寸的规格，印章、封泥都做得又大又宽又长，开头的言辞要傲慢自大地说“天地所生、日月所置匈奴大单于敬问汉皇帝平安”，接着也写赠送的礼物和要说的话等等。

汉朝使者有的说：“匈奴风俗轻视老年人。”中行说诘难汉朝使者说：“你们汉人的风俗，对于那些参军戍边奉命出发的人，他们的年老双亲难道不是拿出自己享用的暖衣美食来送给他们上路吗？”汉朝使者说：“是这样。”中行说说：“匈奴人十分明确以打仗为大事，那些老弱者不能参加战斗，所以把家里的肥美饮食给壮健者，就是为了保卫自己，这样父子各得长久相保，怎么能说匈奴轻视老年人呢？”汉使者说：“匈奴的父母子女竟然同在一个毡帐里睡觉。父亲死了，儿子娶他的后母为妻；兄弟死了，活着的兄弟都娶死者之妻为妻。没有戴冠衣带的服饰，缺少朝廷的礼仪。”中行说说：“匈奴的习俗，是人人吃牲畜肉，喝它的奶汁，穿它的皮等；牲畜吃草饮水，随时转移。所以他们紧急时期就人人训练骑马射箭，和平时期便人人安乐无事，他们的约束简便，容易做到。君臣关系简便，一国的政务好像一个人的身体一样。父子兄弟死了，娶死者的妻为妻，这是怕族姓没有后代。所以匈奴的伦常虽乱，却一定要保住他们的宗嗣种族。现在中国虽然假正经，不娶自己父兄的遗孀为妻，但亲属逐渐疏远且互相残杀，直到改朝换代，却是由这类假正经造成的。况且礼义所产生的弊端，导致上下互相怨恨，而且追求宫室的高大华美，必然耗尽民力。既要致力于耕田种桑来获得衣食的需要，又要修筑城郭保卫自己，过着这样的生活方式，所以你们的百姓紧急时不熟习战争，和平时疲于生产。唉！你们这些住土石房屋的汉人，不要再多费口舌了，即使你们喋喋不休，沾沾自喜，衣冠高贵，又有什么了不起？”

从此以后，汉朝使者还想要辩论的，中行说就说：“汉朝使者不要多言多语，只要管好汉朝所送给匈奴的绸绢丝棉、精米酒曲，保证数量足够，质量要好就行了，何必多费口舌呢？况且，你们所给的东西保质保量也就罢了；如果数量不足质量又差，那就等到秋收季节，瞧我们用铁骑驰骋来践踏你们的庄稼吧。”中行说时刻教单于窥伺有利于入侵的要害之处。

汉文帝十四年，匈奴单于率领十四万骑兵攻入朝那、萧关，杀死北地郡都尉孙印，掳掠了很多的汉人和牲畜财产，进而打到彭阳。单于派突袭部队焚烧回中宫，侦骑深入甘泉宫。当时文帝任用中尉周舍、郎中令张武为将军，出动战车千辆、骑兵十万，驻扎在长安附近，以防备匈奴的侵扰。又任命昌侯卢卿担任上郡将军，宁侯魏遬担任北地将军，隆虑侯周灶担任陇西将军，东阳侯张相如担任大将军，成侯董赤担任前将军，大量出动战车和骑兵前去迎击匈奴。单于留在边塞内一个多月才离去，汉军追出边塞便回师，没能大量斩杀敌人。匈奴骄悍日甚一日，岁岁侵入边塞，杀掠许多汉人和牲畜，云中、辽东两郡受害尤为严重，连同代郡达万余人。汉朝对此感到忧虑，便派使者给匈奴送去国书。单于也派当户回话答谢，再谈和亲之事。

文帝后元二年，汉朝派使者送给匈奴的国书说：

皇帝敬问匈奴大单于平安。您委派当户且居雕渠难、郎中韩辽送给我两匹马，已送到，敬受。先帝规定：长城以北，弯弓射箭的国家，受单于管辖；长城以内，戴冠束带的国家，由我来加以统治。要让万民耕织射猎以取得衣食，父子不离散，君臣得安居，都不要暴虐横逆。现在听说邪恶不轨之徒贪图掠夺之利，背弃信义，破坏和约，不顾万民的性命，离间两国君王的友谊，然而这些不愉快的事情已经过去了。来书说：“我们两国已经和亲，两主欢悦，停止战争，休兵养马，世世代代昌盛安乐，祥和友好的局面重新开始。”我非常赞赏单于的这些话。圣明的君主言行道德天天都有长进，有了过失改弦更张，使老年人得以安息，少年人得以成长，各人都能保持身家性命而享天年。我和单于都本着这种精神，顺应天意，体恤民情，世代相传，延续无穷，天下人无不称便。汉朝和匈奴是势均力敌的邻国，匈奴地处北方，天寒地冻，一年之中肃杀的阴气来得早，因此我命令官吏每年送给单于定额的粮食、酒浆、金帛、丝絮和其他物资。眼下天下太平，万民和乐，我和单于都做了百姓的父母。我回忆往事，不过是因为一些微末小事闹误会，是谋臣们计议失策，发生摩擦，都不足以离间兄弟的情谊。我听说过“天地无私，上天不会只覆盖一方，大地不会只承载一处”。我和单于都应当捐弃前嫌，不去计较小是小非，都遵循天下大道，消除以往的怨恨，以图长久和好，让两国之民如同一家儿女。千千万万善良的人民，下及鱼鳖，上及飞鸟，所有爬行、喘息、蠕动的走兽昆虫，无不趋向平安有利而躲避危险灾难。所以只要来归顺的就不加阻止，此乃天道。我们一同化解以往的恩恩怨怨：我宽赦逃往匈奴的人民，单于也不要再提章尼等人的事。我听说古代帝王订约分明，从不背弃诺言。单于要留心记住和约，天下太平，实行和亲之后，汉朝绝不先背约。请单于仔细考虑。

单于已经缔约和亲，文帝便下达诏书给御史，说：“匈奴大单于给我送来国书，说和亲已定，收留逃亡的人不足以增加人口扩大土地，今后匈奴人不准入塞，汉朝人不准出塞，违犯现有和约的杀头，这样才能长久和亲，以后臣民再不要挑起边境事端，对汉匈两国都有好处。我已经答应了单于。将这件事布告天下，让举国上下明确知道。”

又过了四年，老上稽粥单于死去，儿子军臣继位为单于。他继位之后，文帝又跟匈奴和亲。而中行说又侍奉新单于。

军臣单于登位四年多，匈奴又断绝了与汉朝和亲的盟约，大举侵入上郡、云中，分别出动三万骑兵，杀了许多人、劫掠了很多财物才离去。当时汉朝派张武、苏意、令免三将军率军分别驻防北地郡、代郡的句注山和赵国的飞狐口，沿着边境地带，汉朝也部署了坚固的守卫，以防备匈奴的入侵。又设置周亚夫、徐厉、刘礼三将军，分别驻扎在长安城西细柳、渭河北岸棘门和霸上，形成两道防线，以防备匈奴入侵。匈奴的骑兵入侵了代郡句注的边界，烽火传到甘泉、长安。过了几个月，汉朝军队抵达边塞，匈奴的军队就远离边塞而去，汉军也就停止了军事行动。一年多以后，孝文帝死，孝景帝立，赵王刘遂就暗地里派人去和匈奴勾结。吴、楚等七国反叛时，匈奴想跟赵王合谋入侵边境。汉军围攻赵国，把赵国打败，匈奴也停止了入侵行动。从这以后，景帝又跟匈奴和亲，开放边境互市市场，赠送财物给匈奴，嫁公主给单于，比照从前的盟约行事。整个景帝时期，虽然有时有小股匈奴侵入边境劫掠，但没有发生大规模的入侵。

当今皇帝继位，重新明确和亲的有关规定，给匈奴优厚的待遇，开放边境互市市场，赠送丰盛的物资。匈奴从单于以下无不亲近汉朝，往来于长城下。

汉朝派马邑县民聂翁壹犯禁私运货物出塞跟匈奴交易，诈称要出卖马邑城来引诱单于。单于相信了他的话，由于贪图马邑的财物，就率领十万骑兵侵入武州塞。汉朝埋伏了三十多万军队于马邑城附近，御史大夫韩安国担任护军将军，节制四位将军去伏击单于。单于已经进入汉朝边塞，离马邑还有一百多里，看见牲畜散布于四野，却没有人在放牧，感到情况异常，就攻打汉朝的一座亭障哨所。这时雁门郡的一个尉史巡行边塞，发现敌情，便去保卫这座亭障，他是知道汉军的计谋的。单于活捉了他，想要杀他，这个尉史就把汉军埋伏地点告诉单于。单于大吃一惊，说道："我本来就有所怀疑。"便撤兵回去。单于出塞以后，说道："我能得到尉史，真是天意，老天爷让你说出实情。"于是封汉尉史为"天王"。汉军计划等单于进入马邑城的伏击圈后，围歼匈奴，但单于没有进入圈套，因此汉军一无所得。汉将军王恢部队出代郡袭击匈奴辎重部队，听说单于回师，军队众多，不敢出击。汉朝认为王恢是当初策划马邑伏兵计谋的人而自己却不进军，就斩了王恢。从这以后，匈奴断绝了与汉朝的和亲，攻击要道上的边塞，常常侵入汉朝边境抢劫，不可胜数。可是匈奴贪心，还是喜欢互市市场，喜爱汉朝财物，汉朝也还是不关闭互市市场，不加拒绝，以投其所好。

马邑军事行动后第五年秋天，汉朝派遣四位将军各率一万骑兵到关市附近攻打匈奴。将军卫青出上谷郡，到茏城，斩杀和俘虏匈奴七百人。公孙贺出云中，无所斩获。公孙敖出代郡，被匈奴打败，损失七千多人。李广出雁门，被匈奴打败，且匈奴生擒李广，李广后来得以逃回。汉朝拘押公孙敖和李广，两人出钱赎罪免职为庶人。这年冬天，匈奴屡次侵入边境抢劫，渔阳郡受害尤其严重。汉朝派将军韩安国驻军渔阳防备匈奴。第二年秋天，匈奴两万骑兵侵入汉朝地界，杀了辽西太守，掳走两千多人。匈奴又入侵打败渔阳太守的军队一千多人，围困汉将军韩安国，韩安国当时的一千多骑兵几乎全部消耗殆尽，恰好燕国救兵赶到，匈奴才撤兵。匈奴又侵入雁门，杀掠一千多人。于是，汉朝派将军卫青统率三万骑兵出雁门，李息出代郡，抗击匈奴。汉军斩杀、俘虏匈奴数千人。第二年，卫青又出云中以西直抵陇西，在黄河河套以南地区攻打匈奴所属的楼烦、白羊王，斩杀俘虏敌人数千人，捕获牛羊一百多万头。于是，汉朝便占领了河套以南地区，修筑朔方城，重新修整原先秦将蒙恬所修要塞，凭借黄河巩固关防。汉朝也放弃了上谷郡中犬牙交错的突出部分，把孤悬而偏远的造阳地方让给匈奴。这一年是汉朝的元朔二年。

这一年的冬天，匈奴军臣单于死。军臣单于的弟弟左谷蠡王伊稚斜自立为单于，打败军臣单于的太子於单。於单流亡，投降了汉朝，汉朝封於单为涉安侯，过了几个月他死了。

伊稚斜单于登位后的当年夏天，匈奴骑兵几万人入侵代郡，杀害太守恭友，劫掠千余人。当年秋天，匈奴又入侵雁门，杀掠一千多人。第二年，匈奴又侵入代郡、定襄、上郡，每路出动三万骑兵，杀掠数千人。匈奴右贤王怨恨汉朝夺回了他们侵占的河套以南地区，并修筑朔方城，就屡次入寇，在边境线上掳掠，深入河套以南腹地，侵扰朔方，杀掠官民甚多。

第二年春天，汉朝任命卫青为大将军，统率六将军共十余万人，出朔方、高阙攻打匈奴。右贤王认为汉军不能到达，喝醉了酒，汉军出塞六七百里，趁夜围攻右贤王。右贤王大惊失色，脱身逃走，所有精锐骑兵纷纷跟随而逃。汉军俘获右贤王部众男女一万五千人，裨小王十几人。这年秋天，匈奴一万骑兵侵入代郡杀死都尉朱英，劫掠一千多人。

后一年春天，汉朝又派大将军卫青统率六将军和十几万骑兵，再次出定襄几百里攻打匈奴，前后斩杀、俘虏共一万九千余人，而汉朝也损失两位将军和三千多骑兵。右将军苏建只身逃回，而前将军翕侯赵信出师不利，投降了匈奴。赵信这个人，本是匈奴的一个小王，投降了汉朝，被汉朝封为翕侯，他作为前将军与右将军两军合在一起，与大部队分道而出，赵信军独遇匈奴单于大军，所以全军覆没。单于得到了翕侯，封他为自次王，将自己的姐姐嫁给他，和他一起谋划对付汉朝，赵信教单于更加向北退避在绝远的沙漠后面，以引诱拖垮汉军，使汉军疲惫已极而后攻取他们，自己不要靠近边塞。单于听从了他的计谋。又后一年，匈奴骑兵一万人侵入上谷，杀死数百人。

再后一年春天，汉朝派骠骑将军霍去病率领一万骑兵出陇西，越过焉支山一千多里，攻打匈奴，斩杀、俘虏敌人一万八千多人，攻破休屠王并夺得祭天金人。这年夏天，骠骑将军又与合骑侯率领几万骑兵出陇西、北地两千里，攻打匈奴。汉军经过居延攻击祁连山，斩杀、俘虏匈奴三万多人，其中裨小王以下七十余人。这时，匈奴也打过来侵入代郡、雁门，杀掠几百人。汉朝派遣博望侯张骞和李广将军出右北平，攻打匈奴左贤王。左贤王包围李将军大约四千人，汉军伤亡将尽，但斩杀的敌军也超过了自己的损失。正好博望侯救兵来到，李将军得以脱围。汉军损失数千人，合骑侯公孙敖延误了与骠骑将军约定的军期，他与博望侯张骞都犯了死罪，出钱赎罪，免职为平民。

这年秋天，单于对浑邪王、休屠王驻扎在西方而被汉朝斩杀俘虏了几万人这件事怒不可遏，打算把他们召来处死。浑邪王与休屠王害怕了，商议投降汉朝，汉朝委派骠骑将军前去迎降。浑邪王杀了休屠王，兼领其部众投降汉朝。总计四万人，号称十万。汉朝得到了浑邪王，因此陇西、北地、河西大大减少了匈奴的侵扰，便迁徙关东地区贫民到所夺得的匈奴河南、新秦中地区居住，用以充实边防，并且将北地以西的驻防士兵减少了一半。下一年，匈奴向右北平、定襄两郡各派几万骑兵入侵，杀死和劫掠一千多人而去。

再下一年春天，汉朝君臣计议说："翕侯赵信为单于出谋献策，让匈奴住在漠北，以为汉军不可能打到那儿去。"于是用粟养马，出动十万骑兵，加上自备衣粮马匹随军出征的自愿军四万骑，共十四万骑，负责后勤粮草辎重的人马还不在计算之内。命令大将军卫青和骠骑将军霍去病各领一半部队，大将军出定襄，骠骑将军出代郡，并约定两军同时穿过大沙漠攻打匈奴。单于听到这一情报，把军需品运到远方，调集精兵在漠北迎战。单于跟汉大将军交战一天，恰逢夜幕降临，大风狂作，汉军突然出动左右两翼部队包围了单于。单于自料打不过汉军，便独身与几百名精壮骑兵突围向西北逃跑。汉军趁夜追击单于，未能抓获。他们一路前进，斩杀、俘获匈奴一万九千人，北抵阗颜山的赵信城而还。

单于逃走时，他的士兵往往与汉兵互相混杂设法尾随追赶单于。单于长时间没有跟他的大队人马会合，他的右谷蠡王以为单于死了，便自立为单于。真单于重新收集了他的部众，右谷蠡王才去掉单于称号，恢复右谷蠡王身份。

汉朝骠骑将军出代郡两千余里，与匈奴左贤王交战，汉军斩杀俘虏匈奴共七万多人，左贤王和部将都逃走了。骠骑将军在狼居胥山祭天，在姑衍山祭地，到了翰海才回师。

此后，匈奴逃到很远的地方去了，而大漠以南没有了单于王庭。汉朝势力越过黄河，从朔方以西直到令居，到处修通水渠，开垦耕地，有官吏、士兵五六万人，渐渐向北蚕食，国境接匈奴漠南旧地以北。

起初，汉朝两将军大举出兵围攻单于，斩杀、俘虏八九万人，而汉朝士兵死亡也有几万人，战马死掉十余万匹。匈奴虽然疲惫远逃，而汉朝也缺少马匹，无力再往北追击。匈奴采用赵信的计策，派遣使者到汉朝来，好言善语请求和亲。天子将此事下交群臣讨论，有人主张和亲，有人主张干脆让匈奴称臣。丞相长史任敞说："匈奴刚被打败，走投无路，应当让他们做外臣，到边塞上朝拜。"汉朝派遣任敞为使者出使单于。单于听到了任敞的这个计划，大发怒火，扣留他不准回汉。早先，汉朝也收留了一些投降的匈奴使者，单于也总以扣留同等数量的汉朝使者相抵偿。汉朝正在组建新的骑兵部队，赶上骠骑将军霍去病死了，没有骁将，于是汉朝很长时间没有北上攻击匈奴。

过了几年，伊稚斜单于继位十三年后死去，他的儿子乌维继立为单于。这一年是汉朝元鼎三年。乌维单于登位时，汉天子开始出京巡视各郡县。这以后汉朝忙于向南讨伐南越和东越，没有出击匈奴，匈奴也不入侵边境。

乌维单于登位三年，汉朝已经灭了南越，便派遣前太仆公孙贺统率一万五千骑兵出九原两千余里，抵达浮苴井才回师，没有看见一个匈奴人。汉朝又派遣前从骠侯赵破奴统率一万多骑兵出令居数千里，直到匈河水才回师，也没有看见一个匈奴人。

这时天子巡视边境，到达朔方郡，统御骑兵十八万，以显示汉朝军威，又派郭吉去劝告单于。郭吉到了匈奴，匈奴外交官询问他出使的任务，郭吉屈身行礼讲些漂亮话，说道："我见了单于后再说。"单于接见郭吉，郭吉说："南越王的头已经挂在汉朝皇宫北门上了。现在单于如果能够前来与汉军作战，天子已经亲自率军在边境上等待；单于如果不能战，就该面向南方对汉朝称臣。何苦远逃，躲到大漠以北又冷又苦又无水草之地，无所作为！"郭吉话音刚落，单于勃然大怒，立即杀了接待郭吉的那位外交官，又扣留郭吉不让他回去，把他放逐到北海边上。而单于终究没有入侵汉朝边境，休兵养马，练习射猎，多次派遣使者出使汉朝，甜言蜜语请求和亲。

汉朝派王乌等人出使匈奴窥探虚实。匈奴规定，汉朝使者不放下符节并用墨涂脸的，不得进入毡帐。王乌是北地郡的人，熟悉匈奴习俗，他去掉符节，用墨涂脸，所以进入毡帐。单于喜欢王乌，假装着用好听的话做出许诺，说是看在王乌的面子上特派他的太子到汉朝做人质，以求和亲。

汉朝又派遣杨信出使匈奴。这时汉朝在东方攻下了秽貉、朝鲜，并在那儿设置了郡县，在西方设置酒泉郡用以隔绝匈奴和羌人交往的通路。汉朝向西沟通了大月氏和大夏，将公主嫁给乌孙王，以分化匈奴的西方援国。在北方扩大屯垦农田直至乌孙北之眩雷，设置关塞，而匈奴始终不敢提出异议。这一年翕侯赵信死去，汉朝主政大臣认为匈奴已经衰弱到可以让它臣服。杨信为人刚直倔强，又不是显贵大臣，单于不太亲近他。单于要在穹庐里召见他，因为他不肯去掉节符，单于只好坐在毡帐外面接见。杨信见到了单于劝说道："如果单于真心和亲，就派太子到汉朝做人质。"单于说："这不是从前盟约的精神。按照从前的盟约和规定，汉朝经常派遣公主，送给我们一定数额的绸绢、丝棉、食物，用这样的方式保持和亲关系，而匈奴也不扰乱汉朝边境。现在你们竟要一反以往的做法，要我的太子做人质，这是没有希望的。"匈奴的习惯，看到汉朝使者不是皇帝宠信的内官，如果是儒生，便认为他是想要游说，就驳倒他的辩词；如果是年轻人，便认为他是想要行刺，就折杀他的锐气。每次汉朝使者来到匈奴地，匈奴总要回访。汉朝扣留匈奴使者，匈奴也扣留汉朝使者，一定要达到对等才肯罢休。

杨信回来后，汉朝再派王乌出使，而单于仍然用甜言蜜语奉承王乌，想多得到一些汉朝的财物，哄骗王乌说："我想到汉朝会见天子，当面定约结成兄弟。"王乌回报朝廷，汉朝在长安特地给单于修建了驿馆。匈奴方面说："非得汉朝显贵人物出任使者，不然我不给你们说实话。"匈奴派遣他们的贵人到汉朝，贵人病了，汉朝给他药物，想治好他的病，但不幸死去。汉朝派遣路充国佩带二千石印信前往出使匈奴，以这个高层身份护送匈奴贵人的灵柩，丰厚的丧葬费用价值数千金。路充国对匈奴说："我就是汉朝的贵人。"单于认为汉朝杀死了匈奴的尊贵使者，便扣留了路充国，不让回归。单于所说的那些话，不过是空言蒙骗王乌，根本没有诚意到汉朝来，以及派遣太子来做人质。这时，匈奴多次派骑兵侵犯边境。汉朝便任命郭昌担任拔胡将军，同浞野侯驻防朔方以东，防备匈奴。路充国被扣留在匈奴三年时，单于死。

乌维单于在位十年死去，儿子乌师庐继位做了单于。乌师庐年纪小，号称儿单于。这一年是元封六年。自此之后，单于更向西北转移，左方的军队直抵云中郡，右方的军队直抵酒泉郡、敦煌郡。

儿单于登位，汉朝派遣两名使者，一个去慰问单于，一个去慰问右贤王，想以这种做法离间匈奴君臣。使者抵达，匈奴把他们都送到单于那里。单于生气了，把使者全都扣留了。汉朝使者被扣留在匈奴的前后有十余批，而匈奴使者来到，汉朝也总是扣留对等数量以相抵。

这一年，汉朝派遣贰师将军李广利西攻大宛，又派遣因杅将军公孙敖修筑受降城。这年冬天，匈奴境内下大雪，牲畜多受饥寒而死。儿单于年轻气盛，好杀人打仗，国内的人多不安定。左大都尉想杀掉单于，派人暗中告知汉朝说："我想要杀掉单于，投降汉朝，但汉朝离得远，如果派兵来接应，我就发难。"当初，汉朝听了这一番话，所以修筑受降城，但仍然认为受降城离匈奴太远。

第二年春天，汉朝派遣浞野侯赵破奴率领骑兵二万多人出了朔方西北二千余里，约定到浚稽山才回师。浞野侯按照预期的时间到达浚稽山回师了，左大都尉想要发难而被发觉，单于把他杀了，出动左方军队攻打浞野侯。浞野侯在行进中捕获和斩杀了匈奴几千人。往回走到离受降城四百里的地方，匈奴调动八万骑兵包围了他们。浞野侯夜里私自外出找水，匈奴的侦缉活捉了浞野侯，于是趁机急攻汉军。汉军中，郭纵任护军，维王是渠帅，两人计议说："趁着校尉们都在害怕因丢失了将军朝廷会诛杀他们，不要相劝回归汉朝。"有了投降的意念，汉军于是投降了匈奴。匈奴儿单于非常高兴，于是派遣突袭部队攻打受降城。未能攻克，就侵入边塞劫掠一番而离去。第二年，单于想要亲自攻克受降城，还没到达目的地，发病死去。

儿单于在位三年死去。儿子年纪小，匈奴就拥立他的叔父乌维单于的弟弟右贤王呴犁湖为单于。这一年是太初三年。

呴犁湖单于继位后，汉朝派遣光禄勋徐自为出五原塞深入匈奴，近者几百里，远者千余里，修筑城堡哨所直至庐朐，同时派游击将军韩说、长平侯卫伉驻防在沿线一带，派强弩都尉路博德在居延泽边修筑城堡。

这年秋天，匈奴大规模入侵定襄、云中郡，杀掠数千人，打败了几名二千石级的将吏才离去，一边走一边破坏了光禄勋徐自为修筑的城堡哨所。又派遣右贤王侵入酒泉、张掖二郡，掳掠数千人。恰好遇到汉将任文截击而来，救出被虏汉人，右贤王又失去了全部战利品而退去。这一年，贰师将军攻破大宛，斩杀大宛的国王然后还师。匈奴想拦截他，军队未能赶到。这年冬天，匈奴想攻打受降城，碰巧单于得病死去。

呴犁湖单于在位一年就死了。匈奴就拥立他的弟弟左大都尉且鞮侯为单于。

汉朝征服了大宛，声威震撼外国。天子想趁机围困匈奴，就下诏书说："高皇帝留给我平城被围的历史忧患，高后时单于来书所言极其荒谬悖逆。从前齐襄公报了九代祖先的仇，《春秋》大力表彰这件事。"这一年是太初四年。

且鞮侯单于继位以后，全部释放了汉朝使者中被扣留而没有投降的人。路充国等得以回归。单于新近登位，怕汉朝发兵袭击他，便自己声称："我这个小孩子，怎敢和汉朝天子相比！汉天子是我的长辈。"汉朝派遣中郎将苏武送厚礼给单于。单于更加骄傲，礼节上倨傲怠慢，不是汉朝所期望的态度。第二年，浞野侯赵破奴从匈奴逃亡，回到汉朝。

第二年，汉朝派贰师将军李广利率领三万骑兵出酒泉，攻打右贤王于天山，斩杀匈奴一万余人而回。匈奴用大军围困贰师将军，贰师将军差点全军覆没脱不了身。汉兵战死十分之六七。汉朝又派因杅将军公孙敖出西河郡，和强弩都尉路博德在涿涂山会合，没有什么虏获。汉朝又派骑都尉李陵率领步骑五千人，出居延海北一千余里，与匈奴单于打了一场遭遇战。双方交战，李陵军杀伤敌人一万多人，兵少食尽，想脱离战斗回归。匈奴围困李陵，李陵投降了匈奴，汉军全军覆没，逃回来的散兵有四百多人。单于为了尊宠李陵，把女儿嫁给他为妻。

过了两年，汉朝再次派遣贰师将军率领六万骑兵、步兵十万，出朔方打击匈奴。强弩都尉路博德率领一万余人，跟贰师将军会师。游击将军韩说率领步兵和骑兵共三万人出五原。因杅将军公孙敖率领一万骑兵和三万步兵出雁门。匈奴听到了消息，就把他们那些累赘的家口和繁重的东西远远地迁徙到余吾水以北，而单于带着十万骑兵集结于余吾水南，等候与贰师将军接战。贰师将军就脱离接触引兵回师。其间，与单于连战十余日。贰师将军听说他们一家因巫蛊之罪被诛杀尽，便收集部队投降了匈奴，得以回归的将士，只有千分之一二。游击将军韩说没有什么收获。因杅将军公孙敖与左贤王交战，不顺利，撤兵回来了。这一年，汉兵出击匈奴的都没有多少功劳，功不当罪。皇帝下诏逮捕太医令随但，因为他透露了贰师将军一家人被朝廷杀尽的消息，致使李广利投降了匈奴。

太史公说：孔子著《春秋》，记鲁隐公、桓公时期的历史彰明显著，写到鲁定公、哀公时期的事情则隐讳含糊，这是因为它们涉及当代的事不便于直切记载，也没有鲜明的褒贬，因而文字不能不有所忌讳。用世俗观点谈论对付匈奴的谋臣，只想求得一时的天子宠信，就醉心于阿顺上意而高谈阔论，以达到有利于自己片面意见的目的，不去验核双方的形势；而征伐匈奴的将帅们又凭借中国广大，意气激发，皇上就依靠这些人来决定对抗匈奴的政策，因此建立的功业不深厚。尧尽管很贤明，没有好的助手也完不成治水的事业，直到得到了禹的辅佐，天下才安宁了。如果想要建立太平盛世，一定要选择任用好的将相啊！一定要选择任用好的将相啊！

【讲析】

《史记》中五大民族史传，匈奴居首。本传是八千余字的大传，是司马迁着力创作的名篇之一，民族融合和民族斗争，推演了精彩的活剧。汉武帝雄才大略，突出地表现在对外征讨，对内兴作把西汉推向极盛。对内兴作包括政治制度改革与水利、宫室等的兴建，本文姑置不论。对外征讨，主要是征匈奴。汉武帝征大宛、平两越、开通西南夷等都是围绕征匈奴进行的。尤其是征大宛更是汉匈战争不可缺少的一个组成部分。因为征大宛，一是断匈奴右臂；二是引进大宛汗血马改良中国马种，组建骑兵与匈奴抗衡。汉武帝反击匈奴的战争从元光五年（公元前 130 年）马邑之谋发动到征和三年（公元前 90 年）李广利兵败降匈奴，前后四十年。汉武帝在位五十四年，汉匈战争就打了四十年，汉朝付出了“海内虚耗，户口减半”的代价，终于消除了匈奴边患，保卫了长城以内农耕民族的文化，历史意义极其深远。汉匈战争已经超越了两大民族的战斗，它是古代东方游牧民族与农耕民族决定历史进程的大拼搏。汉朝的胜利，是先进文化农耕民族的胜利。汉匈战争推进民族大融合，奠定汉文化版图，保卫了中华文化的传承，意义极为重大。司马迁的良史之笔，载述武帝征伐雄略之事，所以本传内容丰富，主题多重，思想深邃，梁启超评其为《史记》十大名篇之一，史识不凡。

《匈奴列传》内容可概略划分为三大段落，即三大部分。第一部分，叙述匈奴社会习俗及其与先秦时期中原各国的历史渊源关系；第二部分，写汉初高帝、高后、文景之世的汉匈和亲；第三部分，叙述汉武帝时的汉匈战争。为了突出司马迁创作民族史传的光辉思想与历史意义，本传汉匈战争的主题姑置不论，这里只着重对第一大段匈奴社会习俗以及先秦时期与华夏族关系做简要的评析，探索司马迁的民族观。

第一大段可分四个层次，即四个小的段落。第一段落，即文章开头一节，描写匈奴社会实体。司马迁只用了二百二十字就把匈奴民族生活的地域、经济、文化及风俗习惯介绍出来了。尽管匈奴内部的民族成分十分复杂，但他们都长期过着"逐水草迁徙"的游牧生活。匈奴人民食畜肉，饮湩酪，衣皮革，披毡裘，住穹庐，其畜产多马、牛、羊、骆驼、驴、骡等。过着游牧生活，驰逐原野，养成了人民善于攻战的天性。其俗"贵壮健，贱老弱。父死，妻其后母；兄弟死，皆取其妻妻之"。司马迁正是抓住了这些共同特点，所以把居地万里的匈奴作为一个民族实体来叙述。

从"夏道衰"至"复稍度河南与中国界于故塞"止四个自然段，写先秦时期，夏商周三代及春秋战国时匈奴族与华夏族的关系。司马迁依据传说，在第一段行文开头就说，匈奴祖先是夏后氏的苗裔，名叫淳维。这是说匈奴民族源远流长，与华夏关系密切，都是黄帝子孙。第二段开头，写夏道衰，而周族祖先公刘变于西戎，实际是说周祖先兴起于戎狄。西周兴起，戎狄攻太王古公亶父，西伯姬昌伐犬戎，周武王放逐戎夷于泾、洛之北，穆王伐犬戎，犬戎杀幽王。平王东迁，至周襄王娶戎狄女为后，建立和亲关系。这种维系和平的方式很脆弱，周襄王一度为戎狄所逐。北方山戎曾伐燕、伐齐。于是西方之戎入居关中，北方之戎南下幽并。春秋时，秦用由余之谋霸西戎，晋用魏绛之策服戎翟。战国时，燕用秦开，赵用李牧，威服胡戎，秦并天下，大击北胡，于是筑长城以拒守。先秦时期漫长的夷夏斗争，同时也是逐渐融合的过程。

"单于有太子名冒顿"至"控弦之士三十余万"两个自然段，写秦汉之际匈奴强盛，冒顿单于统一匈奴各部，东并东胡，西灭月氏，南没白羊、楼烦、河南王，疆土东西万里，控弦之士三十万，匈奴达于鼎盛。

"自淳维以至头曼千有余岁"至"以冒顿单于为贤"四个自然段，写匈奴全民皆兵的社会组织，以侵扰掠夺为畜牧生业之补充，因此是一个好战、能战、敢战的民族。从社会形态分析，匈奴进入了奴隶社会。

其后两大部分是写匈奴崛起与华夏西汉兴起百余年的博弈关系。第二大段写冒顿与汉高帝的交锋，两强势均力敌，白登之役汉败匈奴胜，汉军差点全军覆没。汉朝初建，虽然民疲财乏，但多能征惯战之将，匈奴亦不能展其所欲，汉匈双方以和亲方式休战，开关市，维护和平。此后，汉匈关系历高帝、高后、文帝、景帝四代，六七十年间，双方维持和亲关系，但匈奴百约百叛，时常犯边，杀掠汉吏民，基本是小摩擦，没有大规模战斗。其间高后时，冒顿单于向吕后挑衅，要与吕后结秦晋之好，汉朝忍让，没有酿成大战。汉文帝十四年，匈奴大入，汉朝严备，匈奴不战而还。文景时期，汉朝已在西北沿边各郡大规模养马，入粟买爵，移民实边，长期蓄聚力量，准备反击匈奴。汉武帝即位，遂将汉匈决战提上议事日程。第三大段，《匈奴列传》完整地记述了汉武帝伐匈奴的全过程，汉胜匈败，漠南无王庭，为汉宣帝甘露二年匈奴臣服奠定了基础。汉匈斗争从公元前200年白登之役到公元前52年匈奴臣服，长达一个半世纪之久。从汉武帝元光二年（公元前133年）设谋马邑启动伐匈奴，到甘露二年，汉匈处于战争状态长达八十二年。

梁启超何以列《匈奴列传》为《史记》十大名篇之一？梁启超在《要籍解题及其读法》的《史记读法》中提出《史记》十大名篇之说。其篇目为：《项羽本纪》《信陵君列传》《廉颇蔺相如列传》《鲁仲连邹阳列传》《淮阴侯列传》《魏其武安侯列传》《李将军列传》《匈奴列传》《货殖列传》《太史公自序》。此一家言之观点。因本传是司马迁精意所写的一篇大传。前文指出，本传内容丰富，主题多重，思想深邃，不能不使人拍案叫绝。下文做简略的分析。

首先，司马迁首创民族史传，识见超群。自古以来，中国就是一个由多民族组成的国家。周初分封时就有许多内附的“夷狄”之国。例如吴太伯之勾吴、楚子荆蛮都不是华夏民族。周襄王通婚于翟，秦穆公霸西戎。中华民族的历史，是汉族和少数民族共同创造的历史。但是，儒家正统思想却一再宣扬“夷夏之辨”，以中原华夏民族为冠带之国，贬称周边少数民族为夷狄之邦，以区分种族贵贱。周边民族被贬称东夷、西戎、北狄、南蛮，视为荒服之地。

孔子修《春秋》，内诸夏而外夷狄。孟子在辩论中，直斥楚人许行说话像鸟叫，称之为“南蛮舌之人”。《诗经》上说：“戎狄是膺，荆舒是惩。”这两句诗成为历代统治者压迫周边各民族的理论根据。西汉大儒董仲舒在《春秋繁露·精华》中提出大夷小夷不能与中原华夏平等，说“大小不逾等”。司马迁在汉武帝“罢黜百家，独尊儒术”的时代，不同凡响地首创民族史传，说南越“集扬越以保南藩”，东越“保守封禺为臣”，西南夷“请为内臣受吏”，匈奴“夏后氏之苗裔”，写了周边五个民族史传，其中匈奴史传居首，最为精彩。司马迁把每一个民族都作为实体来写，尊重各民族风俗。他奉命出使西南夷，设郡置吏，“以故俗治”。特别是《匈奴列传》，通过中行说与汉使辩论民族风俗长短，称赞匈奴风俗适合该民族历史背景，汉使不能难。司马迁把民族史传与名臣将相交错等列，认为各民族都是天子臣民，这是难能可贵的。《汉书》作者班固批评司马迁的这一做法，他认为“西南外夷，种别域殊”，不能与名臣交错等列，而应把民族史传侧于列传之末。两相对照，更可见司马迁史识不凡。

其次，司马迁写各民族都是黄帝子孙，匈奴是夏后氏之苗裔，并承认周边各民族有革命的权利，可以参与中原事务。东越人反秦佐汉，《东越列传》作了肯定的记载。司马迁把各民族作为一个实体来写，写他们活动的地域、生活习惯，承认其民族并立于世的权利。这一切都反映了他进步的民族等列思想。

最后，实录史事，冷静记载民族之间的斗争与融合。融合是在斗争过程中完成的，应该说具有辩证的唯物主义思想。例如，汉匈战争的性质，在汉武帝当世就引起了争论，直到今天也没有定论。有的说汉武帝好大喜功，伐匈奴为不义；有的说汉武帝反击匈奴是正义的，因匈奴犯边，百约百叛；有的说司马迁反对汉武帝伐匈奴。《太史公自序》明确指出：“自三代以来，匈奴常为中国患害；欲知强弱之时，设备征讨，作《匈奴列传》第五十。”《匈奴列传》的“太史公曰”却又对汉武帝伐匈奴提出了批评。批评内容有两点：汉武帝用人唯亲，主要指后期伐匈奴，用宠姬李夫人哥哥李广利这位庸将，使汉朝付出了沉重的代价；第二批评汉朝君臣不能平等对待匈奴，一定要使匈奴“臣服”，把匈奴推到了顽抗的立场。伐匈奴之事，司马迁是肯定的，而且写《匈奴列传》就是为了总结“强弱之时”，掌握时机反击侵扰。汉匈斗争，武帝时期的大决战，恰好是东方亚洲大陆上，北方游牧民族最盛之时南侵一个统一的农业民族大国，斗争异常激烈，波澜壮阔，司马迁以如椽大笔记载了这一历史事迹，总结了历史经验，留下千古名篇，是值得尊敬的。

【原文】

匈奴，其先祖夏后氏之苗裔也，曰淳维。唐、虞以上有山戎、猃狁、荤粥，居于北蛮，随畜牧而转移。其畜之所多则马、牛、羊，其奇畜则橐驼、驴、骡、駃騠、騊駼、驒騱。逐水草迁徙，毋城郭常处耕田之业，然亦各有分地。毋文书，以言语为约束。儿能骑羊，引弓射鸟鼠；少长则射狐兔：用为食。士力能毌弓，尽为甲骑。其俗，宽则随畜，因射猎禽兽为生业，急则人习战攻以侵伐，其天性也。其长兵则弓矢，短兵则刀鋋。利则进，不利则退，不羞遁走。苟利所在，不知礼义。自君王以下，咸食畜肉，衣其皮革，被旃裘。壮者食肥美，老者食其余。贵壮健，贱老弱。父死，妻其后母；兄弟死，皆取其妻妻之。其俗有名不讳，而无姓字。

夏道衰，而公刘失其稷官，变于西戎，邑于豳。其后三百有余岁，戎狄攻大王亶父，亶父亡走岐下，而豳人悉从亶父而邑焉，作周。其后百有余岁，周西伯昌伐畎夷氏。后十有余年，武王伐纣而营雒邑，复居于酆鄗，放逐戎夷泾、雒之北，以时入贡，命曰“荒服”。其后二百有余年，周道衰，而穆王伐犬戎，得四白狼四白鹿以归。自是之后，荒服不至。于是周遂作《甫刑》之辟。穆王之后二百有余年，周幽王用宠姬褒姒之故，与申侯有郤。申侯怒而与犬戎共攻杀周幽王于骊山之下，遂取周之焦获，而居于泾、渭之间，侵暴中国。秦襄公救周，于是周平王去酆鄗而东徙雒邑。当是之时，秦襄公伐戎至岐，始列为诸侯。是后六十有五年，而山戎越燕而伐齐，齐釐公与战于齐郊。其后四十四年，而山戎伐燕。燕告急于齐，齐桓公北伐山戎，山戎走。其后二十有余年，而戎狄至雒邑，伐周襄王，襄王奔于郑之氾邑。初，周襄王欲伐郑，故娶戎狄女为后，与戎狄兵共伐郑。已而黜狄后，狄后怨，而襄王后母曰惠后，有子子带，欲立之，于是惠后与狄后、子带为内应，开戎狄，戎狄以故得入，破逐周襄王，而立子带为天子。于是戎狄或居于陆浑，东至于卫，侵盗暴虐中国。中国疾之，故诗人歌之曰“戎狄是应”，“薄伐猃狁，至于大原”，“出舆彭彭，城彼朔方”。周襄王既居外四年，乃使使告急于晋。晋文公初立，欲修霸业，乃兴师伐逐戎翟，诛子带，迎内周襄王，居于雒邑。

当是之时，秦、晋为强国。晋文公攘戎翟，居于河西圁、洛之间，号曰赤翟、白翟。秦穆公得由余，西戎八国服于秦，故自陇以西有绵诸、绲戎、翟、獂之戎，岐、梁山、泾、漆之北有义渠、大荔、乌氏、朐衍之戎。而晋北有林胡、楼烦之戎，燕北有东胡、山戎。各分散居溪谷，自有君长，往往而聚者百有余戎，然莫能相一。

自是之后百有余年，晋悼公使魏绛和戎翟，戎翟朝晋。后百有余年，赵襄子逾句注，而破并代以临胡貉。其后既与韩、魏共灭智伯，分晋地而有之，则赵有代、句注之北，魏有河西、上郡，以与戎界边。其后义渠之戎筑城郭以自守，而秦稍蚕食，至于惠王，遂拔义渠二十五城。惠王击魏，魏尽入西河及上郡于秦。秦昭王时，义渠戎王与宣太后乱，有二子。宣太后诈而杀义渠戎王于甘泉，遂起兵伐残义渠。于是秦有陇西、北地、上郡，筑长城以拒胡。而赵武灵王亦变俗胡服，习骑射，北破林胡、楼烦。筑长城，自代并阴山下，至高阙为塞。而置云中、雁门、代郡。其后燕有贤将秦开，为质于胡，胡甚信之。归而袭破走东胡，东胡却千余里。与荆轲刺秦王秦舞阳者，开之孙也。燕亦筑长城，自造阳至襄平。置上谷、渔阳、右北平、辽西、辽东郡以拒胡。当是之时，冠带战国七，而三国边于匈奴。其后赵将李牧时，匈奴不敢入赵边。后秦灭六国，而始皇帝使蒙恬将十万之众北击胡，悉收河南地。因河为塞，筑四十四县城临河，徙適戍以充之。而通直道，自九原至云阳，因边山险堑溪谷可缮者治之，起临洮至辽东万余里。又度河据阳山北假中。

当是之时，东胡强而月氏盛。匈奴单于曰头曼，头曼不胜秦，北徙。十余年而蒙恬死，诸侯畔秦，中国扰乱，诸秦所徙适戍边者皆复去，于是匈奴得宽，复稍度河南与中国界于故塞。

单于有太子名冒顿。后有所爱阏氏，生少子，而单于欲废冒顿而立少子，乃使冒顿质于月氏。冒顿既质于月氏，而头曼急击月氏。月氏欲杀冒顿，冒顿盗其善马，骑之亡归。头曼以为壮，令将万骑。冒顿乃作为鸣镝，习勒其骑射，令曰："鸣镝所射而不悉射者，斩之。"行猎鸟兽，有不射鸣镝所射者，辄斩之。已而冒顿以鸣镝自射其善马，左右或不敢射者，冒顿立斩不射善马者。居顷之，复以鸣镝自射其爱妻，左右或颇恐，不敢射，冒顿又复斩之。居顷之，冒顿出猎，以鸣镝射单于善马，左右皆射之。于是冒顿知其左右皆可用。从其父单于头曼猎，以鸣镝射头曼，其左右亦皆随鸣镝而射杀单于头曼，遂尽诛其后母与弟及大臣不听从者。冒顿自立为单于。

冒顿既立，是时东胡强盛，闻冒顿杀父自立，乃使使谓冒顿，欲得头曼时有千里马。冒顿问群臣，群臣皆曰："千里马，匈奴宝马也，勿与。"冒顿曰："奈何与人邻国而爱一马乎？"遂与之千里马。居顷之，东胡以为冒顿畏之，乃使使谓冒顿，欲得单于一阏氏。冒顿复问左右，左右皆怒曰："东胡无道，乃求阏氏！请击之。”冒顿曰：“奈何与人邻国爱一女子乎？”遂取所爱阏氏予东胡。东胡王愈益骄，西侵。与匈奴间，中有弃地，莫居，千余里，各居其边为瓯脱。东胡使使谓冒顿曰：“匈奴所与我界瓯脱外弃地，匈奴非能至也，吾欲有之。”冒顿问群臣，群臣或曰：“此弃地，予之亦可，勿予亦可。”于是冒顿大怒曰：“地者，国之本也，奈何予之！”诸言予之者，皆斩之。冒顿上马，令国中有后者斩，遂东袭击东胡。东胡初轻冒顿，不为备。及冒顿以兵至，击，大破灭东胡王，而虏其民人及畜产。既归，西击走月氏，南并楼烦、白羊河南王。悉复收秦所使蒙恬所夺匈奴地者，与汉关故河南塞，至朝那、肤施，遂侵燕、代。是时汉兵与项羽相距，中国罢于兵革，以故冒顿得自强，控弦之士三十余万。

自淳维以至头曼千有余岁，时大时小，别散分离，尚矣，其世传不可得而次云。然至冒顿而匈奴最强大，尽服从北夷，而南与中国为敌国，其世传国官号乃可得而记云。

置左右贤王，左右谷蠡王，左右大将，左右大都尉，左右大当户，左右骨都侯。匈奴谓贤曰“屠耆”，故常以太子为左屠耆王。自如左右贤王以下至当户，大者万骑，小者数千，凡二十四长，立号曰“万骑”。诸大臣皆世官。呼衍氏，兰氏，其后有须卜氏，此三姓其贵种也。诸左方王将居东方，直上谷以往者，东接秽貉、朝鲜；右方王将居西方，直上郡以西，接月氏、氐、羌；而单于之庭直代、云中。各有分地，逐水草移徙。而左右贤王、左右谷蠡王最为大国。左右骨都侯辅政。诸二十四长亦各自置千长、百长、什长、裨小王、相封、都尉、当户、且渠之属。

岁正月，诸长小会单于庭，祠。五月，大会茏城，祭其先、天地、鬼神。秋，马肥，大会蹛林，课校人畜计。其法，拔刃尺者死，坐盗者没入其家；有罪小者轧，大者死。狱久者不过十日，一国之囚不过数人。而单于朝出营，拜日之始生，夕拜月。其坐，长左而北乡。日上戊己。其送死，有棺椁金银衣裘，而无封树丧服；近幸臣妾从死者，多至数千百人。举事而候星月，月盛壮则攻战，月亏则退兵。其攻战，斩首虏赐一卮酒，而所得卤获因以予之，得人以为奴婢。故其战，人人自为趣利，善为诱兵以冒敌。故其见敌则逐利，如鸟之集；其困败，则瓦解云散矣。战而扶舆死者，尽得死者家财。

后北服浑庾、屈射、丁零、鬲昆、薪犁之国。于是匈奴贵人大臣皆服，以冒顿单于为贤。

是时汉初定中国，徙韩王信于代，都马邑。匈奴大攻围马邑，韩王信降匈奴。匈奴得信，因引兵南逾句注，攻太原，至晋阳下。高帝自将兵往击之。会冬大寒雨雪，卒之堕指者十二三，于是冒顿详败走，诱汉兵。汉兵逐击冒顿，冒顿匿其精兵，见其羸弱，于是汉悉兵，多步兵，三十二万，北逐之。高帝先至平城，步兵未尽到，冒顿纵精兵四十万骑围高帝于白登，七日，汉兵中外不得相救饷。匈奴骑，其西方尽白马，东方尽青駹马，北方尽乌骊马，南方尽骍马。高帝乃使使间厚遗阏氏，阏氏乃谓冒顿曰："两主不相困。今得汉地，而单于终非能居之也。且汉王亦有神，单于察之。"冒顿与韩王信之将王黄、赵利期，而黄、利兵又不来，疑其与汉有谋，亦取阏氏之言，乃解围之一角。于是高帝令士皆持满傅矢外乡，从解角直出，竟与大军合，而冒顿遂引兵而去。汉亦引兵而罢，使刘敬结和亲之约。

是后韩王信为匈奴将，及赵利、王黄等数倍约，侵盗代、云中。居无几何，陈豨反，又与韩信合谋击代。汉使樊哙往击之，复拔代、雁门、云中郡县，不出塞。是时匈奴以汉将众往降，故冒顿常往来侵盗代地。于是汉患之，高帝乃使刘敬奉宗室女公主为单于阏氏，岁奉匈奴絮缯酒米食物各有数，约为昆弟以和亲，冒顿乃少止。后燕王卢绾反，率其党数千人降匈奴，往来苦上谷以东。

高祖崩，孝惠、吕太后时，汉初定，故匈奴以骄。冒顿乃为书遗高后，妄言。高后欲击之，诸将曰："以高帝贤武，然尚困于平城。"于是高后乃止，复与匈奴和亲。

至孝文帝初立，复修和亲之事。其三年五月，匈奴右贤王入居河南地，侵盗上郡葆塞蛮夷，杀略人民。于是孝文帝诏丞相灌婴发车骑八万五千，诣高奴，击右贤王。右贤王走出塞。文帝幸太原。是时济北王反，文帝归，罢丞相击胡之兵。

其明年，单于遗汉书曰："天所立匈奴大单于敬问皇帝无恙。前时皇帝言和亲事，称书意，合欢。汉边吏侵侮右贤王，右贤王不请，听后义卢侯难氏等计，与汉吏相距，绝二主之约，离兄弟之亲。皇帝让书再至，发使以书报，不来，汉使不至，汉以其故不和，邻国不附。今以小吏之败约故，罚右贤王，使之西求月氏击之。以天之福，吏卒良，马强力，以夷灭月氏，尽斩杀降下之。

定楼兰、乌孙、呼揭及其旁二十六国，皆以为匈奴。诸引弓之民，并为一家。北州已定，愿寝兵休士卒养马，除前事，复故约，以安边民，以应始古，使少者得成其长，老者安其处，世世平乐。未得皇帝之志也，故使郎中系雩浅奉书请，献橐他一匹，骑马二匹，驾二驷。皇帝即不欲匈奴近塞，则且诏吏民远舍。使者至，即遣之。”以六月中来至薪望之地。书至，汉议击与和亲孰便。公卿皆曰：“单于新破月氏，乘胜，不可击。且得匈奴地，泽卤，非可居也。和亲甚便。”汉许之。

孝文皇帝前六年，汉遗匈奴书曰：“皇帝敬问匈奴大单于无恙。使郎中系雩浅遗朕书曰：‘右贤王不请，听后义卢侯难氏等计，绝二主之约，离兄弟之亲，汉以故不和，邻国不附。今以小吏败约，故罚右贤王使西击月氏，尽定之。愿寝兵休士卒养马，除前事，复故约，以安边民，使少者得成其长，老者安其处，世世平乐。’朕甚嘉之，此古圣主之意也。汉与匈奴约为兄弟，所以遗单于甚厚。倍约离兄弟之亲者，常在匈奴。然右贤王事已在赦前，单于勿深诛。单于若称书意，明告诸吏，使无负约，有信，敬如单于书。使者言单于自将伐国有功，甚苦兵事。服绣袷绮衣、绣袷长襦、锦袷袍各一，比余一，黄金饰具带一，黄金胥纰一，绣十匹，锦三十匹，赤绨、绿缯各四十匹，使中大夫意、谒者令肩遗单于。”后顷之，冒顿死，子稽粥立，号曰老上单于。

老上稽粥单于初立，孝文皇帝复遣宗室女公主为单于阏氏，使宦者燕人中行说傅公主。说不欲行，汉强使之。说曰：“必我行也，为汉患者。”中行说既至，因降单于，单于甚亲幸之。

初，匈奴好汉缯絮食物，中行说曰：“匈奴人众不能当汉之一郡，然所以强者，以衣食异，无仰于汉也。今单于变俗好汉物，汉物不过什二，则匈奴尽归于汉矣。其得汉缯絮，以驰草棘中，衣袴皆裂敝，以示不如旃裘之完善也。得汉食物皆去之，以示不如湩酪之便美也。”于是说教单于左右疏记，以计课其人众畜物。

汉遗单于书，牍以尺一寸，辞曰“皇帝敬问匈奴大单于无恙”，所遗物及言语云云。中行说令单于遗汉书以尺二寸牍，及印封皆令广大长，倨傲其辞曰“天地所生日月所置匈奴大单于敬问汉皇帝无恙”，所以遗物言语亦云云。

汉使或言曰：“匈奴俗贱老。”中行说穷汉使曰：“而汉俗屯戍从军当发者，其老亲岂有不自脱温厚肥美以赍送饮食行戍乎？”汉使曰：“然。”中行说曰：

“匈奴明以战攻为事，其老弱不能斗，故以其肥美饮食壮健者，盖以自为守卫，如此父子各得久相保，何以言匈奴轻老也？”汉使曰：“匈奴父子乃同穹庐而卧。父死，妻其后母；兄弟死，尽取其妻妻之。无冠带之饰，阙庭之礼。”中行说曰：“匈奴之俗，人食畜肉，饮其汁，衣其皮；畜食草饮水，随时转移。故其急则人习骑射，宽则人乐无事，其约束轻，易行也。君臣简易，一国之政犹一身也。父子兄弟死，取其妻妻之，恶种姓之失也。故匈奴虽乱，必立宗种。今中国虽详不取其父兄之妻，亲属益疏则相杀，至乃易姓，皆从此类。且礼义之敝，上下交怨望，而室屋之极，生力必屈。夫力耕桑以求衣食，筑城郭以自备，故其民急则不习战功，缓则罢于作业。嗟土室之人，顾无多辞，令喋喋而佔佔，冠固何当？”

自是之后，汉使欲辩论者，中行说辄曰：“汉使无多言，顾汉所输匈奴缯絮米糵，令其量中，必善美而已矣，何以为言乎？且所给备善则已；不备，苦恶，则候秋孰，以骑驰蹂而稼穑耳。”日夜教单于候利害处。

汉孝文皇帝十四年，匈奴单于十四万骑入朝那、萧关，杀北地都尉卬，虏人民畜产甚多，遂至彭阳。使奇兵入烧回中宫，候骑至雍甘泉。于是文帝以中尉周舍、郎中令张武为将军，发车千乘，骑十万，军长安旁以备胡寇。而拜昌侯卢卿为上郡将军，宁侯魏遫为北地将军，隆虑侯周灶为陇西将军，东阳侯张相如为大将军，成侯董赤为前将军，大发车骑往击胡。单于留塞内月余乃去，汉逐出塞即还，不能有所杀。匈奴日已骄，岁入边，杀略人民畜产甚多，云中、辽东最甚，至代郡万余人。汉患之，乃使使遗匈奴书。单于亦使当户报谢，复言和亲事。

孝文帝后二年，使使遗匈奴书曰：

> 皇帝敬问匈奴大单于无恙。使当户且居雕渠难、郎中韩辽遗朕马二匹，已至，敬受。先帝制：长城以北，引弓之国，受命单于；长城以内，冠带之室，朕亦制之。使万民耕织射猎衣食，父子无离，臣主相安，俱无暴逆。今闻渫恶民贪降其进取之利，倍义绝约，忘万民之命，离两主之欢，然其事已在前矣。书曰：“二国已和亲，两主欢说，寝兵休卒养马，世世昌乐，阖然更始。”朕甚嘉之。圣人者日新，改作更始，使老者得息，幼者得长，各保其首领而终其天年。朕与单于俱由此道，顺天恤民，世世

相传，施之无穷，天下莫不咸便。汉与匈奴邻敌之国，匈奴处北地，寒，杀气早降，故诏吏遗单于秫蘖金帛丝絮佗物岁有数。今天下大安，万民熙熙，朕与单于为之父母。朕追念前事，薄物细故，谋臣计失，皆不足以离兄弟之欢。朕闻"天不颇覆，地不偏载"。朕与单于皆捐往细故，俱蹈大道，堕坏前恶，以图长久，使两国之民若一家子。元元万民，下及鱼鳖，上及飞鸟，跂行喙息蠕动之类，莫不就安利而辟危殆。故来者不止，天之道也。俱去前事：朕释逃虏民，单于无言章尼等。朕闻古之帝王，约分明而无食言。单于留志，天下大安，和亲之后，汉过不先。单于其察之。

单于既约和亲，于是制诏御史曰："匈奴大单于遗朕书，言和亲已定，亡人不足以益众广地，匈奴无入塞，汉无出塞，犯今约者杀之，可以久亲，后无咎，俱便。朕已许之。其布告天下，使明知之。"

后四岁，老上稽粥单于死，子军臣立为单于。既立，孝文皇帝复与匈奴和亲。而中行说复事之。

军臣单于立四岁，匈奴复绝和亲，大入上郡、云中各三万骑，所杀略甚众而去。于是汉使三将军军屯北地，代屯句注，赵屯飞狐口，缘边亦各坚守以备胡寇。又置三将军，军长安西细柳、渭北棘门、霸上以备胡。胡骑入代句注边，烽火通于甘泉、长安。数月，汉兵至边，匈奴亦去远塞，汉兵亦罢。后岁余，孝文帝崩，孝景帝立，而赵王遂乃阴使人于匈奴。吴、楚反，欲与赵合谋入边。汉围破赵，匈奴亦止。自是之后，孝景帝复与匈奴和亲，通关市，给遗匈奴，遣公主，如故约。终孝景时，时小入盗边，无大寇。

武帝即位，明和亲约束，厚遇，通关市，饶给之。匈奴自单于以下皆亲汉，往来长城下。

汉使马邑下人聂翁壹奸兰出物与匈奴交，详为卖马邑城以诱单于。单于信之，而贪马邑财物，乃以十万骑入武州塞。汉伏兵三十余万马邑旁，御史大夫韩安国为护军，护四将军以伏单于。单于既入汉塞，未至马邑百余里，见畜布野而无人牧者，怪之，乃攻亭。是时雁门尉史行徼，见寇，葆此亭，知汉兵谋，单于得，欲杀之，尉史乃告单于汉兵所居。单于大惊曰："吾固疑之。"乃引兵还。出曰："吾得尉史，天也，天使若言。"以尉史为"天王"。汉兵约单于入马邑而纵，单于不至，以故汉兵无所得。汉将军王恢部出代击胡辎重，闻单于还，兵多，不敢出。汉以恢本造兵谋而不进，斩恢。自是之后，匈奴绝和亲，攻当路塞，往往入盗于汉边，不可胜数。然匈奴贪，尚乐关市，嗜汉财物，汉亦尚关市不绝以中之。

自马邑军后五年之秋，汉使四将军各万骑击胡关市下。将军卫青出上谷，至茏城，得胡首虏七百人。公孙贺出云中，无所得。公孙敖出代郡，为胡所败七千余人。李广出雁门，为胡所败，而匈奴生得广，广后得亡归。汉囚敖、广，敖、广赎为庶人。其冬，匈奴数入盗边，渔阳尤甚。汉使将军韩安国屯渔阳备胡。其明年秋，匈奴二万骑入汉，杀辽西太守，略二千余人。胡又入败渔阳太守军千余人，围汉将军安国，安国时千余骑亦且尽，会燕救至，匈奴乃去。匈奴又入雁门，杀略千余人。于是汉使将军卫青将三万骑出雁门，李息出代郡，击胡。得首虏数千人。其明年，卫青复出云中以西至陇西，击胡之楼烦、白羊王于河南，得胡首虏数千，牛羊百余万。于是汉遂取河南地，筑朔方，复缮故秦时蒙恬所为塞，因河为固。汉亦弃上谷之什辟县造阳地以予胡。是岁，汉之元朔二年也。

其后冬，匈奴军臣单于死。军臣单于弟左谷蠡王伊稚斜自立为单于，攻破军臣单于太子於单。於单亡降汉，汉封於单为涉安侯，数月而死。

伊稚斜单于既立，其夏，匈奴数万骑入杀代郡太守恭友，略千余人。其秋，匈奴又入雁门，杀略千余人。其明年，匈奴又复入代郡、定襄、上郡，各三万骑，杀略数千人。匈奴右贤王怨汉夺之河南地而筑朔方，数为寇，盗边，及入河南，侵扰朔方，杀略吏民甚众。

其明年春，汉以卫青为大将军，将六将军，十余万人，出朔方、高阙击胡。右贤王以为汉兵不能至，饮酒醉，汉兵出塞六七百里，夜围右贤王。右贤王大惊，脱身逃走，诸精骑往往随后去。汉得右贤王众男女万五千人，裨小王十余人。其秋，匈奴万骑入杀代郡都尉朱英，略千余人。

其明年春，汉复遣大将军卫青将六将军，兵十余万骑，乃再出定襄数百里击匈奴，得首虏前后凡万九千余级，而汉亦亡两将军，军三千余骑。右将军建得以身脱，而前将军翕侯赵信兵不利，降匈奴。赵信者，故胡小王，降汉，汉封为翕侯，以前将军与右将军并军分行，独遇单于兵，故尽没。单于既得翕侯，以为自次王，用其姊妻之，与谋汉。信教单于益北绝幕，以诱罢汉兵，徼极而取之，无近塞。单于从其计。其明年，胡骑万人入上谷，杀数百人。

其明年春，汉使骠骑将军去病将万骑出陇西，过焉支山千余里，击匈奴，得胡首虏万八千余级，破得休屠王祭天金人。其夏，骠骑将军复与合骑侯数万骑出陇西、北地二千里，击匈奴。过居延，攻祁连山，得胡首虏三万余人，裨小王以下七十余人。是时匈奴亦来入代郡、雁门，杀略数百人。汉使博望侯及李将军广出右北平，击匈奴左贤王。左贤王围李将军，卒可四千人，且尽，杀虏亦过当。会博望侯军救至，李将军得脱。汉失亡数千人，合骑侯后骠骑将军期，及与博望侯皆当死，赎为庶人。

其秋，单于怒浑邪王、休屠王居西方为汉所杀虏数万人，欲召诛之。浑邪王与休屠王恐，谋降汉，汉使骠骑将军往迎之。浑邪王杀休屠王，并将其众降汉。凡四万余人，号十万。于是汉已得浑邪王，则陇西、北地、河西益少胡寇，徙关东贫民处所夺匈奴河南、新秦中以实之，而减北地以西戍卒半。其明年，匈奴入右北平、定襄各数万骑，杀略千余人而去。

其明年春，汉谋曰“翕侯信为单于计，居幕北，以为汉兵不能至”。乃粟马，发十万骑，私负从马凡十四万匹，粮重不与焉。令大将军青、骠骑将军去病中分军，大将军出定襄，骠骑将军出代，咸约绝幕击匈奴。单于闻之，远其辎重，以精兵待于幕北。与汉大将军接战一日，会暮，大风起，汉兵纵左右翼围单于。单于自度战不能如汉兵，单于遂独身与壮骑数百溃汉围西北遁走。汉兵夜追不得。行斩捕匈奴首虏万九千级，北至阗颜山赵信城而还。

单于之遁走，其兵往往与汉兵相乱而随单于。单于久不与其大众相得，其右谷蠡王以为单于死，乃自立为单于。真单于复得其众，而右谷蠡王乃去其单于号，复为右谷蠡王。

汉骠骑将军之出代二千余里，与左贤王接战，汉兵得胡首虏凡七万余级，左贤王将皆遁走。骠骑封于狼居胥山，禅姑衍，临翰海而还。

是后匈奴远遁，而幕南无王庭。汉度河自朔方以西至令居，往往通渠置田，官吏卒五六万人，稍蚕食，地接匈奴以北。

初，汉两将军大出围单于，所杀虏八九万，而汉士卒物故亦数万，汉马死者十余万。匈奴虽病，远去，而汉亦马少，无以复往。匈奴用赵信之计，遣使于汉，好辞请和亲。天子下其议，或言和亲，或言遂臣之。丞相长史任敞曰：“匈奴新破，困，宜可使为外臣，朝请于边。”汉使任敞于单于。单于闻敞计，大怒，留之不遣。先是汉亦有所降匈奴使者，单于亦辄留汉使相当。汉方复收士马，会骠骑将军去病死，于是汉久不北击胡。

数岁，伊稚斜单于立十三年死，子乌维立为单于。是岁，汉元鼎三年也。乌维单于立，而汉天子始出巡郡县。其后汉方南诛两越，不击匈奴，匈奴亦不侵入边。

乌维单于立三年，汉已灭南越，遣故太仆贺将万五千骑出九原二千余里，至浮苴井而还，不见匈奴一人。汉又遣故从骠侯赵破奴万余骑出令居数千里，至匈河水而还，亦不见匈奴一人。

是时天子巡边，至朔方，勒兵十八万骑以见武节，而使郭吉风告单于。郭吉既至匈奴，匈奴主客问所使，郭吉礼卑言好，曰："吾见单于而口言。"单于见吉，吉曰："南越王头已悬于汉北阙。今单于即能前与汉战，天子自将兵待边；单于即不能，即南面而臣于汉。何徒远走，亡匿于幕北寒苦无水草之地，毋为也。"语卒而单于大怒，立斩主客见者，而留郭吉不归，迁之北海上。而单于终不肯为寇于汉边，休养息士马，习射猎，数使使于汉，好辞甘言求请和亲。

汉使王乌等窥匈奴。匈奴法，汉使非去节而以墨黥其面者不得入穹庐。王乌，北地人，习胡俗，去其节，黥面，得入穹庐。单于爱之，详许甘言，为遣其太子入汉为质，以求和亲。

汉使杨信于匈奴。是时汉东拔秽貉、朝鲜以为郡，而西置酒泉郡以鬲绝胡与羌通之路。汉又西通月氏、大夏，又以公主妻乌孙王，以分匈奴西方之援国。又北益广田至胘雷为塞，而匈奴终不敢以为言。是岁，翕侯信死，汉用事者以匈奴为已弱，可臣从也。杨信为人刚直屈强，素非贵臣，单于不亲。单于欲召入，不肯去节，单于乃坐穹庐外见杨信。杨信既见单于，说曰："即欲和亲，以单于太子为质于汉。"单于曰："非故约。故约，汉常遣翁主，给缯絮食物有品，以和亲，而匈奴亦不扰边。今乃欲反古，令吾太子为质，无几矣。"匈奴俗，见汉使非中贵人，其儒先，以为欲说，折其辩；其少年，以为欲刺，折其气。每汉使入匈奴，匈奴辄报偿。汉留匈奴使，匈奴亦留汉使，必得当乃肯止。

杨信既归，汉使王乌，而单于复谄以甘言，欲多得汉财物，绐谓王乌曰："吾欲入汉见天子，面相约为兄弟。"王乌归报汉，汉为单于筑邸于长安。匈奴曰："非得汉贵人使，吾不与诚语。"匈奴使其贵人至汉，病，汉予药，欲愈之，不幸而死。而汉使路充国佩二千石印绶往使，因送其丧，厚葬直数千金，曰："此汉贵人也。"单于以为汉杀吾贵使者，乃留路充国不归。诸所言者，单于特空绐王乌，殊无意入汉及遣太子来质。于是匈奴数使奇兵侵犯边。汉乃拜郭昌为拔胡将军，及浞野侯屯朔方以东，备胡。路充国留匈奴三岁，单于死。

乌维单于立十岁而死，子乌师庐立为单于。年少，号为儿单于。是岁元封六年也。自此之后，单于益西北，左方兵直云中，右方直酒泉、燉煌郡。

儿单于立，汉使两使者，一吊单于，一吊右贤王，欲以乖其国。使者入匈奴，匈奴悉将致单于。单于怒而尽留汉使。汉使留匈奴者前后十余辈，而匈奴使来，汉亦辄留相当。

是岁，汉使贰师将军广利西伐大宛，而令因杅将军敖筑受降城。其冬，匈奴大雨雪，畜多饥寒死。儿单于年少，好杀伐，国人多不安。左大都尉欲杀单于，使人间告汉曰："我欲杀单于降汉，汉远，即兵来迎我，我即发。"初，汉闻此言，故筑受降城，犹以为远。

其明年春，汉使浞野侯破奴将二万余骑出朔方西北二千余里，期至浚稽山而还。浞野侯既至期而还，左大都尉欲发而觉，单于诛之，发左方兵击浞野。浞野侯行捕首虏得数千人。还，未至受降城四百里，匈奴兵八万骑围之。浞野侯夜自出求水，匈奴间捕，生得浞野侯，因急击其军。军中郭纵为护，维王为渠，相与谋曰："及诸校尉畏亡将军而诛之，莫相劝归。"军遂没于匈奴。匈奴儿单于大喜，遂遣奇兵攻受降城。不能下，乃寇入边而去。其明年，单于欲自攻受降城，未至，病死。

儿单于立三岁而死。子年少，匈奴乃立其季父乌维单于弟右贤王呴犁湖为单于。是岁太初三年也。

呴犁湖单于立，汉使光禄徐自为出五原塞数百里，远者千余里，筑城鄣列亭至庐朐，而使游击将军韩说、长平侯卫伉屯其旁，使强弩都尉路博德筑居延泽上。

其秋，匈奴大入定襄、云中，杀略数千人，败数二千石而去，行破坏光禄所筑城列亭鄣。又使右贤王入酒泉、张掖，略数千人。会任文击救，尽复失所得而去。是岁，贰师将军破大宛，斩其王而还。匈奴欲遮之，不能至。其冬，欲攻受降城，会单于病死。

呴犁湖单于立一岁死。匈奴乃立其弟左大都尉且鞮侯为单于。

汉既诛大宛，威震外国。天子意欲遂困胡，乃下诏曰：“高皇帝遗朕平城之忧，高后时单于书绝悖逆。昔齐襄公复九世之仇，《春秋》大之。”是岁太初四年也。

且鞮侯单于既立，尽归汉使之不降者。路充国等得归。单于初立，恐汉袭之，乃自谓“我儿子，安敢望汉天子！汉天子，我丈人行也”。汉遣中郎将苏武厚币赂遗单于。单于益骄，礼甚倨，非汉所望也。其明年，浞野侯破奴得亡归汉。

其明年，汉使贰师将军广利以三万骑出酒泉，击右贤王于天山，得胡首虏万余级而还。匈奴大围贰师将军，几不脱。汉兵物故什六七。汉复使因杅将军敖出西河，与强弩都尉会涿涂山，毋所得。又使骑都尉李陵将步骑五千人，出居延北千余里，与单于会，合战，陵所杀伤万余人，兵及食尽，欲解归，匈奴围陵，陵降匈奴，其兵遂没，得还者四百人。单于乃贵陵，以其女妻之。

后二岁，复使贰师将军将六万骑，步兵十万，出朔方。强弩都尉路博德将万余人，与贰师会。游击将军说将步骑三万人，出五原。因杅将军敖将万骑步兵三万人，出雁门。匈奴闻，悉远其累重于余吾水北，而单于以十万骑待水南，与贰师将军接战。贰师乃解而引归，与单于连战十余日。贰师闻其家以巫蛊族灭，因并众降匈奴，得来还千人一两人耳。游击说无所得。因杅敖与左贤王战，不利，引归。是岁汉兵之出击匈奴者不得言功多少，功不得御。有诏捕太医令随但，言贰师将军家室族灭，使广利得降匈奴。

太史公曰：孔氏著《春秋》，隐、桓之间则章，至定、哀之际则微，为其切当世之文而罔褒，忌讳之辞也。世俗之言匈奴者，患其徼一时之权，而务谄纳其说，以便偏指，不参彼已；将率席中国广大，气奋，人主因以决策，是以建功不深。尧虽贤，兴事业不成，得禹而九州宁。且欲兴圣统，唯在择任将相哉！唯在择任将相哉！

货殖列传

本传载述了从春秋末年到汉初以工商业致富的货殖大家的活动，以及这一历史时期工商业的发展，故以货殖命名。货指财富，殖言增长，货殖者，言如何增长财富。本传的序言，论述了商品经济在社会生活中的重要作用。司马迁认为出现农、工、商、虞的分工是社会经济、人俗发展的必然之势。他把商业作为人民衣食之源来考察，强调农、工、商、虞四业并重，从而彻底地否定了传统的“重农抑商”政策。

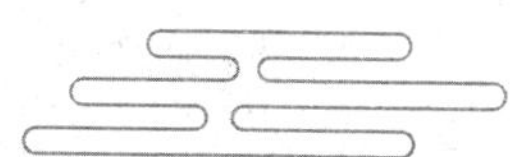

【语译】

《老子》说：“把天下治理得最好的时候，即使邻近国家的人民互相望得见，鸡狗的叫声彼此听得到，老百姓也会认为自己的饮食甘美，自己的服装漂亮，本地的风俗习惯最安适，爱好自己的事业，直到老死也不相往来。”一定要把这样的至治作为追求的目标，把近现代拉回古代去，即使把人民的耳朵、眼睛都堵塞起来，也是行不通的。

太史公说：神农以前的情况，我说不上。至于像《诗经》《尚书》里所讲的，从虞舜、夏朝以来，人们总是爱听悦耳的声音，爱看悦目的颜色，爱尝各种禽兽家畜的肉味，身体安于舒适快乐的环境，而内心以权势显赫为荣。这样的风气影响民心已经很久了，虽然挨家挨户用《老子》的妙论去劝导，也始终不能改变。所以，治理国家最好的办法是顺应自然，其次是引导，再次是教诲，更次是用刑罚制度来约束，最下是与人民争利。

太行山以西富有木材、竹子、楮木、野麻、旄牛和玉石，太行山以东盛产鱼、盐、漆、丝和音乐、女色，江南出产楠木、梓木、生姜、木樨、金、锡、铅矿石、丹砂、犀牛角、玳瑁、珠玑、兽牙、皮革，龙门山、碣石山以北盛产马、牛、羊、毛毡、毛皮、兽筋、兽角，铜铁则在相距千里的山间星罗棋布：这就是物产分布的大略情况。这些都是中原人民所喜好的，即老百姓通常衣食、养生、丧葬所需要的东西。所以，田地靠农民耕作来供给食物，山泽靠虞人开采，器物靠工匠制造，货物靠商人流通。这哪里用得着发布政令、征召调遣和规定时间聚会呢？各行业的人可以各自发挥自己的才能，竭尽自己的力量，来满足自己的欲望。所以，货物价格贱到极点就要转化为贵，贵到极点就要转化为贱，各自努力精通自己的业务，乐于从事自己的工作，就像水往低处流一样，日日夜夜不停息，不用召唤，人民自己来了，不用追求，人民把所需都生产出来了。这难道不是既符合规律，又合乎自然发展的证明吗？

《周书》说："农民不耕种，粮食就缺乏；工匠不生产，器物就短缺；商人不做生意，吃的、用的和钱财就会断绝；虞人不开发山泽，财物就会匮乏。"财物匮乏山泽也得不到开辟。这四个方面，都是人民穿衣吃饭的源泉。源泉大就富裕，源泉小就贫乏。源泉大了，上可以富国，下可以富家。有的贫困，有的富裕，没有人能够改变，而聪明的人钱财总是感到有余，愚笨的人经济总是感到拮据。所以，姜太公封在营丘，那里的土地本是盐碱地，居民又稀少，但由于姜太公鼓励妇女纺织，极力重视工艺技巧，注意发展鱼盐的生产，并向四方流通。结果，其他地方的人和物产，就像钱串子穿钱和车辐集中于车毂一样，聚积到齐国。所以，齐国出产的帽子、带子、衣服、鞋子供全天下人所用，从东海到泰山之间的诸侯，都整理衣袖去朝拜齐国。后来，齐国一度衰落，管仲重振太公的事业，设置了理财的九个部门，齐桓公因此称霸，多次会盟诸侯，匡正天下；管仲自己也建筑了三处庭园，他的身份虽只是一个诸侯大夫，但其财富却可与各诸侯国的国君相比。因此，齐国的富强，一直持续到齐威王、齐宣王的时候。

所以说："粮仓装满了，人们就会懂得礼节；衣食充足了，百姓才讲求荣誉和耻辱。"礼仪产生于富有，而废弃于贫穷。所以，君子富了以后，喜欢去做仁德的事；小人富了以后，也会乐于公共事务。河湖深了，鱼类就会生长；山林深了，野兽就去往那里；人富有了，仁义也会归附。富有者得了权势，越发显赫；失势者则客不上门，因而心情不快乐。夷狄更是这样。谚语说："千金之家的子弟，不会因触犯法律而在市上被处死。"这不是空话。所以说："天下的人，熙熙攘攘，都是为利而来，为利而往。"有千辆兵车的国君，有万家封地的诸侯，有百室封邑的大夫，尚且还要担心贫穷，何况编入户籍的一般老百姓呢！

从前，越王句践被吴王夫差围困在会稽山上，而任用范蠡、计然。计然说："了解战争，才能做好准备。了解货物什么时候为人需求，才算懂得商品货物。时用和物产二者都了解清楚了，则供求行情也就显现在眼前了。所以，岁星在正西方，则丰收；岁星在正北方，则歉收；岁星在正东方，则闹饥荒；岁星在正南方，则干旱。所以，旱则备船，涝则备车，这才符合事物发展的道理。每六年一次丰收，每六年一次干旱，每十二年一次大饥荒。出售的粮食每斗二十钱则伤农，九十钱则伤商贾。商人吃亏，则钱财无所出；农民吃亏，则田地荒芜。粮价每石高不超过八十钱，低不少于三十钱，则对农民商人都有利。平价出售粮食，调节物价，则关卡税收和市场供应都不缺废，这是治国的道理。囤积货物，一定要坚好之物，不要积压资金。以货物去贸易时，容易腐败和腐蚀的货物不要留存，不要囤积以求高价。评估货物的过剩和短缺，就会知道物价贵贱的道理。物价贵到极点，就反归于贱；物价贱到极点，则反归于贵。货物贵时就要及时卖出，视同粪土；货物贱时就要及时购进，视同珠宝。要使财物钱币的流通周转像流水一样。”句践按照计然的办法治国十年，国家富足，就拿出丰厚的钱财赏赐兵士，使兵士们在战场上不顾箭射石击，冲锋陷阵，就如同口渴时求得饮水那样迫切，终于报了仇灭掉吴国，炫耀军威于中原，号称“五霸”之一。

范蠡协助越王洗刷了会稽被围之耻后，长叹道：“计然的策略有七项，越国只用了其中五项就实现了愿望。既然他的策略已施行于治国，我要把它用于治家。”于是，他乘小船漂游江湖，改名换姓，到齐国改名叫鸱夷子皮，到了陶邑改名叫朱公。朱公认为陶邑居于天下中心，与各诸侯国四通八达，是货物交易之地。他就治理产业，囤积货物，乘时投机，追逐利润，而不责求他人。所以，善于经营产业，要能择用贤人，而又把握时机。十九年的时间，他三次赚得千金的财富，两次分散给他贫穷的朋友和远房兄弟。这就是所谓君子富有就喜好施行美德之事。他年老力衰后，任由子孙继承其家业而有所发展，终于积聚财产一万万。因此人家说到富人时都称誉陶朱公。

子贡曾在孔子那里学习，离开后到卫国去做官，又在曹国和鲁国之间做买卖经商。在孔子七十多个学生中，子贡是最富有的。孔子的学生原宪穷得连糟糠都吃不饱，隐居在简陋的巷子里。而子贡却乘着四马并驾的车子，携带束帛厚礼，聘赠诸侯，所到之处，国君无不同他平等行礼。孔子名扬天下，是因为子贡在人前人后宣传辅助他。这就是所谓的形势之助而名声更加显著吧？

白圭是周人。魏文侯在位时，李克正致力于开发土地资源，而白圭却喜欢观察市场行情和年景的变化，故而他采取人弃我取、人取我予的经营之道。当谷物成熟时，他买进粮食，出售丝绵；蚕茧成熟时，他买进锦帛棉絮，出售粮食。太岁在卯位，则五谷丰登；转年歉收。太岁行至午位，则发生旱灾；明年年景会好。太岁行至酉位，则又丰收；转年年景变坏。太岁行至子位，则天下大旱；第二年年景会很好，雨水会多。太岁复至卯位时，他积累的货物比常年增加一倍。要增加钱财的收入，他便收购下等的谷物；要增长谷物的产量，他就收购上等的谷种。他淡薄饮食，控制嗜欲，节省穿戴，与劳动的奴仆同甘共苦，抓住赚钱的时机就像猛兽猛禽取食那样迅捷。因此他说："我经营产业，就像伊尹、吕尚筹划谋略，孙子、吴起用兵，商鞅推行变法那样。所以如果一个人的智慧不足以随机应变，勇气不足以果敢决断，仁德不能正确取舍，强健不能有所坚守，则虽然要学习我的经营之术，我终究不会告诉他的。"天下人论说赚钱生财之道都效法白圭。白圭大概是有所尝试吧，而且又有所成就，并非随随便便就能成就的。

猗顿是以经营池盐起家的。而邯郸郭纵是靠冶铁成就家业，其富有的程度可与王侯等同。

乌氏倮经营畜牧业，等到牲畜繁衍众多时就抛售，再换取各种奇异之物和丝织品暗中献给戎王。戎王以十倍于所献物品来偿还，送给他牲畜，他的牲畜多到用山谷来计量牛马的数量。秦始皇诏令乌氏倮地位与封君同列，可以按规定时间同诸大臣进宫朝请。而巴郡寡妇清的祖上占有朱砂矿，独揽其利益有好几代，家财多到无法计算。清是个寡妇，她能守住家业，用钱财来保护自己，不被别人侵犯。秦始皇认为她是个贞妇，以客礼相待，为她修筑一座"女怀清台"。那乌氏倮不过是个边鄙的乡下人、畜牧业主，巴郡寡妇清是穷乡僻壤的寡妇，却受到皇帝的平等礼待，名扬天下，这难道不是依赖他们的富有吗？

汉代兴起，天下统一，开放城关、桥梁，解除开采山泽的禁令，因此富商大贾通行天下，交易的货物无不畅通，商贾得其所欲，而又迁徙豪杰、诸侯和强宗名族到京城。

关中地区，从汧、雍二县以东至黄河、华山，肥沃的平原方圆千里，从有虞氏和夏后氏实行贡赋时就把这里作为上等田地。后来公刘定居在邠地，太王、王季迁居岐山，文王兴建丰邑，武王治理镐京，所以这些地区人民仍有先王的遗风，喜好农耕，种植五谷，重视土地，不轻易做坏事。到了秦文公、德公、穆公定都在雍邑，这里地处陇、蜀货物交流的要道，商人很多。秦献公迁居栎邑，栎邑北靠戎狄，东通三晋，也有大商贾。秦孝公、秦昭王治理咸阳，汉朝借此为都城和长安的诸陵所在，四面八方的人和货物像辐条聚集车轴一样而来此会合，地小人多，所以，当地百姓越来越玩弄奇巧，从事商业。关中的南面是巴蜀，巴蜀地区也是一片沃野，盛产栀子、姜、丹砂、石材、铜、铁和竹木器具。巴蜀的南边抵达滇僰，僰人多被掠卖为奴仆。西边邻近邛笮，笮地出产马和牦牛。巴蜀四周山岭阻塞，而有栈道千里，与关中地区无所不通，唯有褒斜通道控制其口，用出产的多余之物交换其短缺之物。天水、陇西、北地、上郡与关中地区风俗相同，西有羌中的地利，北有戎狄的牲畜，畜牧业居天下首位。可是关中地方也十分偏远险阻，只有京师长安控制着交通路口。所以关中之地占天下三分之一，人口不过占天下十分之三。但估量其财富却占天下十分之六。

古时，唐尧定都河东平阳，殷商定都河内安阳，东周定居于河南。河东、河内、河南处在天下的中心，好像鼎的三足，是帝王们交替建都居住的地方，建国各有数百年乃至上千年。这里土地狭小，人口众多，是各诸侯集中聚会之处，所以当地民俗俭省，老于世故。杨与平阳两邑，向西可至秦和戎狄地区经商，向北可至种、代地区经商。种、代在石邑以北，地靠近匈奴，屡遭匈奴掠夺。人民崇尚刚强好胜和侠义，不乐意从事农业商业。但因邻近北夷，军队经常往来，从中原运输来的财物时有剩余。当地汉夷杂处，自晋尚未三分时，已对民风的剽悍感到忧虑，到赵武灵王时就更厉害了，当地民俗还带有赵国的遗风。所以，杨、平阳两邑人民在此间经营周旋，得其所欲。温、轵地区向西可到上党地区经商，向北至赵、中山一带经商。中山地区地薄人多，在沙丘一带纣王淫乐之地还留有殷人后裔，其民俗急躁，仰赖投机取利度日谋生。男子们时常相聚游戏，慷慨悲歌，白天则纠合一起杀人越货，晚上则挖坟盗墓，制作赝品，冶铸私钱。多有美色女子，去当歌舞艺伎。她们弹奏琴瑟，趿着鞋子，往往献媚权贵豪富，进入后宫，遍及诸侯之家。

邯郸也是漳水、黄河之间的一个都市。北面通燕、涿，南面有郑、卫。郑、卫风俗与赵相似，但因地近梁鲁，注重端庄，崇尚名节。卫国从帝丘迁都到野王，野王地区民俗好气节、侠义，这是卫国的遗风。

燕国的蓟也是渤海、碣石山之间的一个都市。南面通齐、赵，东北面与胡人邻近。从上谷到辽东，地方遥远，人口稀少，屡次遭到侵扰，民俗与赵、代地区相似，人民迅捷凶悍，缺乏思考。当地盛产鱼、盐、枣、栗。北面邻近乌桓、夫余，东面处于控制秽貊、朝鲜、真番的有利地位。

洛阳向东可到齐、鲁经商，南去可到梁、楚经商。泰山之南是鲁，其北则是齐。

齐地依山靠海，方圆千里一片沃土，适宜种植桑麻，人民多有彩绸、布帛、鱼盐。临淄也是东海与泰山之间的一个都市。其俗宽容舒缓豁达，足智多谋，好发议论，乡土观念重，不易动摇外流，害怕聚众殴斗，而敢于持刀刺杀，所以多有铤而走险的抢劫之徒，这是大国的风尚。这里士、农、工、商、贾五民皆备。

邹、鲁两地濒临洙水、泗水，还留有周公遗风，民俗喜好儒术，具备礼仪，所以当地人民小心拘谨。多经营桑麻产业，而没有山村水泽的资源。地小人多，人们节俭吝啬，害怕犯罪，远避邪恶。等到其衰落之时，人们经商争利比周人还厉害。

自鸿沟以东，芒砀以北，连接巨野，这是梁、宋的地方，陶邑、睢阳是这儿的都会。从前，尧制作陶器于成阳，舜打鱼于雷泽，汤王定都于亳。这里民俗还有先王的遗风，宽厚庄重，多君子，喜好农事，虽没有山川的富饶，但人们能省吃俭用，以求财富的积蓄。

越、楚有三个区域不同风俗。自淮北沛、陈、汝南、南郡，这是西楚地区。这里民俗剽悍轻捷，好发怒，土地瘠薄，少有积蓄。江陵是原楚国的郢都，西通巫、巴，东有云梦，物产丰富。陈在楚、夏交会处，流通鱼盐货物，百姓多是商人。徐、僮、取虑地区的人民则清廉刻苦，信守诺言。

彭城以东，东海、吴、广陵地区是东楚。这里民俗与徐、僮相似。朐、缯以北，民俗与齐相同。浙江以南则与越相同。吴是吴王阖闾、楚春申君、汉初吴王刘濞三人招致天下游说的子弟来此聚集的地方，东有海盐的富饶，以及章山的铜，三江五湖的资源，成为江东的一个都市。

衡山、九江、江南、豫章、长沙是南楚地区，民俗大体类似西楚。楚的国都本为郢，后迁都到寿春，寿春是一个都市。而合肥南有长江，北有淮河，交通便利，是皮革、鲍鱼、木材的集散地。因与闽中、于越风俗相混杂，因此，南楚地区人民好言辞，说话乖巧，少信用。江南地势低下，气候潮湿，男子寿命不长。多盛产竹木。豫章出产黄金，长沙出产铅、锡，但储量不多，开采得不偿失。九嶷山、苍梧山以南至儋耳一带与江南地区风俗相同，尤其混杂有杨越风俗。番禺是这里的一座都市，是珠玑、犀角、玳瑁、水果、葛布的集散地。

颍川、南阳是原夏朝人的居住之地。夏人为政崇尚忠厚朴实，这里还留有先王的遗风。颍川人淳朴恭谨。秦朝末年曾迁一些不法之民到南阳。南阳西通武关、郧关，东南临汉水、长江、淮河。宛是一个都市，民俗混杂，好劳作，多以经商为业；居民放任侠义，与颍川地区相交往，因此至今还称他们为“夏人”。

天下各地物产有多有少，民俗各有不同，山东地区人吃海盐，山西地区人吃池盐，五岭之南、大漠之北的一些地方往往也出盐，大体说来就是这样。

总之，楚越地区，地广人稀，食用米饭和鱼类，刀耕火种，水淹除草，瓜果螺蛤，不需要从外地购买，就能自给自足。由于地势好，食物多，没有饥荒的忧虑，因此人们多好吃懒做，苟且偷生，没有积蓄而多贫穷。由于这个缘故，江淮以南既无受冻挨饿之人，也无千金的富家。沂水、泗水以北地区，适宜种植五谷桑麻和饲养六畜，地少人多，屡次遭受水旱灾害，居民喜好积蓄财物，所以秦、夏、梁、鲁地区的人民勤于农业，重视人口。三河地区以及宛、陈等地方也是这样，而且加以经商贸易。齐、赵地区的居民发展手工业，投机谋利。燕、代地区的居民种田、放牧，并且养蚕。

由此看来，贤人在朝廷上出谋划策、争辩议论，忠义之士及隐居深山之士为自己树立声誉，最终为了什么呢？是为了财富。因此，为官清廉就能做官长久，时间长久就更加富有；商人薄利多销，买卖公道，也能致富。求富是人的本性，不用学习就会去追求。所以壮士在军中，攻城先登，陷阵退敌，斩将拔旗，冒着箭射石击，赴汤蹈火，是重赏的驱使呀。那些乡里的少年，杀人掩埋，抢劫作奸，挖坟盗墓，私铸钱币，侠义相许拉帮结派霸占钱财，借助交友报仇，明抢暗夺，不顾法律禁令，往死路上走像马一样狂跑，其实都是为了财利呀。如今赵国、郑国的女子，梳妆打扮，弹奏琴瑟，拖曳长袖起舞，踩尖头的轻便舞鞋，目送秋波，用心招引，出外不远千里，不择年长年少，图的是荣华富贵。游手好闲的公子，戴冠佩剑，装饰讲究，外出车马成排，这是为了炫耀富贵。猎人渔夫起早摸黑，冒着霜雪，奔波在深沟山谷，不顾猛兽伤害，为的是获得野味。驰逐赌场、斗鸡玩狗之徒，互相争吵，自我夸耀，必争胜利，是因为看重输赢。医生方士靠技术谋生的人，劳神过度，竭尽其能，是为了得到上等的精米。官府吏士舞文弄法，私刻公章，伪造文书，不怕砍头之罪，这是他们沉醉于贿赂之中呀。农、工、商、贾储蓄增值，原本就是为了追求富贵财货。人们只会绞尽智能聚财，终究不会留有余力而把财富让给别人的。

谚语说："百里之外，不贩卖柴薪；千里之外，不贩卖粮食。"在一地居住上一年，就要种植谷物；居住上十年，就要栽种树木；居住上百年，就要积德招来人民。所谓积德，是指有道德而能招来人民的人。现在有些人既没有官职俸禄，也没有封爵采邑，但生活快乐能与有俸禄封邑的人相比，人们称他们为"素封"。有封邑的人靠租税为食，按标准每户每年交的租税是二百钱。享有千户人家的封邑，一年的租税收入二十万，朝觐天子、聘问诸侯、祭祀供享的费用都从中支出。庶民百姓，农工商贾，如果家有万钱，按利息收一年有二千，拥有一百万钱财的人家就可得利息二十万，而雇人服役、租税徭役的费用从其中开销。这样的人家，就可以随心所欲地穿好的，吃好的，享受一世。所以说，在陆地牧马二百蹄（五十匹），养牛蹄角一千（一百六十七头），羔羊脚一千（二百五十只），草泽中养猪脚一千（二百五十头），水面占有年产鱼千石的鱼塘，山中拥有一千棵成材的大树——安邑千株枣树，燕、秦千株栗子树，蜀郡、汉水、江陵地区千株橘树，淮北、常山以南和黄河、济水之间千株楸树，陈、夏千亩漆树，齐、鲁千亩桑麻，渭川千亩竹子，还有在大国有万户都邑的近郊有亩产一钟的千亩良田，或者千亩栀子、茜草，或者千畦生姜、韭菜：拥有上述一项财产的人，其收入就可与千户侯相等。然而这些都是富有的资本，不用到市场去察看，不用到外地去奔波，坐享收成，本身既有处士的名义而又有丰厚的收入。如果有人弄到家境贫困，双亲衰老，妻儿瘦弱，逢年过节连祭祀祖宗鬼神的钱也没有，至于送人礼物，凑钱聚餐，更是囊中羞涩，一家生活吃穿铺盖不能满足，这样自己还不感到羞愧，那就不值一提了。没有钱财就得靠出力过日子，稍有钱财就得靠斗智求富，已经富饶了就要逐利争时，这是一般规律。当今发财不是冒险取得的，那就要受到贤人的称赞。所以，靠农业致富的为上等，靠工商末业致富的次一等，靠奸诈取巧致富的为最下等。既没有隐居山林的奇士德行，而又长期贫困的人，却爱好空谈仁义，真是够羞耻的了。

凡是普通百姓，财富相差十倍的就要低人一头，相差一百倍的就会惧怕人家，相差一千倍的就要受人役使，相差万倍的就要给人当奴仆，这是事情的常理。说起来，以贫求富，农家不如做工，做工不如经商，刺绣文彩不如倚门当街做买卖，这说的是工商末业，是贫穷人求富的手段。在交通便利的大都市，一年之内，要出卖酒水千瓮，醋酱千缸，饮料千缸，屠宰牛羊猪皮千张，贩卖谷物千钟，柴草千车，拥有船只总长千丈，木材千株，竹子万株，轺车百乘，牛车千辆，漆器千件，铜器千钧，木器、铁器和染料千石，马蹄口一千（二百匹），牛一千只脚（二百五十头），羊、猪一千双，奴隶手指一千（一百人），筋角丹砂千斤，丝絮细布千钧，彩色丝绸千匹，粗布皮革千担，漆千斗，酒曲、盐、豆豉千瓶，鲐鱼、鮆鱼千斤，小杂鱼千担，腌咸鱼千钧，枣栗三千担，狐貂皮裘千件，羔羊皮千石，毡毯千条，水果蔬菜千钟，还有高利贷资本千贯，交易中间人中贪心的商人获利十分之三，老实的人获利十分之五，这些人可与千乘之家相比，这是大致的情形。至于其他杂业，如果没有十分之二的利润，那就不是我所要追求的财富了。

请允许简略说明当代千里之内，贤能之人所以致富的情况，以使后人得以观摩选择。

蜀卓氏的祖先是赵国人，经营冶铁致富。秦国打败赵国，迁徙卓氏。因为卓氏是被掳掠的，只有夫妻二人推着小车，去往迁徙地。那些同时被迁徙的人，稍有余财，争相送与官吏，要求把他们迁徙到近处葭萌县。唯有卓氏说："葭萌这个地方狭小贫瘠。我听说汶山下有肥沃的田野，长有形状像蹲伏鸱鸟的大芋，人一辈子也不会挨饿。百姓善于交易经商。"于是要求迁到远处。到了临邛，非常高兴，便开矿冶铁，运用计谋策划，财势压倒滇蜀地区的人，富有达到奴仆一千人。他田园水池游猎的享乐，可以比得上国君。

程郑是从太行山以东迁徙来的降民，也是从事冶铸业，他把产品卖给南越少数民族，其富有可与卓氏相比，他们都居住在临邛。

宛县孔氏的祖上是梁国人，以冶铁为业。秦国攻伐魏国后，把孔氏迁到南阳。他便大规模经营冶铁业，修筑池塘养鱼，赶着成群车马游访诸侯，都得益于经商发财的便利，由于出手大方与王侯交友，享有贵族公子的名声。他赚的钱很多，超过了他交际王侯所投入的本钱，赢利超过斤斤计较的商人，家庭富有达数千金，因此，南阳人做买卖完全效法孔氏的手法而派头十足。

鲁地民俗节俭吝啬，而以曹邴氏尤甚，他从冶铁起家，财富高达万万钱。但家中父兄子孙都遵守一个家规：一切经营都要有经济效益。他家放债，做生意遍及郡国各地。在邹鲁地区有很多人放弃经术而追求发财，其原因就是受曹邴氏的影响。

齐国风俗贱视奴仆，而只有刀间看重他们。狡猾剽悍的奴仆，是人们所担忧的。只有刀间收留他们，让他们去追逐渔、盐等商业上的利益，或是让他们乘着成队的车马去结交郡国守相，刀间更加信任他们。最终刀间得到他们的帮助，积累财富数千万。所以人们说："宁爵毋刀。"说的是出外求取官爵倒不如在刀间那里为奴，刀间能够使唤家奴而富足，而又能让他们竭尽全力。

周地人本是节俭的，而以师史尤甚。他运货的车辆数以百计，通商到各郡国，无所不到。洛阳处在齐、秦、楚、赵的中心，一些贫民在富商家中学做生意，并以长久被富商留用经商来夸耀，屡次带领商队路过乡里不入家门，师史充分信任利用这些人，才能致富七千万。

宣曲任氏的祖先，做督道的粮仓看守。秦朝衰败之时，豪杰们争相夺取珠宝，而只有任氏把仓库的粮食藏在地窖里。后来，楚、汉两军在荥阳相持，农民不能耕种，米价涨到一万钱一石，豪杰们的金钱珠玉全都归于任氏所有，任氏以此致富。富人争相奢侈，任氏却放下富人身份十分节俭，努力耕种和养殖牲畜。种粮养牲的人们都争着买进廉价的，只有任氏专门买贵的质量好的。任家富有，延续数代。任氏的家规规定，不是自家种田养畜得来的不穿不吃，公事没有做完不得饮酒吃肉。以此作为乡邻的表率，因此，他凭借富有得到皇上的尊重。

国家开拓边塞的时候，只有桥姚得以有马千匹，牛两千头，羊万只，粮食以万钟计算。吴楚七国叛乱时，长安城中的列侯封君都要从军出征，需要借高利贷置办军器，高利贷者认为列侯君的食邑国在关东地区，而关东战争胜败未决，不肯把钱贷给他们。只有无盐氏拿出一千金放贷，利息为本钱的十倍。三个月后吴楚战乱平定。一年之中，无盐氏的利息收入十倍于本金，成为关中的富家。

关中的富商大贾大都是姓田的人家，如田啬、田兰。韦家的栗氏，安陵县、杜县的杜氏，家财也有万万金。

以上说的都是显赫最有本事的人。他们都没有官爵封邑俸禄，也不是靠违法作奸而致富的，而是靠预测商机，研究市场供求，一举一动都要紧跟时势以获取利润。以经营商工末业致富，以置办田产从事农耕守财，就像君王用武力取天下、用文治守天下一样，变化而有节度，所以值得记述。至于那些努力从事农、牧、工、虞、商贾的人，运用权谋并能抓住有利时机成了大富，大者富倾一郡，中者富倾一县，小者富倾乡里，这样的人多得不可胜数。

依靠节俭和勤劳是生财的正道，但致富还要出奇制胜。种地是笨拙的职业，而秦扬以此成为一州的首富。盗墓是违法的勾当，而田叔以此起家。赌博是恶劣的行径，而桓发却靠它发财。走街串巷的小贩是男子卑贱的行业，而雍乐成却靠它致富。贩卖油脂是耻辱的事，而雍伯得利千金。卖水浆本是小本生意，而张氏却能赚到千万。磨刀是小手艺，而郅氏却能因此富有。卖羊肚儿是不起眼的小食品，而浊氏却因此而有成队车马。给马治病是浅薄的小术，而张里以此致富鸣钟佐食。这些都是靠心诚专一达到的。

由此看来，致富没有固定的行业，财货没有固定的主人，有才能的人能聚集财富，没有才能的人财产荡尽。千金之家可比一都之君，有亿万家财的人，便能与王者同样享乐，这难道不是所谓的“素封”？难道不是这样的吗？

【讲析】

《货殖列传》内容丰博，初一看有些杂乱，传记不像传记，论文又不像论文，写人物又写地域，欲说难理头绪。时间上，从古到今；地域上，全国范围，全都包容了。《货殖列传》是一篇奇文，奇就奇在把古今商人、四方物产与地理融于一篇，冶于一炉。从古到今，正是司马迁对经济发展做贯通的考察，具有探索规律的明显意图，这在古代是了不起的识见。

全文分五个段落，简析之如次。

是传序，司马迁写的一篇经济论，从历史的发展之势揭示了财富在社会生活中的重要性，人人欲财，个个追求，因此，治生是人类社会最基本的活动。经济发展、商业活动没有地域限制，人们的生活要求没有止境，全天下之材之物皆为我用，这就要农工商虞共同分工来开发。所以开篇就把道家的小国寡民理论作为批判的靶子。清心寡欲的理论与历史时势不符，即使挨家挨户劝说，人们也不会接受。司马迁的论述从理论上剥去了禁欲者虚伪的面纱。

写秦代及以前著名商人的言行及社会、政治效果。越王勾践卧薪尝胆，终报强吴，就是生聚增财的结果。同时写了范蠡、白圭、猗顿、乌氏倮等先秦商人的活动，总结了他们的治生经验。

写汉初全国一统的生产发展，司马迁提出了区域经济的理论。分全国为四大经济区，次第记叙各经济区的物产、交通、城市、商业和民俗，可以说是一篇精彩的天下周游指南。

写人的本性就是为了过美好生活而追求财富，由于财富多少而形成了人类社会的等级。司马迁生动描写的人类社会逐利图，说明人欲是历史发展的杠杆，人欲的负面影响带来争利争斗并形成等级差别。这些都是唯物主义的认识论。司马迁把剥削、压迫看作是天经地义的，所谓“凡编户之民，富相什则卑下之，百则畏惮之，千则役，万则仆，物之理也”，视人间不平为合理，当然是唯心主义观点，这是那时人们的历史局限性，是阶级存在的客观现实，被司马迁勾勒出来，应该也是唯物主义的认识。这里唯心与唯物是交织的，古人不能分野，不可苛求。

生动地论述了汉代著名商贾的业绩，结尾强调人才在致富中的作用，才智高超的人，经营任何行业都能致富，成为“素封”。旨意在于说明，财富可求，人人可致富。

《货殖列传》的五个段落层次，在原文结构大段落中用段意做了简明的概括。下面着重对《货殖列传》全篇的内容以及司马迁灌注的货殖理论进行罗列和阐释。

《货殖列传》的理论建树是多方面的，它使司马迁成为站在时代前列的思想家，其中关于治生规律，即商品经济规律的一些揭示，甚至是超前的杰出思想。举其大端有以下几个方面。

1. 首创经济史传，意识到经济是社会安定的基础。

司马迁第一个为商人立传，总结治生之术，开创了经济史传，触摸到了“人类社会生活的基础是物质生活资料的生产”，具有“力图从经济条件来说明人们的社会地位、思想意识和政治制度”的意识。这是司马迁的一大创造，而且是产生在重农抑商的时代，实在是了不起的。

司马迁如此重视财富，他希望人民富裕、社会富裕。为什么要致富？因为财富可使社会安定。司马迁认为，追求财富和“与王者同乐”的物质生活是人的天赋本性，是人的一种自然属性，“富者，人之情性，所不学而俱欲者也”。人们的全部活动都可归结为为了获得财富，“天下熙熙，皆为利来”。财富不单能使人过上舒适的生活，更重要的是，财富充实，社会秩序才会安定，人们的精神面貌才会变得高尚，“衣食足而知荣辱”“礼生于有而废于无”，贫或富的经济状况将决定整个社会的风尚和文明程度。不过财富也把人们分成高低不同的等级，赋予人们截然相反的各种社会属性，“凡编户之民，富相什则卑下之，百则畏惮之，千则役，万则仆，物之理也”，经济地位的悬殊导致了社会地位的悬殊，产生了人压迫人、剥削人的残酷现象，而这又是社会发展和财富积累不可避免的。司马迁还敏锐地观察到，财富差不多在社会的每一件事上都发挥着不容忽视的影响力，它的阴影投向了人们生活的每个角落。它可以给现有的社会关系人为地染上各种不同的绚丽色彩，并改变人们在这些社会关系里的位置。为什么“千金之子不死于市”？为什么从事畜牧的乌氏倮能厕身于“列臣”之间？经营朱砂矿的巴郡寡妇清又为什么能得到“礼抗万乘”的优遇？原因便在于他们拥有令人欣羡的财富。不仅政治上如此，就是学术问题亦不例外，孔子能够扬名天下，流芳于世，正是由于有他那商人学生子贡的财富的支持。所以在司马迁的笔下，财富的社会作用是惊人的巨大和无情，不管你愿意与否，都得受它的支配和摆弄。

人们追求财富是好事，不是坏事，不但不应加以拦阻，还应当给以鼓励和帮助。“富无经业”，致富的途径很多，基于财富主要是以货币来体现，故最正确最有效的致富捷径是经营商业或商品生产。可是在经营中，财富对于每一个经营者并非都一视同仁，客观的现实是“巧者有余，而拙者不足”。司马迁十分重视个人才能在求富竞争中的作用，他认为只要有才能并在自己从事的行业里专心努力地去干，就一定能使财源“辐辏”。任何人都必须有自己获得财富的本领，因为财富是人们生活不可缺少的部分，于是儒家的“长贫贱，好语仁义”，便受到了毫不留情的讽刺和奚落：一个一点儿不懂“治生”，连“饮食被服不足以自通”的人，乃是最可“惭耻”的。至于那种“危身取给”以致富或搞邪门歪道的“奸富”，司马迁还是持否定态度的，称之为最下等的富人。

2．认识到社会分工推动生产发展，并重农、工、商、虞。

司马迁心目中的商人，并不仅指纯粹的商业经营者，也包括以奴隶劳动为基础的大工业家、面向市场的手工业者和农、林、牧业中的各种商品性经营者。依据传统的习惯看法，商人从事的是对社会没有什么益处的“末业”，商人的形象被歪曲为游手好闲、专搞欺诈，是永远都值得痛恨和批判的对象。司马迁从他的重商主义观点出发，提出了一种完全相反的新见解，商人不仅于社会无害，而且扮演的是人类经济舞台上必不可少的重要角色，商人的活动同农、工、虞的活动一样，是生产性的，是财富的源泉。他极其明确地写道“此四者，民所衣食之源也。源大则饶，源小则鲜”，社会财富的丰盈或寡少，就是由这四种基本的经济力量决定的。社会物质生活的正常进行，生产、分配和消费间的协作与平衡，也依靠这四者来推动和维持，“故待农而食之，虞而出之，工而成之，商而通之……若水之趋下，日夜无休时”。这种自然形成的经济关系和社会分工，国家只能因势利导，使其沿着自身的规律向前发展，如果企图按照主观意志，强制地加以干涉和改变，不但会破坏财富的增值和积累，而且还会带来严重的不良后果，那就是经济发展停滞和经济生活混乱，所以绝不能伤害商人的利益，“末病则财不出”。为了促使经济车轮不停地向前顺利运转，社会财富不断地大量涌现，唯一的办法便是大力发展商业（包括各种商品生产），做到“关市不乏”以繁荣经济。

司马迁认为商业在创造财富上居于社会之首，他做过这样的排队，“夫用贫求富农不如工，工不如商”。无论富国还是富家，都必须发展商业（包括手工业），为此，他举了历史上齐国的例子来证明他的理论，齐国本来贫穷不堪，由于政府提倡“极技巧，通鱼盐……故齐冠带衣履天下”。商业、工业的发展，使财富增多，国力亦随之强盛，“海岱之间敛袂而往朝焉”，最后还把齐桓公推上霸主的地位。越国也是执行了保护商贾的“农末俱利”政策，国家才变得富裕起来，在强大经济力量的支持下“厚赂战士”，逐渐取得了军事上的优势，终于一举灭吴，洗雪了会稽之耻。从汉朝立国到武帝继位，社会繁庶，财富充溢，这同当时“富商大贾周流天下，交易之物莫不通”是分不开的，因此司马迁对汉初“开关梁，弛山泽之禁”——给工商业发展开绿灯的政策，十分赞赏。

3. 为商人立传，总结治生之术。

司马迁称赞商人是“智强仁勇”的贤人，是社会经济的推动者，商人在司马迁笔下备受赞扬。司马迁为春秋战国至汉初三十个商人立传，把古今的治生者会于一堂，说长道短。秦灭赵，商人卓氏被扫地出门，秦朝把他作为俘虏发配到边远地区，卓氏不求近，而求资源丰富、有工商业发展前途的地方安家，最后以冶铁致富“拟于人君”。商人刀间对于别人感到头痛难办的“桀黠奴”，却特别喜爱，给予信任，用其所长以经营商业，结果“得其力，起富数千万”。司马迁认为商人同历史上那些大名鼎鼎的政治家和军事家没有什么不同，商人经商，“犹伊尹、吕尚之谋，孙、吴用兵，商鞅行法是也”。其他如商人“相矜以久贾”不回家的事业心以及不惧艰苦的经营作风等，均在本传中得到了应有的褒述。

商人凭自己的能力致富，而“千乘之王，万家之侯”的财富则是凭自己手中的特权，所以商人的历史地位和社会贡献是超过王侯们的，至少也可以和他们媲美并肩。与此同时，司马迁对道家不要商品交换，鼓吹“至老死不相往来”的那种以穷为乐的迂腐之论，也投过去了一道又一道鄙夷的目光。他直言不讳地指出，这样的生活表面上似“无饥馑之患”，实际上是“呰窳偷生”过日子，是低级落后的表现。

司马迁总结商人的治生之术有两个方面。一是考察商品的流通，总结货财增值的经验，例如商业上的供求关系、价格和利润等，即商品经济的规律，可以说提出了许多超前的经济理论。二是考察自然地理经济和民俗，总结商业活动推动生产发展的作用。本文限于篇幅，只对司马迁考察商品流通总结的经济规律作概述，可以看出司马迁对商品经济理论所达到的高度。

司马迁对商品流通的考察，获得了一系列符合价值规律的珍贵见解。主要观点有四：

（1）知时。计然“旱则资舟，水则资车”、范蠡“与时逐”、白圭“乐观时变”，这都说的是掌握商业行情，调查市场需要，“逐时而居货”，利用供求规律，牟取大利。

（2）知物。“积著之理，务完物”“易腐败而食之货勿留，无敢居贵”。这是说要研究商品学，提高商品的竞争能力。

（3）无息币。商业赢利是在流通过程中取得的，资本在流通领域里运动的时间愈长，也就是交换的次数愈多，就愈能赚钱。因此他提醒商人们注意，要尽量做到“无息币”“财币欲其行如流水”。这里，司马迁那深刻的洞察力和抽象的分析力，的确令人佩服。

（4）择地择人。范蠡居陶，因陶为天下之中，“诸侯四通，货物所交易也”。范蠡治产积居，“十九年之中三致千金”。刀间善用“桀黠奴”，使他们“逐渔盐商贾之利”，“终得其力，起富数千万”。这里透出人才就是财富的思想。

此外，关于供求关系，司马迁也有精湛的论述，“论其有余不足则知贵贱”，市场上的供与求是彼消此长的，而这样的消长同商品价格的涨落又紧密相连，供大于求则物价下降，这时便应当“人弃我取”——买进低价商品；求大于供则物价上升，这时便应当“人取我与”——卖出价格上涨了的商品，从而在价格的差额中获利。本传中多次提到了要“争时”“与时俯仰”，这个“时”指的主要就是当时社会供求关系的变化，弄清“时”的变化，方可决定自己是买还是卖，应买什么和应卖什么。秦末有一位姓任的商人，曾准确地判断当时供求形势，因而致富，这件事司马迁有清楚的记载，“秦之败也，豪杰皆争取金玉，而任氏独窖仓粟。楚、汉相距荥阳也，民不得耕种，米石至万，而豪杰金玉尽归任氏，任氏以此起富”。战争年代，粮食的生产量小，需求量大，价格一定上涨，故任氏囤积粮食以居奇，自然就大获其利。司马迁举出这个例子是语重心长的。目的在于说明，要从商业经营中求富，不研究和懂得供求关系的变化，那是不会成功的。

商业本身并不创造财富，它只是促进产品的流通，促进人们消费。但商业的发展，有力地带动商品生产，社会物质产品增多，意味着社会生产力的发展，于是商业有力地促进了财富的积累和创造，表现为人们口袋的货币增多，社会繁荣了，整体社会的财富也就增加了。

总上，司马迁创立《货殖列传》以及他的另一篇经济史传《平准书》，是学术史上的一件大事。开创了我国正史记载生产活动的先例，且提供了大量的经济史料。司马迁以他天才的洞察力，从人欲争利的行为中，看到了人欲争利的生产动力。他考察了生产领域中的社会分工，并重农、工、商、虞，认识到这是古代社会基本的经济结构。司马迁为古代商人立传，从中总结了治生之术，获得了许多符合价值规律的见解，肯定了商业活动在促进生产发展中所起的纽带作用，颂扬货殖。《平准书》对汉武帝与民争利的经济政策提出了批评，与颂扬货殖相呼应。毫无疑问，司马迁提出的学说主张与批评意见是正确的和有助于社会经济前进的。可惜这些闪耀着夺目光辉的伟大思想，无论在当时或后世，都不曾为愚昧专断的封建经济管理者所重视，相反遭到种种的诽谤和攻击，这确实令人愤懑和痛心。现在，应该是替这位才华横溢的经济思想家清除诬蔑和恢复名誉的时候了。

【原文】

《老子》曰：“至治之极，邻国相望，鸡狗之声相闻，民各甘其食，美其服，安其俗，乐其业，至老死不相往来。”必用此为务，挽近世涂民耳目，则几无行矣。

太史公曰：夫神农以前，吾不知已。至若《诗》《书》所述虞夏以来，耳目欲极声色之好，口欲穷刍豢之味，身安逸乐，而心夸矜势能之荣。使俗之渐民久矣，虽户说以眇论，终不能化。故善者因之，其次利道之，其次教诲之，其次整齐之，最下者与之争。

夫山西饶材、竹、穀、纑、旄、玉石，山东多鱼、盐、漆、丝、声色，江南出楠、梓、姜、桂、金、锡、连、丹沙、犀、玳瑁、珠玑、齿革；龙门、碣石北多马、牛、羊、旃裘、筋、角，铜、铁则千里往往山出棋置：此其大较也。皆中国人民所喜好，谣俗被服饮食奉生送死之具也。故待农而食之，虞而出之，工而成之，商而通之。此宁有政教发征期会哉？人各任其能，竭其力，以得所欲。故物贱之征贵，贵之征贱，各劝其业，乐其事，若水之趋下，日夜无休时，不召而自来，不求而民出之。岂非道之所符，而自然之验邪？

《周书》曰："农不出则乏其食，工不出则乏其事，商不出则三宝绝，虞不出则财匮少。"财匮少而山泽不辟矣。此四者，民所衣食之原也。原大则饶，原小则鲜。上则富国，下则富家。贫富之道，莫之夺予，而巧者有余，拙者不足。故太公望封于营丘，地潟卤，人民寡，于是太公劝其女功，极技巧，通鱼盐，则人物归之，繦至而辐凑。故齐冠带衣履天下，海岱之间敛袂而往朝焉。其后齐中衰，管子修之，设轻重九府，则桓公以霸，九合诸侯，一匡天下；而管氏亦有三归，位在陪臣，富于列国之君。是以齐富强至于威、宣也。

故曰："仓廪实而知礼节，衣食足而知荣辱。"礼生于有而废于无。故君子富好行其德，小人富以适其力。渊深而鱼生之，山深而兽往之，人富而仁义附焉。富者得势益彰，失势则客无所之。以而不乐，夷狄益甚。谚曰："千金之子，不死于市。"此非空言也。故曰："天下熙熙，皆为利来；天下壤壤，皆为利往。"夫千乘之王，万家之侯，百室之君，尚犹患贫，而况匹夫编户之民乎！

昔者越王句践困于会稽之上，乃用范蠡、计然。计然曰："知斗则修备，时用则知物，二者形则万货之情可得而观已。故岁在金，穰；水，毁；木，饥；火，旱。旱则资舟，水则资车，物之理也。六岁穰，六岁旱，十二岁一大饥。夫粜，二十病农，九十病末。末病则财不出，农病则草不辟矣。上不过八十，下不减三十，则农末俱利，平粜齐物，关市不乏，治国之道也。积著之理，务完物，无息币。以物相贸，易腐败而食之货勿留，无敢居贵。论其有余不足，则知贵贱。贵上极则反贱，贱下极则反贵。贵出如粪土，贱取如珠玉。财币欲其行如流水。”修之十年，国富，厚赂战士，士赴矢石，如渴得饮，遂报强吴，观兵中国，称号“五霸”。

范蠡既雪会稽之耻，乃喟然而叹曰：“计然之策七，越用其五而得意。既已施于国，吾欲用之家。”乃乘扁舟浮于江湖，变名易姓，适齐为鸱夷子皮，之陶为朱公。朱公以为陶天下之中，诸侯四通，货物所交易也。乃治产积居，与时逐而不责于人。故善治生者，能择人而任时。十九年之中三致千金，再分散与贫交疏昆弟。此所谓富好行其德者也。后年衰老而听子孙，子孙修业而息之，遂至巨万。故言富者皆称陶朱公。

子赣既学于仲尼，退而仕于卫，废著鬻财于曹、鲁之间，七十子之徒，赐最为饶益。原宪不厌糟糠，匿于穷巷。子贡结驷连骑，束帛之币以聘享诸侯，所至，国君无不分庭与之抗礼。夫使孔子名布扬于天下者，子贡先后之也。此所谓得势而益彰者乎？

白圭，周人也。当魏文侯时，李克务尽地力，而白圭乐观时变，故人弃我取，人取我与。夫岁熟取谷，予之丝漆；茧出取帛絮，予之食。太阴在卯，穰；明岁衰恶。至午，旱；明岁美。至酉，穰；明岁衰恶。至子，大旱；明岁美，有水。至卯，积著率岁倍。欲长钱，取下谷；长石斗，取上种。能薄饮食，忍嗜欲，节衣服，与用事僮仆同苦乐，趋时若猛兽挚鸟之发。故曰：“吾治生产，犹伊尹、吕尚之谋，孙、吴用兵，商鞅行法是也。是故其智不足与权变，勇不足以决断，仁不能以取予，强不能有所守，虽欲学吾术，终不告之矣。”盖天下言治生祖白圭。白圭其有所试矣，能试有所长，非苟而已也。

猗顿用盬盐起。而邯郸郭纵以铁冶成业，与王者埒富。

乌氏倮畜牧，及众，斥卖，求奇缯物，间献遗戎王。戎王什倍其偿，与之畜，畜至用谷量牛马。秦始皇帝令倮比封君，以时与列臣朝请。而巴寡妇清，其先得丹穴，而擅其利数世，家亦不訾。清，寡妇也，能守其业，用财自卫，不见侵犯。秦皇帝以为贞妇而客之，为筑女怀清台。夫倮鄙人牧长，清穷乡寡妇，礼抗万乘，名显天下，岂非以富邪？

汉兴，海内为一，开关梁，弛山泽之禁，是以富商大贾周流天下，交易之物莫不通，得其所欲，而徙豪杰诸侯强族于京师。

关中自汧、雍以东至河、华，膏壤沃野千里，自虞夏之贡以为上田，而公刘适邠，大王、王季在岐，文王作丰，武王治镐，故其民犹有先王之遗风，好稼穑，殖五谷，地重，重为邪。及秦文、德、缪居雍，隙陇、蜀之货物而多贾。献公徙栎邑，栎邑北却戎翟，东通三晋，亦多大贾。孝、昭治咸阳，因以汉都，长安诸陵，四方辐凑并至而会，地小人众，故其民益玩巧而事末也。南则巴蜀。巴蜀亦沃野，地饶卮、姜、丹沙、石、铜、铁、竹、木之器。南御滇僰，僰僮。西近邛笮，笮马、旄牛。然四塞，栈道千里，无所不通，唯褒斜绾毂其口，以所多易所鲜。天水、陇西、北地、上郡与关中同俗，然西有羌中之利，北有戎翟之畜，畜牧为天下饶。然地亦穷险，唯京师要其道。故关中之地，于天下三分之一，而人众不过什三。然量其富，什居其六。

昔唐人都河东，殷人都河内，周人都河南。夫三河在天下之中，若鼎足，王者所更居也，建国各数百千岁，土地小狭，民人众，都国诸侯所聚会，故其俗纤俭习事。杨、平阳（陈）西贾秦、翟，北贾种、代。种、代，石北也，地边胡，数被寇。人民矜懻忮，好气，任侠为奸，不事农商。然迫近北夷，师旅亟往，中国委输时有奇羡。其民羯羠不均，自全晋之时固已患其僄悍，而武灵王益厉之，其谣俗犹有赵之风也。故杨、平阳陈掾其间，得所欲。温、轵西贾上党，北贾赵、中山。中山地薄人众，犹有沙丘纣淫地余民，民俗懁急，仰机利而食。丈夫相聚游戏，悲歌慷慨，起则相随椎剽，休则掘冢作巧奸冶，多美物，为倡优。女子则鼓鸣瑟，跕屣，游媚贵富，入后宫，遍诸侯。

然邯郸亦漳、河之间一都会也。北通燕、涿，南有郑、卫。郑、卫俗与赵相类，然近梁、鲁，微重而矜节。濮上之邑徙野王，野王好气任侠，卫之风也。

夫燕亦勃、碣之间一都会也。南通齐、赵，东北边胡。上谷至辽东，地踔远，人民希，数被寇，大与赵、代俗相类，而民雕捍少虑，有鱼盐枣栗之饶。北邻乌桓、夫余，东绾秽貉、朝鲜、真番之利。

洛阳东贾齐、鲁，南贾梁、楚。故泰山之阳则鲁，其阴则齐。

齐带山海，膏壤千里，宜桑麻，人民多文彩布帛鱼盐。临淄亦海岱之间一都会也。其俗宽缓阔达，而足智，好议论，地重，难动摇，怯于众斗，勇于持刺，故多劫人者，大国之风也。其中具五民。

而邹、鲁滨洙、泗，犹有周公遗风，俗好儒，备于礼，故其民龊龊。颇有桑麻之业，无林泽之饶。地小人众，俭啬，畏罪远邪。及其衰，好贾趋利，甚于周人。

夫自鸿沟以东，芒、砀以北，属巨野，此梁、宋也。陶、睢阳亦一都会也。昔尧作游成阳，舜渔于雷泽，汤止于亳。其俗犹有先王遗风，重厚多君子，好稼穑，虽无山川之饶，能恶衣食，致其蓄藏。

越、楚则有三俗。夫自淮北沛、陈、汝南、南郡，此西楚也。其俗剽轻，易发怒，地薄，寡于积聚。江陵故郢都，西通巫、巴，东有云梦之饶。陈在楚、夏之交，通鱼盐之货，其民多贾。徐、僮、取虑，则清刻，矜己诺。

彭城以东，东海、吴、广陵，此东楚也。其俗类徐、僮。朐、缯以北，俗则齐。浙江南则越。夫吴自阖庐、春申、王濞三人招致天下之喜游子弟，东有海盐之饶，章山之铜，三江、五湖之利，亦江东一都会也。

衡山、九江、江南、豫章、长沙，是南楚也，其俗大类西楚。郢之后徙寿春，亦一都会也。而合肥受南北潮，皮革、鲍、木输会也。与闽中、于越杂俗，故南楚好辞，巧说少信。江南卑湿，丈夫早夭。多竹木。豫章出黄金，长沙出连、锡，然堇堇物之所有，取之不足以更费。九疑、苍梧以南至儋耳者，与江南大同俗，而杨越多焉。番禺亦其一都会也，珠玑、犀、玳瑁、果、布之凑。

颍川、南阳，夏人之居也。夏人政尚忠朴，犹有先王之遗风。颍川敦愿。秦末世，迁不轨之民于南阳。南阳西通武关、郧关，东南受汉、江、淮。宛亦一都会也。俗杂好事，业多贾。其任侠，交通颍川，故至今谓之“夏人”。

夫天下物所鲜所多，人民谣俗，山东食海盐，山西食盐卤，领南、沙北固往往出盐，大体如此矣。

总之，楚、越之地，地广人希，饭稻羹鱼，或火耕而水耨，果隋蠃蛤，不待贾而足，地势饶食，无饥馑之患，以故呰窳偷生，无积聚而多贫。是故江、淮以南，无冻饿之人，亦无千金之家。沂、泗水以北，宜五谷桑麻六畜，地小人众，数被水旱之害，民好畜藏，故秦、夏、梁、鲁好农而重民。三河、宛、陈亦然，加以商贾。齐、赵设智巧，仰机利。燕、代田畜而事蚕。

由此观之，贤人深谋于廊庙，论议朝廷，守信死节隐居岩穴之士设为名高者安归乎？归于富厚也。是以廉吏久，久更富，廉贾归富。富者，人之情性，所不学而俱欲者也。故壮士在军，攻城先登，陷阵却敌，斩将搴旗，前蒙矢石，不避汤火之难者，为重赏使也。其在闾巷少年，攻剽椎埋，劫人作奸，掘冢铸币，任侠并兼，借交报仇，篡逐幽隐，不避法禁，走死地如骛者，其实皆为财用耳。今夫赵女郑姬，设形容，揳鸣琴，揄长袂，蹑利屣，目挑心招，出不远千里，不择老少者，奔富厚也。游闲公子，饰冠剑，连车骑，亦为富贵容也。弋射渔猎，犯晨夜，冒霜雪，驰坑谷，不避猛兽之害，为得味也。博戏驰逐，斗鸡走狗，作色相矜，必争胜者，重失负也。医方诸食技术之人，焦神极能，为重糈也。吏士舞文弄法，刻章伪书，不避刀锯之诛者，没于赂遗也。农工商贾畜长，固求富益货也。此有知尽能索耳，终不余力而让财矣。

谚曰："百里不贩樵，千里不贩籴。"居之一岁，种之以谷；十岁，树之以木；百岁，来之以德。德者，人物之谓也。今有无秩禄之奉，爵邑之入，而乐与之比者，命曰"素封"。封者食租税，岁率户二百。千户之君则二十万，朝觐聘享出其中。庶民农工商贾，率亦岁万息二千，百万之家则二十万，而更徭租赋出其中。衣食之欲，恣所好美矣。故曰陆地牧马二百蹄，牛蹄角千，千足羊，泽中千足彘，水居千石鱼陂，山居千章之材——安邑千树枣，燕、秦千树栗，蜀、汉、江陵千树橘，淮北、常山已南、河济之间千树萩，陈、夏千亩漆，齐、鲁千亩桑麻，渭川千亩竹，及名国万家之城，带郭千亩亩钟之田，若千亩卮茜、千畦姜韭：此其人皆与千户侯等。然是富给之资也，不窥市井，不行异邑，坐而待收，身有处士之义而取给焉。若至家贫亲老，妻子软弱，岁时无以祭祀进醵，饮食被服不足以自通，如此不惭耻，则无所比矣。是以无财作力，少有斗智，既饶争时，此其大经也。今治生不待危身取给，则贤人勉焉。是故本富为上，末富次之，奸富最下。无岩处奇士之行，而长贫贱，好语仁义，亦足羞也。

凡编户之民，富相什则卑下之，伯则畏惮之，千则役，万则仆，物之理也。夫用贫求富农不如工，工不如商，刺绣文不如倚市门，此言末业贫者之资也。通邑大都，酤一岁千酿，醯酱千瓨，浆千甔，屠牛羊彘千皮，贩谷粜千钟，薪稿千车，船长千丈，木千章，竹竿万个，其轺车百乘，牛车千两，木器髤者千枚，铜器千钧，素木铁器若卮茜千石，马蹄躈千，牛千足，羊彘千双，僮手指千，筋角丹沙千斤，其帛絮细布千钧，文采千匹，榻布皮革千石，漆千斗，蘖麹盐豉千荅，鲐鮆千斤，鲰千石，鲍千钧，枣栗千石者三之，狐鼦裘千皮，羔羊裘千石，旃席千具，佗果菜千钟，子贷金钱千贯，节驵会，贪贾三之，廉贾五之，此亦比千乘之家，其大率也。佗杂业不中什二，则非吾财也。

请略道当世千里之中，贤人所以富者，令后世得以观择焉。

蜀卓氏之先，赵人也，用铁冶富。秦破赵，迁卓氏。卓氏见虏略，独夫妻推辇，行诣迁处。诸迁虏少有余财，争与吏，求近处，处葭萌。唯卓氏曰："此地狭薄。吾闻汶山之下，沃野，下有蹲鸱，至死不饥。民工于市，易贾。"乃求远迁。致之临邛，大喜，即铁山鼓铸，运筹策，倾滇、蜀之民，富至僮千人。田池射猎之乐，拟于人君。

程郑，山东迁虏也，亦冶铸，贾椎髻之民，富埒卓氏，俱居临邛。

宛孔氏之先，梁人也，用铁冶为业。秦伐魏，迁孔氏南阳。大鼓铸，规陂池，连车骑，游诸侯，因通商贾之利，有游闲公子之赐与名。然其赢得过当，愈于纤啬，家致富数千金，故南阳行贾尽法孔氏之雍容。

鲁人俗俭啬，而曹邴氏尤甚，以铁冶起，富至巨万。然家自父兄子孙约，俯有拾，仰有取，贳贷行贾遍郡国。邹、鲁以其故多去文学而趋利者，以曹邴氏也。

齐俗贱奴虏，而刀閒独爱贵之。桀黠奴，人之所患也，唯刀閒收取，使之逐渔盐商贾之利，或连车骑，交守相，然愈益任之。终得其力，起富数千万。故曰："宁爵毋刀"，言其能使豪奴自饶而尽其力。

周人既纤，而师史尤甚，转毂以百数，贾郡国，无所不至。雒阳街居在齐、秦、楚、赵之中，贫人学事富家，相矜以久贾，数过邑不入门，设任此等，故师史能致七千万。

宣曲任氏之先，为督道仓吏。秦之败也，豪杰皆争取金玉，而任氏独窖仓粟。楚、汉相距荥阳也，民不得耕种，米石至万，而豪杰金玉尽归任氏，任氏以此起富。富人争奢侈，而任氏折节为俭，力田畜。田畜人争取贱贾，任氏独取贵善。富者数世。然任公家约，非田畜所出弗衣食，公事不毕则身不得饮酒食肉。以此为闾里率，故富而主上重之。

塞之斥也，唯桥姚已致马千匹，牛倍之，羊万头，粟以万钟计。吴、楚七国兵起时，长安中列侯封君行从军旅，赍贷子钱，子钱家以为侯邑国在关东，关东成败未决，莫肯与。唯无盐氏出捐千金贷，其息什之。三月，吴、楚平。一岁之中，则无盐氏之息什倍，用此富埒关中。

关中富商大贾，大抵尽诸田，田啬、田兰。韦家栗氏，安陵、杜杜氏，亦巨万。

此其章章尤异者也。皆非有爵邑奉禄弄法犯奸而富，尽椎埋去就，与时俯仰，获其赢利，以末致财，用本守之，以武一切，用文持之，变化有概，故足术也。若至力农畜，工虞商贾，为权利以成富，大者倾郡，中者倾县，下者倾乡里者，不可胜数。

夫纤啬筋力，治生之正道也，而富者必用奇胜。田农，掘业，而秦扬以盖一州。掘冢，奸事也，而田叔以起。博戏，恶业也，而桓发用富。行贾，丈夫贱行也，而雍乐成以饶。贩脂，辱处也，而雍伯千金。卖浆，小业也，而张氏千万。洒削，薄技也，而郅氏鼎食。胃脯，简微耳，浊氏连骑。马医，浅方，张里击钟。此皆诚壹之所致。

由是观之，富无经业，则货无常主，能者辐凑，不肖者瓦解。千金之家比一都之君，巨万者乃与王者同乐，岂所谓“素封”者邪？非也？

太史公自序

《太史公自序》是《史记》一书的总序。《史记》原名《太史公书》，司马迁的序文故称《太史公自序》。《自序》概述了司马氏世系、家学渊源、《史记》成书经过、著述动机和全书意旨，是一篇内容丰富、学术价值很高的自传自注体论文。《自序》对于我们研究《史记》成书的历史条件和司马迁的“一家之言”，是极其重要的资料。

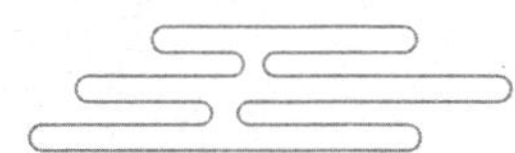

【语译】

远古的颛顼，任命重为南正，掌管天文，任命黎为北正，掌管农政。尧舜之时，任命重黎的后代继续掌管这两个职务，直到夏商，所以重黎氏世世代代职掌天文、农政。到了周代，封于程国为伯爵的休甫这个人就是他们的后代。周宣王时，重黎氏失去了原来的职守做了管军事的司马，于是姓司马氏。后来司马氏又一代一代职掌周史。周惠王、周襄王时，司马氏离开周王室到了晋国。当晋国内乱，大夫随会逃往秦国避难之时，司马氏也逃往秦国的少梁。

自从司马氏离周到晋后，家族分散，有的在卫，有的在赵，有的在秦。在卫地的一支，有一个司马喜，做了中山国的相。在赵国的一支，有个司马凯，因传授剑术而扬名，战国后期著名的司马蒯聩就是他的后代。在秦国的一支，有个司马错与秦惠王相张仪争议伐蜀，于是被秦惠王委为伐蜀大将，攻下蜀国后做了那里的郡守。司马错的孙子司马靳，做了武安君白起的部将。少梁早已改名夏阳。司马靳和武安君在公元前 260 年打败赵长平军，坑杀了降卒四十余万人。班师后，司马靳和白起同时在杜邮被赐死，司马靳埋葬在夏阳西南的华池。司马靳的孙子叫司马昌，做了秦朝的铁官，此时正是秦始皇执政的时候。司马蒯聩的玄孙司马卬做了武信君武臣的部将，攻取了朝歌一带地方。项羽封诸侯为王，司马卬被封为殷王。汉王刘邦伐楚，司马卬投靠汉王，把他的封地改为河内郡。司马昌生司马无泽，司马无泽做了汉长安交易市长。无泽生司马喜，爵为五大夫。昌、无泽、喜三代都埋葬在华池西面的高门原。司马喜生司马谈，司马谈做了太史公。

太史公向唐都学习天文，向杨何学习《易》，向黄子学习道家理论。从建元到元封之间，司马谈做了三十年的太史令。他痛心讲学的人都不通晓各学派深微的意义，各守师承而囿于见闻，于是著《论六家要旨》，说：

《易·大传》说："治理天下这样一个道理，可以有各种方案；走向一个目的地，可以有不同的道路。"阴阳、儒、墨、名、法、道，这六家学说都致力于治天下，只是所主张的原则却不同，互相有长有短。我曾经考察过阴阳家的学说，太重视吉凶的预兆，忌禁繁多，使人的思想受到束缚而多有畏惧。然而它所推定的四时顺序，是不可丢掉的。儒家务求广博而不得要领，费力不少而成绩很小，因此儒家学说难于完全遵从。然而它所序定的君臣、父子的礼节，夫妇、长幼的分别，是不可以改变的。墨家倡导的节俭叫人难以遵行，因此墨家的主张，是不可以一一施行的。然而它所强调的务本与节用，是不可以丢弃的。法家的主张太严厉苛刻，缺乏恩情。然而它所整肃的君臣上下的名分，是不可以改动的。名家过于纠缠概念，反而常常失掉了真理。然而它阐明名和实的关系，是不可以不加研究的。道家使人精神专一，主张适应自然来满足万物的要求。它的精义和方法是依据阴阳家所推行的四时顺序掌握天时运行，采取儒、墨两家的长处，吸收名家和法家的精华，随着时间来转移，顺着事物而变化，这样来立定常规和处理事务，绝对没有不相宜的地方，并且宗旨简单，容易掌握，做得少而收获多。儒家就不是这样。他们认为君主是天下的仪表，应该在上面倡导，臣子只能在下面附和，事事都要君主走在前边，臣子只能跟随在后边。像这样，君主就很辛苦，臣子却很安逸。至于大道的要旨就是舍弃个人的刚强和贪欲，去掉聪明、智慧，将这些放置一边而用智术治理天下。精神用得太多就要衰竭，身体过分劳累就会损坏。精神和形体都受到扰乱，不得安宁，要想和天地一样长久，没听说过有这样的事。

阴阳家对于春夏秋冬四季、八卦方位、十二度星次、二十四节气，都规定了禁忌，说什么"顺之者昌，逆之者亡"。不一定是这样，所以说阴阳家"使人的思想受到束缚而多有畏惧"。至于春天生育，夏天滋长，秋天收获，冬天收藏，这是自然的常规，不遵循它就没有别的东西可以作为自然法则，所以说"它所推定的四时顺序，是不可丢掉的"。

儒家把《易》《礼》《书》《诗》《乐》《春秋》这六艺作为经典，它的经文、传文累千累万，穷其一生也精通不了那些学问，耗费青春也并不懂得那些烦琐礼节，所以说"儒家务求广博而不得要领，费力不少而成绩很小"。至于序定君臣、父子的礼节，夫妇、长幼的分别，即使是百家之说都不能改变的。

墨家也尊崇尧舜，称颂他们的德行说：“正常房基三尺高，土筑台阶才三级，茅草房顶不修剪，柞木屋椽不雕饰。盛饭用陶簋，装汤用瓦盆，粗粮做饭，豆叶熬汤。夏天穿葛衣，冬天披鹿皮。”墨家送葬，用的桐木棺材只三寸厚，哭得也不悲哀。主张举行这样的丧礼，一定要用它来作为万民的榜样。假使全天下都效法这样做，那么尊卑就没有差别了。不同的风俗习惯随着时代在转移，事业也就必然不同，所以说“墨家倡导的节俭叫人难以遵行”。但它的要点是强调务本和节用，这是引导家家户户走向富足的办法，这是墨家的长处，即使是其他百家之说都不能丢弃的。

法家不区别亲疏关系，不分地位尊卑，都一概用法来约束，这就把爱亲、尊长的恩情断绝了。它可以作为非常时期的临时措施，但绝不可以长期实行，所以说“法家的主张太严厉苛刻，缺乏恩情”。至于主张尊重君权，压抑臣下，明确职分的界限不得互相逾越，即使是其他百家之说都不能更改的。

名家过于在概念上纠缠不休，使人不能融会贯通掌握真理，专注于名词概念的推理，反而失去了容易理解的常情，所以说“名家过于纠缠概念，反而常常失掉了真理”。至于循名责实，参错交互综合考察事物的本质，不迷失方向，这一点也是不可以不加研究的。

道家学说是无为又无不为，其实很容易实行，不过表达的言辞却难以理解。它的精神是以虚无的道为本体，遵循自然为功用。没有一成不变的发展方向，没有固定的形体格式，所以能够适应万物的规律。自己不走在事物的前边，也不落在事物的后边，所以能够做万物的主宰。法则的有无，顺应时势来确定；度数的有无，迎合外物起变化。所以说“圣人永垂不朽，因他顺时而行。虚无是道的核心，因循是君主的纲领”。把群臣召集起来，务必使人人明白。行为与言论相符叫作真实，行为与言论不符叫作虚假。虚假的话不听，奸伪就不发生，好人与坏人自然区分，黑白也就分明。问题在于如何运用罢了，任何事情都是能够成功的。与大道符合的，看起来混混沌沌。而光明却照耀天下，回返到无名的境界。人所赖以生存的是精神，精神所依托的是身体。精神用得太多就要枯竭，身体过分劳苦就要损坏，精神和形体分离，人就死亡。死了的不能再生，分离的不能再合，所以圣人特别重视。由此可见，精神是生存的根本，形体是生存的体现。如果不首先稳定自己的神形，却说“我有办法治理天下”，那有什么根据呢？

太史公职掌天文，不管民事。他的儿子叫司马迁。司马迁出生在龙门，童年在龙门山南麓的家乡度过。司马迁十岁时就能识读古文。二十岁壮游江、淮，攀登会稽山探访禹穴，到九嶷山考察舜的遗迹，浮游沅水、湘水，寻踪屈原漫游的路径；北上汶、泗，到临淄、曲阜去研习学问，观察孔子教化的遗风流韵，还到邹县、峄山去学习乡射礼节；在游历鄱、薛、彭城的时候，一度遭到危困，然后取道沛县，经过砀、睢阳到达大梁，由那里回到长安。于是做了郎中官，元鼎六年奉使监军，西征巴、蜀以南，平定了邛、笮、昆明。元封元年，回到长安报告使命。

就在司马迁回到长安报告使命的这一年，汉武帝东巡泰山举行封禅。太史公留滞洛阳未能参与典礼工作，所以十分愤懑，眼看就要死了。这时，他的儿子司马迁正奉使回来，在洛阳见了父亲。太史公拉着他的手，伤心地流着眼泪说：“我们的祖先是周王室的太史。在上古的虞夏时代曾经有过显赫的功名，职掌天官。后来衰落了，难道断送在我这里吗？你一定要再做太史，这样就可以继续我们祖祖辈辈的事业。当今皇帝，承接千秋万代的大业，到泰山封禅，我不得随从，是命里注定的啊！是命里注定的啊！我死了，你一定要做太史，做了太史，千万不要忘记我想要论著的事业啊！况且孝道是从侍奉父母开始，进而侍奉皇帝，最终是本身扬名后世，光耀父母，这才达到孝道的最高点。天下称颂周公，就是说他能够歌颂文王、武王的功德，发扬光大使风教大行于天下，追述太王、王季的思想直到公刘，上尊始祖后稷。周厉王、周幽王时王道衰落了，礼乐损坏了，孔子整理旧时文献，编纂了《诗》《书》，写作了《春秋》，直到今天还是学者们遵守的准则。自鲁哀公获麟以来，有四百多年了，由于诸侯兼并，各国的史书没有传下来。当今汉朝建立以来，全国统一，圣明的皇帝、忠贤的臣子、赴义死难的君子的事迹，我当太史的没有记载下来，断绝了历史文献，我非常惶恐，你好好记着这件事情啊！”司马迁低着头，流着眼泪诚恳地说：“儿子虽然不聪明，一定把父亲编纂历史的计划全部完成，不敢有丝毫遗漏。”

司马谈死后的第三年，司马迁做了太史令，阅读和采摭石室金匮收藏的图书档案。又过了五年，是太初元年，十一月甲子初一凌晨冬至，这一天宣布了新历，在明堂举行了庆典，这就是太初历。山川鬼神的祭仪活动，新历中作了明确的规定。

司马迁说："父亲说过：'自从周公卒后，隔了五百年生了孔子。孔子死后到今天又是五百年了，有谁能够继承孔子宣扬清明盛世的教化，修正《易经》，续作《春秋》，依据《诗》《书》《礼》《乐》来衡量一切呢？'意思就在这里！意思就在这里！我怎么敢谦让这一时代所赋予的使命呢！"

上大夫壶遂说："从前孔子为什么要作《春秋》呢？"司马迁回答说："我听董仲舒先生说过：'周室的王道衰微了，孔子做鲁国的司寇想振兴它，诸侯就陷害他，大夫就阻隔他。孔子知道自己的主张不被采用，王道不能推行，于是作《春秋》，在二百四十二年的记事中表明是非，作为天下的法则。他批评无道的天子，贬斥僭礼的诸侯，声讨犯上的大夫，用口诛笔伐来推行王道罢了。'孔子说：'我想发表自己的议论，还不如记载历史事件，因事见义，更确切明显。'《春秋》这部书，上能阐明夏、商、周三代的王道，下能分辨人们行事的伦理纲纪，判别嫌疑，辨明是非，决断疑惑，赞美善良，贬抑丑恶，颂扬贤人，谴责坏人，保存已灭亡的国家的史料，继续载述已绝代的世系，修补残缺，振兴衰废，这一切都是王道的要点。《易》这部书，专门讲说天地四时、阴阳五行的，所以特点在于说明变化；《礼》这部书，规范人伦，所以其特点在于指导行动；《书》这部书，记载先王的事业，所以特点在于施行政事；《诗》这部书，记载山川溪谷、禽兽草木、牝牡雌雄，所以特点在于表现风俗；《乐》这部书，讨论音乐如何兴起，所以特点在于使人和爱；《春秋》这部书，辨别是非，所以特点在于陶冶人民。因此，《礼》用以节制人欲，《乐》用以发扬和气，《书》用以指导政事，《诗》用以表达思想感情，《易》用以阐明物理变化，《春秋》用以引导人们遵守道义。治理乱世，使它走上正轨，没有比《春秋》更切合需要的了。《春秋》这部书，字数有几万，事例有数千。万事万物的分散或聚合的道理都包括在《春秋》里面了。《春秋》书里记载着三十六起弑君事件和五十二个亡国事例，而诸侯奔走逃亡，不能保有他们的国家的，简直无法统计。考察它的原因，都是由于失掉了礼义这个根本。所以，《易经》上说，'失之毫厘，差以千里'。《易经》又说，'臣犯上弑君，子犯上杀父，不是一朝一夕的缘故，而是逐步发展起来的’。所以做国君的人，不可以不通晓《春秋》，否则，面前有进谗言的人，却不能看见，背后有叛逆作乱的人，也不能发觉。做人臣的人，也不可以不通晓《春秋》，否则，处理日常事务也不知道怎样做才合理，遭遇突然的变更不知道采取权宜措施。作为君父的人，如果不通晓《春秋》的大义，一定招致蒙受首恶的名声。作为臣子的人，如果不通晓《春秋》的大义，一定陷于篡弑而被诛杀，落个死罪的恶名。其实，他们都以为自己在做善事，只是由于不知道怎样做才合于义理，以致办错事而受到议论则不敢推卸罪名。不通晓礼义的宗旨，就要堕落到君不像君，臣不像臣，父不像父，子不像子的地步。君不像君的，臣下就要干犯；臣不像臣的，君上就要诛戮；父不像父的，就没有德行；子不像子的，就没有孝行。这犯上、诛下、无德、不孝四种行为，是天下最大的罪恶。用天下最大的罪名加在犯了这种罪恶的人身上，他们只能接受而不敢推辞。所以《春秋》这部书，是礼义的源泉和归宿。礼义的作用，是防范坏事的发生，法律的施行，是在坏事发生之后执行；所以法律的功用显而易见，礼教的作用一般人很难知道。”

壶遂又问道：“孔子的时代，上面没有圣明的君主，下面的人得不到任用，所以才作《春秋》，以留下议论来裁断礼义之分，作为统一的王法。如今先生上遇圣明的天子，下面得以尽职，万事俱备，都各得其所，先生要论著的，想要阐明些什么呢？”

司马迁回答说：“啊啊，不不，不是这个意思。我听父亲说过：‘伏羲最纯朴了，他作了《易·八卦》。尧、舜的盛德，《尚书》加以记载，礼乐因之兴起。商汤王、周武王的兴隆，得到诗人的歌颂。《春秋》有两方面的作用，一是扬善，二是抑恶，推崇夏、商、周三代的盛德，褒扬周朝，并不只是讽刺就完了。’自从汉朝建立以来，直到当今皇帝，获得了吉祥的符瑞，举行了祭告天地的封禅大典，改定历法，变易器物的颜色，受天命于上天，天子的恩泽广大无边。国外不同风俗语言的民族，虽然语言不通，但他们也叩着边塞的关门，请求朝见献礼，而且多得说不完。臣下百官，极力颂扬圣德，仍然不能完全表达自己的心意。况且天下有贤能的人得不到重用，是国君的耻辱；皇帝有圣明的功德而没有传布四方，那就是主管官吏的过失。何况我曾担任过史官的职务，如果废弃明圣的功德而不去记载，湮没功臣、世家、贤大夫的功业而不去论述，忘却父亲的遗嘱，那罪过就太大了。我所写的不过是叙述历史故事，把传世的资料进行了一番整理，算不了什么创作，而您比作《春秋》，那就错了。”

于是按计划进行论定编次，写成文章。司马迁编纂《史记》的第七年，遭受李陵之祸，被关进了监狱，于是长叹说：“是我的罪过吗！是我的罪过吗！身体毁伤，不能用于世了。”转而深思说：“《诗》《书》之所以写得隐约，是作者借以更好地表现自己深沉的思想。从前西伯被囚禁在牖里，却推演了《周易》；孔子在陈、蔡遭受到厄困，便作了《春秋》；屈原被放逐，作了《离骚》；左丘失明，这才写了《国语》；孙子受了刖刑，著了《兵法》；吕不韦流放西蜀，《吕览》更加流传；韩非被囚于秦，世间更重视《说难》《孤愤》；《诗》三百篇，大都是圣贤发泄愤懑的作品。这些人都是因心里有郁结，又得不到通达，所以才叙述往事，使后人反思。”于是终于完成了父亲计划的通史，从唐尧以来到汉朝获麟为止，但上古史的开头，实际从黄帝写起。

远古的黄帝，取法天地，四圣遵循，而又各有自己的法度。唐尧禅位给虞舜，舜因肩负重任而十分忧虑。光芒万丈的五帝功德，千秋万代都赞美。作《五帝本纪》第一。

大禹的功绩是划定九州，功成在唐虞时代，德泽遗留给后世子孙。夏桀骄奢淫逸，于是被汤放逐到鸣条。作《夏本纪》第二。

契封于商，传代到成汤。有德的伊尹，流放太甲到桐宫反省。武丁得到傅说，复兴商朝，史称高宗。纣王沉溺淫乱，诸侯不来朝贡。作《殷本纪》第三。

弃为农官封于邰，传至西伯德业盛。武王伐纣战牧野，建立周朝安天下。厉、幽二王都昏乱，丧失国都丰京、镐京。日渐衰微至赧王，秦并洛邑祭祀绝。作《周本纪》第四。

秦国的祖先，就是辅佐夏禹的伯翳。秦穆公思慕仁义，追悔殽战深深自责，哭祭阵亡诸将士；死后却用人殉葬，秦人悲痛而赋《黄鸟》。昭襄奠定皇帝业。作《秦本纪》第五。

秦政即位，兼并六国，销毁兵器铸大钟，指望用以绝战祸。上尊号，称皇帝，夸耀武力，暴力专政。二世继位，革命兴起，子婴投降，秦朝遂亡。作《始皇本纪》第六。

秦朝不行王道，豪杰一齐反抗。项梁创业，项羽继承，他杀了卿子冠军，挽救了赵国，分封诸侯十八王。后来他杀了降王子婴，又背叛了楚怀王，全天下都谴责他。作《项羽本纪》第七。

项羽残暴，汉王仁德。发愤起兵蜀汉，还师平定三秦。诛杀项羽创造帝业，从此天下享太平。改革制度，变易风俗。作《高祖本纪》第八。

惠帝早死，诸吕当权，百姓不安；吕太后加强吕禄、吕产的权力，千方百计铲除诸侯；杀害隐王，囚禁幽王，大臣恐惧，吕党族灭。作《吕太后本纪》第九。

汉朝新造，继嗣不明，代王即位，天下归服。废除肉刑，取消关卡，普施恩惠，史称太宗。作《孝文本纪》第十。

诸侯叛乱，吴为谋首，京师征讨，七国服罪。全国稳定，国殷民富。作《孝景本纪》第十一。

汉朝建立传五代，建元时期最繁盛，对外征服了夷狄，对内创新了制度，举行封禅，改定历法，变易服色。作《今上本纪》第十二。

夏、商、周三代，距离今天很久远了。历史记载，年月难以查考，根据谱表简策和传说，于是考核推算出一个大略的世系，作《三代世表》第一。

周厉王、周幽王以后，王室衰微，诸侯专政，《春秋》的记载有所疏漏，谱表世系更加简略。为知道春秋五霸的更替兴衰以及列侯的情况，作《十二诸侯年表》第二。

春秋以后，陪臣执政，强国互相称王。直到秦国统一华夏，才消灭了封建诸侯，建立了皇帝名号。作《六国年表》第三。

秦朝政治既然暴虐，楚人陈涉首倡起义，项羽横行，天下大乱，汉王扶持正义，出兵征讨。八年之间，天下的主宰换了三次，事情繁多，演变剧烈，所以详作《秦楚之际月表》第四。

汉朝建立到太初，整整一百年，诸侯废置分国的情况，谱系记载不详，主管部门也没有连续的记载，只写了些空洞的强弱原因。作《汉兴以来诸侯王年表》第五。

高祖开创基业，辅佐大臣都得剖符封爵，恩泽传及子孙，后代忘了祖宗创业的艰难，有的遭到杀身亡国的灾祸。作《高祖功臣侯者年表》第六。

从惠帝到景帝，这期间许多功臣的宗室子弟得到封爵食邑，作《惠景间侯者年表》第七。

北伐严惩强暴的匈奴，南征平定剽悍的两越，为了表彰征伐夷蛮的武功，作《建元以来侯者年表》第八。

诸侯强大以后，七国联合为纵，诸侯子弟众多，他们没有爵禄和封邑，实行推恩政策，分裂诸侯国土地，封众子弟为侯，削弱了诸侯的势力，恩德却归皇帝。作《王子侯者年表》第九。

国家的贤相良将，他们是老百姓的师表。考察汉朝建立以来的将相名臣纪事年谱，好的记下他们的政绩，不好的暴露他们的坏事。作《汉兴以来将相名臣年表》第十。

夏、商、周三代的礼仪增损，各自有不同的目的，然而原则都是为了切合调节人的性情，通达王道，所以礼是适应人的本质需要而产生的，为了总结贯通古今的演变。作《礼书》第一。

音乐是用来移风易俗的。自从兴起了《雅》《颂》那样的庙堂诗，同时就流行着《郑》《卫》那样的民间诗，《郑》《卫》音乐也有着悠久的历史。音乐可以感发人们的共同思想，远方的少数民族也会怀德感化。综合《乐书》的研究，叙述从古以来音乐的发展，作《乐书》第二。

没有武力不盛强，没有仁德不繁昌，黄帝、商汤、周武王得天下，夏桀、殷纣、秦二世遭灭亡，难道还能不慎重地引为借鉴吗？《司马法》形成的历史悠久，吕尚、孙子、吴起、王子成甫等人继承并发展了兵法理论，切合近代情况，穷究了人事变化。作《律书》第三。

万物变化由阴阳，律以候气使人知道气候的变化，历以推出日月五星的运行使人知道季节的到来。要探究律历间的奥妙，不能有丝毫疏忽。黄帝、颛顼、夏、殷、周五家历法都有误差，只有太初历最准确。作《历书》第四。

研究天文知识的书，夹杂许多吉凶预兆，怪诞不经。有些是经过推算做出的预言，考察效果，应验不错。因此，收集那些有应验又符合运行轨道的部分，加以整理，作《天官书》第五。

受天命统一天下的皇帝才能封禅，因此封禅的符瑞很稀罕，一经封禅，所有的神灵莫不受到祭祀。追溯祭祀众神、名山、大川的礼仪，作《封禅书》第六。

大禹导河，九州安宁。逮及宣防，开沟凿渠。作《河渠书》第七。

钱币的流通是为了便于农商。但走向极端就要生奸巧，同时也会出现争夺兼并，牟取暴利，投机取巧的事，使人们离开农业而从事工商业。作《平准书》以考察经济的演变，是为第八。

太伯避位让给季历，于是远去江南蛮荒之地。因此，季历的后代周文王、周武王得以嗣位，发展了先人古公亶父的王业。太伯的后代吴王阖闾杀吴王僚自立，一度征服了强大的楚国。阖闾的儿子夫差继位，打败齐国以后，把贤臣伍子胥赐死，并把他的尸体装在鸱夷袋中沉在江里。夫差信用谗臣伯嚭与越结和，吴国终于灭亡。为赞美吴太伯的谦让之德，作《吴世家》第一。

申、吕衰落了，尚父出身微贱，但他终于投归西伯，做了周文王、武王的老师。他功劳越过群公，谋划深思熟虑，这个精神抖擞满头黄发的老人，受封在营丘。齐桓公不背弃柯盟的誓约，退还了侵夺鲁国的地方，因此繁荣昌盛，多次会盟诸侯，霸业辉煌。田恒和阚止争权，姜齐瓦解灭亡。为赞美尚父的谋略，作《齐太公世家》第二。

周初灭殷，诸侯有的归顺，有的反叛，是周公把他们安抚了，他又努力治国，于是天下和平。他辅佐成王，使诸侯都朝宗于周。他的后代鲁桓公却杀了哥哥鲁隐公而自立，这种背叛祖德的行为，是怎么产生的呢？三桓的子孙争夺权力，鲁国于是不昌。赞美周公旦祷告以身代武王，祝策《金縢》，作《周公世家》第三。

武王灭纣，天下还没安定就死了。成王年幼，管叔、蔡叔怀疑周公擅权，起兵叛周，淮夷响应。依靠了召公的威德，安定王室，削平了东方诸侯叛乱。燕王哙禅让子之，造成祸乱。赞美《甘棠》诗的精神，作《燕世家》第四。

周武王封两弟姬鲜于管、姬度于蔡，并为武庚相，是希望他们安定殷代的遗民。等到周公摄政，两叔不服。周公东征，杀了管叔，流放了蔡叔，并宣誓忠于王室。文王妃大任生有十子，因此周王室宗族盛强。赞美蔡叔之子蔡仲能改过自新，复封于蔡，作《管蔡世家》第五。

王者的后代不会湮灭不闻，舜、禹两人后世有国就是证明。只要功德光明，子孙后代就蒙受福业，历世百代仍能享受祭祀，如周封舜后于陈，封禹后于杞，陈、杞两国直到春秋后期才被楚国灭掉。陈完入齐，改姓田氏，竟代姜齐，他的祖先舜是多么伟大的人啊！作《陈杞世家》第六。

为了管理殷代遗民，康叔姬封受封于卫。为了陈说商朝的政乱以作借鉴，周公写了《酒诰》《梓材》来警告他。到了宣姜生姬朔，她谗杀太子姬伋，卫国因此倾危不安宁。卫灵公夫人南子不喜欢太子蒯聩，造成了蒯聩父子相争的局面，颠倒了君臣的名分。周王室衰微了，战国七雄争强，卫国小弱而独最后灭亡，卫君姬角直到秦二世元年才被废为庶人。表彰《康诰》的精神，作《卫世家》第七。

箕子啊！箕子啊！纣王不用你的忠正之言，反而迫使你为奴隶。武庚反叛被杀，周代复封殷后微子于宋。宋襄公在泓水与强敌楚国硬拼，兵败受伤，君子们谁也不敢称颂他。宋景公有谦让的美德，荧惑倒行。剔成君暴虐无道，宋终于灭亡。赞美微子离开纣王时先请教太师，作《宋世家》第八。

武王死后，成王封弟叔虞于唐。君子批评晋穆公给太子取名仇，少子取名成师，果然仇的后代晋侯缗被成师的后代晋武公所灭。晋献公宠爱骊姬，杀太子申生，造成了五世混乱。重耳不得志而逃亡国外，他备尝艰苦后，回国成了霸主。六卿专政，晋国衰亡。赞美晋文公得周襄王赐珪和鬯，作《晋世家》第九。

重黎在帝喾时以火正为业，弟弟吴回接替了他。殷朝末年，从粥子开始有了谱系记载。周成王封熊绎于楚，他的玄孙熊渠扩张了楚国。楚庄王有贤德，复兴陈国，释放郑伯，解除了对宋的包围。楚怀王客死在秦国，令尹子兰反倒归咎屈原。顷襄王喜欢奉承，爱听谗言，于是楚国终灭于秦。赞颂楚庄王的仁义，作《楚世家》第十。

夏帝少康的庶子封于会稽，实际是被摈弃在南海。这个地方的风俗，人们文身，剪短发，捕食鼋鱼、鳝鱼。赵王保守封山、禺山，祭祀大禹。勾践在会稽山上被吴国围困，于是用文种和范蠡。赞美句践统率夷蛮能行德政，灭亡了强大的吴国，尊崇周朝，作《越王勾践世家》第十一。

郑桓公东迁得虢、郐十邑的奉献，是听从了周太史伯的话。郑庄公夺取了成周的禾，被周桓王记恨并受到君子的批评。宋庄公要挟蔡仲订盟，立公子姬突为郑君，驱逐了昭公姬忽，造成了郑国长久的内乱。子产仁惠，屡世称贤。三晋侵犯，郑灭于韩。赞美郑厉公接纳周惠王，平定了周乱，作《郑世家》第十二。

造父为周穆王寻得了千里马，于是得到表扬，赐封赵城。他的后代赵夙侍奉晋献公得封耿地，赵衰继承夙的绪业，辅佐晋文公尊重周王室，终于成为晋国的辅弼大夫。赵襄子在晋阳受辱，于是擒灭智伯。赵武灵王被围困在沙丘宫，只好采食鸟卵，最后被活活饿死。赵王迁信谗淫乱，良将李牧受到排斥。赞许赵鞅讨平周王室之乱，作《赵世家》第十三。

晋献公封毕万于魏，卜偃预言他的后代必定壮大。魏绛惩罚了晋悼公的弟弟杨干，悼公仍然用他为臣，和好戎翟。魏文侯趋向仁义，以子夏为师。梁惠王好大喜功，遭秦、齐的攻击。魏安釐王怀疑信陵君，使得诸侯罢止。大梁终于被秦国军队攻破，魏王假被俘虏做了养马卒。赞美魏武子辅佐晋文公完成霸业，作《魏世家》第十四。

韩厥暗中帮助赵武，使废绝的赵氏重又兴起。因此，晋人都归向他。韩昭侯用申子变法，显列诸侯。韩王安不信用韩非，秦王政却攻韩索非。赞美韩厥辅佐晋朝，维护周天子的贡赋，作《韩世家》第十五。

陈完避难，去到齐国立脚，暗中施惠人民，一连持续五代，赢得了齐人的讴歌。田成子专政，田和始列为诸侯。齐王建听信奸臣后胜的话不战降秦，于是流放到共。赞美齐威王、齐宣王独能在混浊的时代，尊崇周朝，作《田敬仲完世家》第十六。

周王室已经衰微，诸侯则为所欲为。孔仲尼痛惜礼乐损坏，故整理经籍文献，用以宣扬王道，使乱世回复到正路上来。看他写作的文章，都是为了给天下制定仪法，让六经作为后代的纲纪而世代留传。作《孔子世家》第十七。

夏桀、商纣无道，兴起了商汤王、周武王。周朝失去了王道，孔子编述了《春秋》。秦朝不行仁政，陈涉发动了起义，诸侯响应他的号召，一齐兴起，就像风卷残云一般，终于推翻了秦朝的统治。天下起义，是陈涉首倡。作《陈涉世家》第十八。

高祖在成皋台召幸薄姬，生了代王。窦姬委曲去代，后来却做了皇后，使窦氏宗族得到尊宠。栗姬骄贵被废，王夫人做了皇后。陈皇后骄宠失爱，卫子夫得以尊贵。赞美像薄姬这样贤淑的后妃之德，作《外戚世家》第十九。

汉高祖用计在陈逮捕了韩信。荆、越的地方民风强悍，于是封弟刘交为楚王，定都彭城，以加强对淮水、泗水流域的控制，屏卫汉室。刘交的孙子刘戊沉湎淫乱，造反被杀，汉复封刘交的小儿子刘礼为楚王。赞美刘交辅佐高祖，作《楚元王世家》第二十。

高祖起兵，刘贾随从，得封荆王。英布反汉，袭荆杀贾，取得荆、吴之地。营陵侯刘泽智激吕太后，得封为琅邪王。他听信了祝午的欺骗，被扣留在齐国，后又设计脱身，西入长安拥立了孝文帝，重新被封为燕王。当天下还没巩固的时候，刘贾、刘泽因皇室关系被封为王，为汉藩辅。作《荆燕世家》第二十一。

天下平定以后，刘氏亲属不多。高祖庶长子刘肥被封为齐王，镇抚汉家东部疆土。齐哀王刘襄擅自起兵，讨伐诸吕，但由于舅父驷钧暴戾，京师大臣都不拥立其为帝。厉王刘次景与姐奸淫，被齐人主父偃告发成祸。褒扬刘肥为汉肱股，作《齐悼惠王世家》第二十二。

项羽把高祖围困在荥阳，双方对峙了三年。萧何镇抚关中，运筹计划，补充兵源，输送粮食，使老百姓亲爱汉王，不喜欢楚王。作《萧相国世家》第二十三。

和韩信一起平定了魏地，攻破赵军，又灭了齐国，因此削弱了楚王项羽的力量。继承萧何做丞相，不标新，不立异，百姓得到安宁。赞美曹参不夸功逞能，作《曹相国世家》第二十四。

定计设谋于军营之中，制胜强敌而不露形迹，张子房主持参谋工作，他没有人所共知的声名，也没有由于勇敢而得来的功劳，但是他能变难为易，处理大事的措施极其细密。作《留侯世家》第二十五。

陈平六出奇计，天下诸侯臣服汉朝。封诸吕为王，本是陈平定下的权宜计谋，终于安定了宗庙，巩固了汉家政权。作《陈丞相世家》第二十六。

诸吕合谋，削弱京师，周勃一反他的刚直性情而随机应变。吴、楚联兵反汉，周亚夫驻兵昌邑，用以扼制齐、赵的叛军，又暂时弃梁不救以牵制吴、楚，削平了诸侯。作《绛侯世家》第二十七。

七国叛乱，只有梁为京师屏藩，抵抗吴、楚。梁孝王刘武因而夸功，又依仗窦皇后的宠爱而自负，几乎招致大祸。嘉许他能抗拒吴、楚，作《梁孝王世家》第二十八。

景帝的五宗皇子都封为王，亲属融洽，诸侯大大小小都为汉藩辅，各得其所，僭位反叛的事件日益减少。作《五宗世家》第二十九。

当今皇帝三子封王，诰策文辞值得观赏。作《三王世家》第三十。

衰乱之世，大家争权夺利，只有伯夷、叔齐，仗义让国，饿死首阳，全天下人民都称赞他们。作《伯夷列传》第一。

晏子简朴，管仲奢侈。管仲辅齐桓公称霸，晏子佐齐景公称治。作《管晏列传》第二。

李耳主张无为，认为万物将自然变化，天下将自然安定。韩非善于推度事理，遵照形势和事物的规律办事。作《老子韩非列传》第三。

从古以来统治天下的人都保有《司马法》，只有司马穰苴才能发扬光大。作《司马穰苴列传》第四。

没有具备信、廉、仁、勇这些品德的人，就不能传给他兵法和剑术，这样才符合用兵使剑的原则，内可以修身，外可以应变，这才可以和君子相提并论。作《孙子吴起列传》第五。

楚太子建被谗害，祸患连累了伍奢，他的两个儿子，伍尚殉父，伍员奔吴，终于报了仇。作《伍子胥列传》第六。

孔子编述文献经籍，弟子发扬他的事业，他们都可为人民的师表，崇尚仁义。作《仲尼弟子列传》第七。

商鞅离开了卫国到了秦国，阐明实施了自己的政治主张，使秦孝公成为强大的霸主，后世也遵守他的法轨。作《商君列传》第八。

天下诸侯害怕与秦连横，满足不了它的贪欲，而苏秦能号召诸侯合纵抗秦，抑制了它的贪婪强横。作《苏秦列传》第九。

东方六国已经合纵相亲，而张仪懂得纵横之术，重新使诸侯解散，连横事秦。作《张仪列传》第十。

秦之所以东出函谷关，扰乱天下，称雄诸侯，是靠樗里和甘茂的策略。作《樗里甘茂列传》第十一。

使秦国的实力扩张到西河之外，囊括了黄河、华山，围攻大梁，使东方诸侯拱手事秦，这是魏冉的功劳。作《穰侯列传》第十二。

南面攻取了楚国的鄢、郢，北面摧毁了赵长平军，于是创造了围困邯郸的条件，是武安君白起做统帅。秦灭楚、赵，是王翦的计谋。作《白起王翦列传》第十三。

涉猎儒、墨两家遗文以著书立说，荀子申明了礼义的统纪，孟子断绝了梁惠王崇利的苗头，同时又都总结了历史兴衰的经验。作《孟子荀卿列传》第十四。

孟尝君好客喜士，士人归聚在薛，为齐国抗御了楚、魏的侵略。作《孟尝君列传》第十五。

平原君利令智昏，中了冯亭嫁祸于赵的权变之计。但是，秦围邯郸，平原君能入楚求救，使他的君王免遭灭亡而仍为诸侯。作《平原君虞卿列传》第十六。

能以富贵之身与贫贱之士相交，能以贤德之才与没有才能的人来往，只有信陵君真能做到。作《魏公子列传》第十七。

春申君黄歇用自己的身体为主子御难，于是楚太子熊横得以脱祸于强秦，能说会道的士人纷纷南向归楚，他们是爱慕黄歇的义。作《春申君列传》第十八。

能够忍受魏、齐的侮辱，而树威于强秦，推荐贤才，让出相位，有范雎、蔡泽两人。作《范雎蔡泽列传》第十九。

乐毅遵循自己的谋划去实行，联合赵、楚、韩、魏、燕五国的军队，为弱燕报仇与强齐作对，洗刷了先君燕王哙蒙受的耻辱。作《乐毅列传》第二十。

蔺相如敢于与强秦分庭抗礼，而他却向廉颇屈服，这是牺牲个人，效忠国君。蔺相如与廉颇两人并重于诸侯。作《廉颇蔺相如列传》第二十一。

齐湣王因乐毅教训齐而丢了都城临淄，逃亡到莒，独有田单依靠即墨孤城为据点，击退燕将骑劫，于是保存了齐国的社稷。作《田单列传》第二十二。

能用外交辞令使围城解难，轻视爵禄而以驰骋其意志为快乐。作《鲁仲连邹阳列传》第二十三。

用写文章的办法进行讽谏，用连类比喻的形式辩明正义，《离骚》是这样的作品。作《屈原贾生列传》第二十四。

吕不韦结交赵国的秦质子公子子楚，终于做了秦相，使六国之士纷纷入关事秦。作《吕不韦列传》第二十五。

曹沫用匕首劫齐桓公，既使鲁国重获失去的土地，也使齐国遵守了信义。豫让不事二主，竭尽忠诚为智伯报仇。作《刺客列传》第二十六。

有自己明确的计划，推动秦国适应时势采取策略，终于使秦国灭诸侯而统一天下，这主要是李斯的谋略。作《李斯列传》第二十七。

为秦开拓土地、增加民众，北边征服了匈奴，据守黄河之险为边塞，凭借阴山之固为屏障，建置榆中四十四县。作《蒙恬列传》第二十八。

削平赵国，以常山为塞扩充河内地方，从而削弱了楚国的威势，使汉王的信义昭明于天下。作《张耳陈馀列传》第二十九。

魏豹收聚西河及上党的军队，随从高祖攻打项羽到了彭城。彭越攻略梁地乱楚后方，牵制项羽使他受到困扰。作《魏豹彭越列传》第三十。

淮南王黥布，以其地叛楚投汉。汉王又用黥布劝降了楚大司马周殷，终于在垓下打败了项羽。作《黥布列传》第三十一。

当刘邦被项羽围困在京索地区的时候，韩信攻取了魏、赵，平定了燕、齐，使汉王占有天下三分之二的地方，因此灭掉了项羽。作《淮阴侯列传》第三十二。

当楚、汉在巩洛地区相争的时候，韩王信镇抚颍川为韩王，卢绾助汉切断了项羽的粮饷。作《韩信卢绾列传》第三十三。

诸侯都背叛了项王，只有齐王真正在城阳牵制了项羽，汉王于是乘机攻破了彭城。作《田儋列传》第三十四。

攻取城池，带兵打仗，有了战绩就向汉王报功，樊哙、郦商贡献了很大的力量。他们不单是受汉王驱使，而且还替他解脱过危难。作《樊郦列传》第三十五。

汉朝刚刚建立，规章制度还没有明确规定，张苍为主计，统一了度量衡制度，又订正了历法和音乐。作《张丞相列传》第三十六。

擅长外交为汉通使，结约诸侯感怀汉德，使他们归顺汉朝，为屏藩辅佐。作《郦生陆贾列传》第三十七。

想详细知道秦亡楚灭的经过，只有问周緤等人，他们经常跟随高祖，平定诸侯。作《傅靳蒯成列传》第三十八。

刘敬建议徙豪强于关中，建都长安，与匈奴和亲。叔孙通制定了朝廷礼仪，编撰了宗庙仪法。作《刘敬叔孙通列传》第三十九。

季布能够抑制刚强的气性而变得柔顺，终于做了汉朝的大臣。栾布看重义气，不怕威势，不逃避死亡。作《季布栾布列传》第四十。

袁盎敢于犯颜直谏，维护礼义的尊严；晁错不顾自己的安危，为国家的长治久安谋划。作《袁盎晁错列传》第四十一。

严格执行法律而不违背大理，借古喻今，使皇帝更加贤明。作《张释之冯唐列传》第四十二。

为人敦厚慈孝，说话谨慎，但办事敏捷，很讲礼节，具有君子长者的风度。作《万石张叔列传》第四十三。

坚守气节刚正不阿，做人讲义气有棱角，行为高尚足以励志，手握重权绝不徇私舞弊。作《田叔列传》第四十四。

扁鹊讲医道，为医家所尊崇，医术高超卓绝，使后世遵循而难以有所改易。仓公的医术接近了他的水平。作《扁鹊仓公列传》第四十五。

由于代王刘仲被废，他的儿子刘濞得封为吴王，也是由于汉朝的初定，让他去镇抚江淮地区。作《吴王濞列传》第四十六。

吴、楚反叛汉朝，皇亲中只有窦婴贤能而又喜欢士人，士人都归附他。于是皇帝派他驻守荥阳督军，以平定吴、楚七国之乱。作《魏其武安侯列传》第四十七。

才智能够应付近代的各种变化，性情宽厚能够得人心。作《韩长孺列传》第四十八。

勇敢地和敌人作战，爱护士兵，号令简约，得到军队的爱戴。作《李将军列传》第四十九。

自夏、商、周三代以来，匈奴经常是中原的边患。想要了解敌人的强弱，以便决定防守或是进攻，作《匈奴列传》第五十。

拓直了曲折的边塞，开拓了河套以南的地方，攻破祁连山，交通西域各国，横扫北方匈奴。作《卫将军骠骑列传》第五十一。

文武大臣和皇亲国戚都以奢侈豪华为尊荣，只有公孙弘提倡节衣缩食，成为百官的表率。作《平津侯列传》第五十二。

汉朝既然统一了中国，而赵佗能安定杨越，为汉南方属国，纳贡称臣。作《南越列传》第五十三。

吴王刘濞反叛汉朝，东瓯王杀了他，保封禺之山，为汉藩臣。作《东越列传》第五十四。

燕太子丹的宾客部属流散到辽东，卫满把他们组织起来，聚集在渤海之东，又占据了朝鲜的真藩等地，据守在塞外为汉朝的属国。作《朝鲜列传》第五十五。

唐蒙为汉使，开通了夜郎国，因而邛、笮这些国家的君长，都请求为汉内臣接受郡县官的约束。作《西南夷列传》第五十六。

《子虚赋》和《大人赋》中，虽然堆砌了很多华丽的辞藻，作了过度的夸张，然而它的目的是为了讽谏，使皇帝施政归于无为。作《司马相如列传》第五十七。

由于黥布叛汉，高祖封自己的儿子刘长做了淮南王，用以镇抚江淮以南地方，安定强悍的楚地人民。作《淮南衡山列传》第五十八。

严格遵照法律认真办事的官吏，不夸耀自己的功劳，不表现自己的能干，虽然得不到老百姓的称颂，但没有什么过失。作《循吏列传》第五十九。

严整衣冠立于朝廷，文武百官就没有人敢说华而不实的言论，因为汲长孺态度端正；喜欢推荐别人，被称颂为有德长者，郑庄很有气量。作《汲郑列传》第六十。

自从孔子死后，京师不注重学校教育，只有建元到元狩年间，文学才发扬了光彩。作《儒林列传》第六十一。

老百姓背弃仁义而生巧诈，作奸犯法，善人不能感化他们，只有严厉的措施才能制裁他们。作《酷吏列传》第六十二。

既然汉朝通使大夏，因而西域各国都渴望了解中国，想来观光。作《大宛列传》第六十三。

救人于危难，助人于穷困，大概仁人有这样的德行吧！不失信约，不违诺言，只有讲义的人才具有这种品德。作《游侠列传》第六十四。

善于揣度皇帝的好恶，取得皇帝的欢心，从而得到亲近和宠信。这不单单是凭他们的相貌，还由于他们各有所能，发挥了自己的长处。作《佞幸列传》第六十五。

不与世俗同流合污，不争势夺利，上下没有阻碍，别人也不会陷害，因他擅长滑稽之道。作《滑稽列传》第六十六。

齐、楚、秦、赵各国的占卜者，都各有一套适合当地习惯的占卜术。想要综合观察他们的要旨，作《日者列传》第六十七。

夏禹、商汤、周武王占卜的方法不同，四方各民族的卜筮也不一样，然而目的都是用来判断吉凶。略谈其要点，作《龟策列传》第六十八。

不登仕途的布衣匹夫，不损害政治，不妨碍百姓，顺应时机买进卖出以增加财富，只有聪明的人才能这么办。作《货殖列传》第六十九。

我们汉朝是诞生在五帝三代的文化传统快要断绝的时候。由于周朝王道衰微，秦朝废去古代文化典籍，烧毁《诗》《书》，国家的藏书散乱了。在这时候，汉朝建立了，萧何编次了律令，韩信整理了兵法，张苍草拟了章程，叔孙通制定了礼仪，这么一来，文化才有了一些发展，并显示了它的特色，流散在民间的《诗》《书》典籍，不断地被捐献出来了。自从曹参推荐盖公，提倡黄老学说以来，精通申、商之学的贾谊、晁错，擅长儒学的公孙弘都很有名气。建国百年之间，天下所有的遗文古事，没有不集中在太史署里的。太史公父子相继担任编述历史的职务。太史公说："啊！我们的祖先曾经是史官世家，在唐尧虞舜时代就很显赫，到了周代，重做史官，所以司马氏世世代代职掌天官。难道断送在我这一代吗？牢记呀，牢记呀。"司马迁牢记父亲这一遗嘱，收罗天下遗散的历史传闻及帝王兴起的事迹，考察事件的发生根源，研究它的发展过程，观察朝代兴衰原因，考核事实，略述三代，详录秦、汉，从黄帝写起，直到当今，作十二本纪，科分条列为全书之纲。同一时代或不同时代的纷繁历史事件，年月记载不清，因此，作十表。为了论述历代的礼乐增损，律历改易，征伐谋略，山川形势及鬼神的祭祀，天与人的关系，经济的演变，作八书。像二十八宿环绕北辰，像三十根车辐共聚一毂，永远运行一样，作为朝廷的辅弼股肱之臣，忠诚行道，奉卫皇上，作三十世家。扶持大义，风流不羁而有卓越才干的人，趁着时机立了功名，为他们作了七十列传。总计一百三十篇，五十二万六千五百字，定名《太史公书》。本篇《自序》概略地阐明了述作宗旨。简括地说，《太史公书》就是搜辑遗文以补充六艺，以自成一家之言的著作。它协调了《六经》各家的不同解释，整齐了百家互相对抗的异论。正本藏在名山，副本留在京师，等待后代圣人君子的审察。作列传第七十。

司马迁说：我叙述了黄帝以来到太初年间的历史，共一百三十篇。

【讲析】

七千八百一十二字的《太史公自序》，其中记叙司马氏世系及司马迁传略的部分只有四百四十字，约占全文的百分之五点六。《太史公自序》主要篇幅是对《史记》一书的自注和提要，但却计数在一百三十篇内，并作为人物传记编列为列传第七十。这是怎么一回事呢？原来司马迁序列人物，记言与记行并重，而对于对社会没多大影响的秩禄并不重视。例如《司马相如列传》全文九千一百一十一字，直接记事的传记部分不足一千字，而引载的司马相如赋及文章共有八篇，达七千二百五十七字。所以《太史公自序》全文引载了《论六家要旨》，摘载了《史记》一百三十篇之目，这都是司马氏父子之言。班固作《司马迁传》，亦本此精神，所以传中又引载了《报任安书》，亦详载了《史记》序目。因为司马迁对于历史的重大贡献，就是他留下了成一家之言的《史记》。故《太史公自序》这一学术论著，即是太史公书之序传，也是作者自述的思想体系。下文讲析分段加了七个标题来概括《太史公自序》的主要内容，梳理司马迁的思想。

1. 司马迁的家世。

司马迁追叙远祖至唐虞之际的重黎氏。颛顼之世，重为南正司天，黎为北正司地。《左传》《国语》《山海经》等书都有关于重黎司典天地的传说。重为少昊之后，黎为颛顼之后，本是两个人。到了唐虞时代，黎之后兼管天地，号重黎氏；周代的程伯休甫就是重黎氏的后代，为司马，于是姓司马氏。所以《史记正义》引《司马彪序》云："南正黎，后世为司马氏。"也就是说司马氏为帝颛顼高阳氏之后。屈原《离骚》自述其祖先也说："帝高阳之苗裔兮，朕皇考曰伯庸。"《史记·楚世家》也记载了楚为颛顼之后。颛顼，黄帝之孙，是继黄帝统治天下的上古五帝之一。追叙祖先出颛顼之后，是一个光荣的家谱。至于这一传说是否为可靠的信史，则是无须考实的，也是不可能考实的。

司马氏世典周史，因惠襄之间，王室内乱，司马氏分散到三晋、卫、中山、秦。在秦国的一支，秦惠王时出了一个司马错，为秦伐蜀，并留守在那里。其后代转化为官僚地主世家，建功立名。到了汉代，武帝时司马谈为太史令，重新职掌天文地理，继承了祖先世守的事业。

在古代，卜史巫祝是天子的侍从。许慎《说文解字》云："史，记事者也。从又，持中。中，正也。""史"字的构造就是象征手持中正之德以记事的人。手所持应为具体事物，而中正之德是抽象的事物，为心之所有而非手之所持。后世学者对此产生了怀疑。江永撰《周礼疑义举要》，解释中为官府簿书，史象征手持簿书。吴大澂《说文古籀补》则谓"史象手执简形"。章太炎、范文澜申证此说，两人均谓中为简策之省形。因此，范文澜在《正史考略》绪言中说："'史'则仅从一'又'，示执简侍君，记言记动之义，盖'册'与'中'二形以繁省见义，非别有一物象中也。"近世学者虽然通过地下文物考证，纠正了许慎释字构造的错误，但是不能否定许慎所记录的古人观念。"中，正也"，这是对史官的要求。也就是说，记事的史官是公正无私的。司马谈以祖先世世代代为史官而自豪，他以这一“光荣家谱”教导司马迁，希望他发扬祖德，确立修史壮志。司马迁郑重其事地记载了祖先世为史官的传说，也就意味着对他们父子来说修撰一部贯通古今的通史是他们义不容辞的历史使命。

2. 司马氏父子《论六家要旨》。

《论六家要旨》是一篇杰出的历史哲学论文，它反映了汉初黄老哲学占统治地位的情况。司马谈主张用“道家”的精神统一思想，认为无为政治是长治久安的法宝。

秦汉时期，封建政治归于一统，要求文化思想与它相适应。所以综合百家之说，建立统一的新思想体系是时代提出的要求。秦始皇相吕不韦集门客撰述《吕氏春秋》做的就是这种统一工作。董仲舒治《公羊春秋》，倡导独尊儒术，得到了汉武帝的支持，原因亦在于此。司马迁成“一家之言”，也是应运而生。

司马谈仕于建元、元封之间。他发凡起例的述史计划是上起陶唐，下迄获麟。获麟即元狩元年。这一断限计划说明司马谈着手述史是在元狩年间。他的《论六家要旨》，就是述史的宗旨和宣言，当作于元狩之初。当时，汉武帝“罢黜百家，独尊儒术”的思想体系已经确立。儒生公孙弘以布衣为丞相，封平津侯，在社会上也产生了很大的冲击波，竟致于“靡然向风矣”。尊儒崇儒，从上到下成了一边倒。汉武帝外伐四夷，内兴功作，文景时代的无为政治为汉武帝的多欲政治所代替。全国宁静的生活被打破了，而且翻江倒海似的沸腾起来。

司马谈预感到“物盛而衰，固其变也”，他为了矫弊，也为了及时地提出警告，所以写了《论六家要旨》。

《论六家要旨》总括百家学说为六家：阴阳、儒、墨、名、法、道。司马谈在评论中全面肯定道家使人精神专一，与时迁移，应物变化，遵循自然，随俗办事，无所不宜。道家言“无为”又言“无不为”，吸收各家的长处，以“虚无”为本，以“因循”为用，“旨约而易操，事少而功多”。其他五家各有长短。阴阳家言吉凶，“未必然也”；但言春夏秋冬四时之大顺，“不可失也”。儒家以“六艺”为教条，繁文缛节，“博而寡要，劳而少功”；但言君臣父子之礼，序夫妇长幼之别，“虽百家弗能易也”。墨家言俭朴，过分吝啬，尊卑无别，“俭而难遵”；但言强本节用，人给家足之道，“虽百家弗能废也”。法家不别亲疏贵贱，一断于法，“严而少恩”；但言尊主卑臣，职责分明，“虽百家弗能改也”。司马谈的这些评论，把独尊的“儒术”与罢黜的“百家”等列，论长道短，又独尊了道家，简直是离经叛道，因而受到了班彪、班固父子的批评，也引起了后世学者的纷纭争论。有的人认为司马迁尊奉黄老学说，以班氏父子之言为经典：“其论术学，则崇黄老而薄五经。”反之，有的论者辟班正名，论证司马迁是尊儒的。或为折中，说司马谈、司马迁父子思想异趣，父子分途，司马谈尊黄老，司马迁崇儒，《论六家要旨》乃司马谈之作，与司马迁无涉。这些论点，按诸《史记》，各自都能找到立说的论据，但都不符合司马迁父子之言。

《论六家要旨》是司马氏父子两人的共同宣言。首先，《论六家要旨》发表之时，司马迁已壮游归来，成为司马谈述史的得力助手，日渐成熟。再看《论六家要旨》的内容，全文分前后两个部分。前半篇概述各家学说的要点，当是司马迁对父司马谈手稿的精言摘要；下半篇是用传体对前半篇所提论点加以解说，应是司马迁的发挥和阐释。因此班氏父子直接把《论六家要旨》当作司马迁之言加以评论。所以本节标题“司马氏父子《论六家要旨》”，而不作“司马谈《论六家要旨》”，用意在此。不错，司马谈、司马迁父子两人思想存在着差异，这应当是《史记》内容呈现矛盾性的原因之一。司马谈偏重于崇道，司马迁偏重于尊儒，表现了两个时代的人的思想异趣。但是这种差异，并不是两种思想体系的对立，而是“一家之言”的发展，从偏重道家的色彩转向偏重儒家。《史记》效《春秋》而作，是司马谈定下的义例。司马迁拜孔安国和董仲舒两个儒学大师为师也是司马谈指导的。可见司马谈并非不尊儒。司马迁评论老子的学说是“无为自化，清净自正”；评孟子的学说是“迂阔”；评司马相如的思想是“归于无为”；讥刺公孙弘而褒扬汲黯、郑庄，这些都和《论六家要旨》的精神相合。这说明作《孔子世家》的司马迁并非不崇道。

其实《论六家要旨》所论的“道”，“其为术也，因阴阳之大顺，采儒、墨之善，撮名、法之要”，这样的“道”，尚贤、尚法、尚刑名，不非毁礼义，不排斥儒学，既非先秦老庄，亦非汉初黄老。《论六家要旨》开宗明义，“夫阴阳、儒、墨、名、法、道德，此务为治者也”。可见，司马谈是以赞“道”为名，论“治”为实，融会贯通百家学说以自成其“一家之言”的。在儒、道互绌的激烈斗争时代，司马谈的立场表现出一个先进思想家的博大胸怀。司马迁继承了这一家学传统，提出“六艺于治一也”的论点，“厥协《六经》异传，整齐百家杂语”，完成了包容百家和百科知识的《史记》，毫无疑义是得益于司马谈的方略教导的。至于《论六家要旨》将儒、道两家对比评论，实质是将汉初政治与武帝时期政治对比评论，认为无为政治比多欲政治好。

这对于司马迁最后定稿《史记》是有很大影响的。

在哲学上，《论六家要旨》集中地反映了司马谈的朴素唯物主义思想，特别表现在对阴阳家的评论上。阴阳家的众多忌讳只不过是束缚人们思想的糟粕，是不可取的。但阴阳家所讲的四时之大顺，乃是自然规律，并不是神秘的东西。司马谈又认为神、形离则死，反映了他的无神论思想。但是司马谈并没有把唯物主义坚持到底。他认为神、形是两个东西，神是根本，形是器具，这是二元论的观点。司马迁发展了二元论的观点，他的历史观基本是二元论。例如司马迁究天人之际，却又对占星术的荒诞迷信表示怀疑；司马迁认为“天”能支配人事，但又对“天道无亲”提出了质疑；司马迁认为历史是英雄创造的，但又承认人心向背起最后的决定作用；司马迁认为历史是循环的，却又认为求利的欲望是历史发展的动力。由此可见，《论六家要旨》的二元论对司马迁历史观的形成也产生了重大的影响。

司马谈学识渊博。他学天官于唐都，受《易》于杨何，习道论于黄子。故司马谈《论六家要旨》言约义丰，能够准确地把握各家学说的要领，提出自己的独到见解。司马迁受父熏陶，学识博大思精，议论宏阔，驰骋古今，他之所以能自成一家之言，家学渊源的育养是一个重要条件。

3．司马迁二十壮游。

司马迁自幼刻苦学习，十岁时就能诵读古文。幼年的司马迁住在家乡龙门之阳。龙门山两岸壁立，激流怒涛奔腾其间，岩鸣谷应，气势雄伟，大自然的壮丽景色、磅礴气势，培养了他热爱祖国河山的感情。汉武帝元朔三年（公元前 126 年），在司马迁二十岁的盛壮之年，他胸怀凌云之志，进行了一次漫游全国的学术旅行。司马迁壮游是走出书斋、面向社会做调查，“罔罗天下放失旧闻”，了解和搜求古代和近现代的历史传说故事及各种史料。此行是在司马谈的决定和指导下进行的，也是父亲对儿子的一场考验。司马迁圆满地完成了这次学术旅行，求得了许多闻所未闻的知识，他在《史记》许多篇章的论赞中一再论及旅游的收获。这次壮游标志着司马迁已经成长为一个成熟的青年史学家，是父亲的好帮手了。

司马迁壮游的范围重点在南方，故自述为“二十而南游江、淮”。司马迁从京师长安出发，向东南行，出武关至宛。南下襄樊到江陵。渡江，溯沅水至湘西，然后折向东南到九嶷。窥九嶷后北上长沙，到汨罗屈原沉渊处凭吊，越洞庭，出长江，顺流东下。登庐山，辗转到钱塘。上会稽，探禹穴。还吴，游观春申君宫室。上姑苏，望五湖。之后，北上渡江，过淮阴，至临淄、曲阜，考察了齐鲁地区的文化，观察了孔子留下的遗风。然后沿着秦汉之际叱咤风云的历史人物的故乡，楚汉相争的战场，经彭城，历沛、丰、砀、睢阳至梁（今开封），回到长安。

这次壮游是司马迁一生中的一件大事，他不满足于“天下遗文古事靡不毕集太史公”的书本知识，有目的、有计划地到全国各地去做实地考察，去接触伟大祖国壮丽的河山和勤劳的人民。司马迁“浮于沅、湘”，追寻屈原的足迹，思考古往今来的历史变迁，想着屈原的为人，禁不住悲伤流涕。司马迁在长沙还凭吊了贾谊的遗迹，感到他的遭遇和屈原有些相似，后来写了《屈原贾生列传》，创造了把不同时代人物合传的形式，这是历史比较法的雏形。《史记》中的类传则是历史比较法的集中表现。这种方法使《史记》别开生面，大约就是司马迁在壮游过程中受到民间传说的启发而孕育成的。司马迁“上会稽，探禹穴，窥九疑”，搜集了关于五帝三代的古史传说，为他后来写《五帝本纪》和《夏本纪》做了准备。

最值得称赞的是，司马迁在淮北对近现代史做了深入细致的寻访调查，比如陈涉少时为人佣耕即有鸿鹄之志的慨叹，樊哙屠狗，曹参为狱掾，萧何为主吏，张良亡下邳，陈平为社宰，周勃织薄曲，韩信贫居葬母于高敞之地，刘邦好酒色，等等，都是书本上没有的史事。两千年前的司马迁具有这样的实践精神，真是难能可贵。

司马迁的游历考察，兼有历史家和文学家的兴趣。对于历史事件，大至秦始皇的破魏战争，小至战国时的一个城门名字，他都要力求掌握第一手资料。除历史事件外，对于有关人物遗事，生动的民间歌谣俚语，他也都广泛地做了记载。至于山川地理、古今战场更是了如指掌。顾炎武评论说：“秦楚之际，兵所出入之途，曲折变化，唯太史公序之如指掌。以山川郡国不易明，故曰东曰西曰南曰北，一言之下，而形势了然。……盖自古史书兵事地形之详，未有过此者。太史公胸中固有一天下之势，非后代书生之所能几也。”这是司马迁在史事方面所得到的游历之助。苏辙云：“太史公行天下，周览四海名山大川，与燕、赵间豪俊交游，故其文疏荡，颇有奇气。此二子者，岂尝执笔学为如此之文哉？其气充乎其中而溢乎其貌，动乎其言而见乎其文，而不自知也。”这是司马迁在文章辞采风格方面所得到的游历之助。总之，司马迁二十壮游，带着问题去按察山川，接触社会，实地考察古今历史，这种考信精神，在两千多年前是难能可贵的，在今天也是值得我们学习的。此外，司马迁还有奉使巴、蜀以南之游，以及几十年的扈从之游。司马迁的这些游历，不仅使他获得了广博的社会知识，搜求了遗文古事，而且使他开阔了视野，扩展了胸怀，增长了他的见识和才干。这是《史记》成功的条件之一。司马迁详今略古的述史原则，幽明深微的历史见解，生动翔实的文章辞采，褒贬人物的鲜明感情，都与司马迁的游历，特别是二十壮游有着密切的联系。毫不夸张地说，二十壮游是司马迁青年时代所谱史诗中最壮丽的一章。

4. 司马迁受父遗命。

元封元年，司马谈从巡武帝东上泰山封禅，因病留滞周南，不得与从事。恰好司马迁奉使回来要向武帝报告，追随而来，见父于洛阳。司马谈临终嘱命司马迁继承他的事业。司马迁垂泣听教。司马谈的遗命有两个重大的内容：一、用家谱和封建伦理的孝道来教育司马迁，勉励他一定要继承自己的著述事业；二、阐明自己的写作理想是继承《春秋》，以历史人物为中心内容总结历史。司马迁遵从了父命。当他后来从事写作遇到困难的时候，就想到了父亲的遗命，从而鼓起了勇气。元封三年（公元前108年），司马迁继父为太史令，“史记石室金匮之书”，创造了继承父志的条件。当时汉武帝的事业正在发展，司马迁处于得意之秋，“务一心营职，以求亲媚于主上”（《报任安书》）。宏阔昂扬的时代精神，“事亲”“事君”“立身”的父教，建功立名的青年壮志，这些都是司马迁的创作动力。太初元年改历，司马迁亲自参与了这一工作，这是一个划时代的大事件，它标志着汉武帝事业的鼎盛，象征天下一统。司马迁决定以太初元年为述史的下限，加速了《史记》的撰写工作。

5. 司马迁答壶遂问。

壶遂，西汉著名的天文学家，官至詹事，职掌宫内皇后、太子的事务，秩二千石。汉武帝拟用壶遂为丞相，会病卒，司马迁深深惋惜，称他是“深中隐厚”“内廉行修”的君子。太初元年时，壶遂尚为太中大夫，秩千石，相当于古制的上大夫。壶遂和司马迁是互相推重的好朋友，所以他们在共同完成了新历（太初历）的制定后，讨论了《史记》的创作宗旨和历史观。主要内容是阐明《史记》效《春秋》，“述往事，思来者”，明世教以当一王之法。司马迁高度评价《春秋》，认为它是一部集礼义之大成的历史书。《春秋》“别嫌疑，明是非，善善恶恶，贤贤贱不肖”，明君臣父子之道，辨人伦行事之则，成为天下之人的必读书。这是借题发挥以论《史记》。因为《春秋》的价值没有这么高，而《史记》的内容却恰然是这样。司马迁答壶遂问，自称“余所谓述故事，整齐其世传”，与后文所说“述往事，思来者”是一个意思，即《高祖功臣侯者年表序》中说的“志古自镜”。“述往事”，即“志古”，指《史记》所包容的全部历史内容。“思来者”，即“自镜”，是司马迁熔铸在《史记》中的理想，即洞察历史未来的变化。司马迁认为，通过总结历史经验，洞察事势变化，借前车之鉴，可以避免覆败之祸。《史记》着重写变革的历史，并以人物为中心，在“治乱”二字上下功夫，意义在此。《春秋》之中，弑君三十六，亡国五十二，不是一朝一夕突然发生的，而是早就有征兆，这就是“渐”。所谓“渐”，既是指未然之事的征兆，也是已然之事的发展过程。司马迁通“古今之变”，就是要把握这个“渐”，预察未来，思补救敝。正因如此，司马迁对以往历史的“述”和对未来变化的“思”，都是一丝不苟，很动感情的。他经常废书而叹，叹极而垂涕。他读《春秋历谱》，至周厉王，“废书而叹”；他每读《虞书》，看到古代明君贤相互相鼓励，情不自禁，“未尝不流涕也”；他读孔子书，“想见其为人”；他写晏子传，愿为之“执鞭”；他读屈原赋，“悲其志”；他读功令，至于广厉学官之路，“未尝不废书而叹”。由此可见司马迁忧民之深、悲时之切。他以人物为中心记述历史的治乱之变，载其恶以诫世，书其善以劝后。这正是他的父亲司马谈临终所留下的遗嘱：“今汉兴，海内一统，明主贤君忠臣死义之士，余为太史而弗论载，废天下之史文，余甚惧焉，汝其念哉！”所以唐刘知几在《史通》卷八《人物》中评论说：“夫善人少而恶人多，其书名竹帛者，盖唯记善而已。故太史公有云：‘自获麟以来四百余年，明主贤君忠臣死义之士，废而不载，余甚惧焉。’即其义也。至如四凶列于《尚书》，三叛见于《春秋》，西汉之记江充、石显，东京之载梁冀、董卓，此皆干纪乱常，存灭兴亡所系，既有关时政，故不可阙书。”可见惩恶劝善是我国古代史学家的一个优秀传统。《春秋》的褒贬笔法“使乱臣贼子惧”，固然是为了维护统治者的秩序，但贬斥乱臣贼子，褒奖圣君贤相，难道不也是古代人民的愿望吗？一个正直的史学家要做到这一点是要有牺牲准备的。齐太史书“崔杼弑庄公”，兄弟见杀，少弟继之，这就是生动的例证。司马迁继承了这一优良传统，“不虚美，不隐恶”，他后来虽身遭腐刑而其志不屈，因为他早已做好了牺牲的准备。司马迁答壶遂问这段议论插书在“五年而当太初元年……于是论次其文”之中，可以肯定这次讨论在太初元年。司马迁修正了《史记》断限，正式定稿《史记》，编次其文，标志着他的成熟。

6. 司马迁发愤著书。

太初历颁布后第七年，司马迁的撰述工作进入了高潮，正当“草创未就”之时，突然飞来了横祸，司马迁受李陵案的株连，而被下狱受腐刑。这场灾祸，对司马迁来说，是他个人生活的悲剧，但却是《史记》增色的新起点，也是司马迁思想发生飞跃的转折。如何从“以求亲媚于主上”的立场，转而“发愤著书”，司马迁在《报任安书》中有着生动翔实的自述。

7.《史记》序目。

这是《太史公自序》的后半篇，它是全书一百三十篇的序目提要。提要内容丰富，形式多样，有的是对一篇史传的内容作撮述，有的则是作补充，有的又是对历史人物的行事提出某一点来加以强调，等等。总的来说，序目是用极简练的文字来概括要写某篇某传的理由，夹叙夹议，集中地反映了司马迁对历史事件和人物的褒贬观点，对《史记》全书做了很有价值的自注和补充。

若将序目提要与各篇之论赞作比较，就可鲜明地看出，论赞带有强烈的感情色彩，序目更富于理性。例如《商君列传》论赞批评商君“其天资刻薄人也”，而在序目中却称赞商鞅“能明其术”“强霸孝公”“后世遵其法”。《袁盎晁错列传》论赞批评晁错“擅权”“多所变更”，而在序目中却高度称扬晁错“不顾其身，为国家树长画”。不认真研究序目提要，就不能正确地评价司马迁笔下的人物，也不能正确地揭示司马迁的思想。《史记》各篇论赞与序目提要是互补互见之文。可以说，这是司马迁用互见法处理感情与史实之间的关系，既做到爱憎分明，又能褒贬公允，使两者得到了和谐的统一。

司马迁是我国历史上最有创造天赋的历史学家和文学家。创新是司马迁品格的集中反映，也是《史记》的最大成功。《史记》序目是《史记》全书的缩影。浏览序目，可以鲜明地感受到司马迁的创新精神。《史记》之所以是一部划时代的伟大著作，就是因为这部巨著从内容到形式都是划时代的创新。如果把司马迁的创新加以具体的罗列，至少可以列举出以下十个最主要的方面：①首创纪传体，形象地表现了封建社会的等级序列；②首创贯通古今的通史，建立了历史发展断限理论的年代学；③首创“太史公曰”的史论形式，提出了系统的史学理论；④首创经济史传，发展了古代朴素的唯物史观；⑤首创军事史传，系统地总结了古代的战争理论，叙述了战史内容；⑥首创学术史传，考辨了学术源流；⑦首创民族史传，提出了民族一统的思想；⑧首创各色人物的类传，全面地反映社会生活；⑨首创语译古文，使艰深古奥的语言通俗化；⑩首创历史文学，把历史人物的事迹塑造成典型形象。我们还可以继续罗列。例如司马迁首创礼、乐、历、星等各种专题的文化史传，扩大了历史记叙的范围。首创《大宛列传》，载述外国史事，远及西亚，使《史记》具有世界史的性质。这些创新，总括成一句话，就是司马迁创造了“纪传体通史”，因为这五个字集中地表述了司马迁的创新内容。

司马迁创造的“纪传体通史”——《史记》，开创了中国史学发展的新纪元，所以，司马迁的创造又是划时代的。自《史记》问世以后，才奠定了中国史学的独立地位。在司马迁以前，史学只是经学的附庸。《春秋》是“六经”之一，《左传》是解经述史。《春秋》别嫌疑，明是非，寓褒贬，以当一王之法。司马谈、司马迁都十分推崇这部书，并把自己的著作看成是继《春秋》的事业。但《春秋》仅仅是记载了一些历史事件的标题，用咬文嚼字的方式以一字寄寓褒贬，读《春秋》如读无字天书，被宋人讥为断烂朝报，算不得一部真正的历史书。《左传》详载历史事件，但记载的范围和时间都是有局限的，它的内容也只是偏重于春秋各国间的会盟和征伐，而很少有社会各阶级、各阶层代表人物的活动，也缺乏制度沿革和经济、地理、天文、历法等知识的系统叙述。《国语》在很大程度上是一部资料汇编，远不及《左传》有深度。《战国策》记载了战国时期的阶级矛盾和社会内容，但重点是记录纵横家的说辞，既不是系统的战国史，也不完全是信史。而系统的战国史内容则首次载于《史记》中。至于其他先秦典籍，除《尚书》以外，更说不上是历史书。司马迁的《史记》，第一次综合古今典籍以成一书，汇总百科知识成一体系，是一部真正体大思精的历史著作。

所谓体大，是指《史记》的五体形式；思精是指《史记》内容的全面性和系统性。《史记》五体：纪、表、书、世家、列传，分开来看各自成为一个独立的系统，各有不同的侧面和重心，合起来看又是组织严密、互相交融的一部著作，自成一家之言。“《史记》序目”的扼要归纳就鲜明地反映了《史记》内容的系统性。正因为《史记》体例完备，它才能容纳丰富的历史素材，在有限的篇幅之内使政治、文化、学术、民族、社会以及自然界的星象、历法、地理等各方面的知识无所不备。所以晋人张辅说，司马迁作史，“辞约而事举，叙三千年事，唯五十万言”（《晋书·张辅传》）。清赵翼称它为“全史”，并说：“自此例一定，历代作史者遂不能出其范围。”（《廿二史劄记》卷一）这些评论是十分中肯的。

司马迁之所以能够创新，是因为他立意高远，能够坚持实录的写作精神。西汉一代的大儒都推尊《史记》为实录。班固说：“自刘向、扬雄博极群书，皆称迁有良史之才，服其善序事理，辩而不华，质而不俚，其文直，其事核，不虚美，不隐恶，故谓之实录。”（《汉书·司马迁传》）坚持“实录”是司马迁的崇高史德，也是为他高远的述史理想服务的。“《史记》序目”的简要概括，字字句句均是对史事人物的质朴评价，高度体现了司马迁的实录精神，是值得深入研究的。

司马迁的述史理想是“究天人之际，通古今之变，成一家之言”，拿出自己的独到见解来回答历史是怎样变化发展的。所以他突破了旧的思想传统和官方哲学的框架，不与圣人同是非。司马迁不同于圣人是非的思想，集中地表现在赞扬道家以及为商人、游侠立传这几个方面。班固说：“是非颇缪于圣人，论大道则先黄老而后六经，序游侠则退处士而进奸雄，述货殖则崇势利而羞贱贫，此其所蔽也……”（《汉书·司马迁传·赞》）班固所批评的司马迁之“蔽”，恰恰是司马迁思想中光彩夺目之“长”。司马迁“论大道则先黄老而后六经”，是肯定文景之治的升平而否定汉武帝的多欲所造成的衰败；司马迁述货殖为商人立传，是肯定商人促进生产发展，对社会经济的繁荣所做的贡献；司马迁颂游侠，是肯定这一类人能够牺牲自己，救人之急的高尚道德。实际上，司马迁是通过颂黄老、商人、游侠来表达他对开明政治的向往，对人民追求生活富裕和反强暴思想的肯定。司马迁的这些思想表现出《史记》的人民性。他褒贬人物和历史事件的尺度不完全受统治阶级正统思想支配，而是在一定程度上从被压迫人民的利益来立论，这无疑是那个时代最进步的思想。

《史记》完成后，司马迁将其定名为《太史公书》，用以纪念父亲发凡起例之功，尊称父司马谈之官职“太史令”为“太史公”并以为书名。司马迁还把自己的工作看作是继承父亲完成了未尽之功，所以在论赞中均标为“太史公曰”。从这里可以看出司马迁对父亲充满了尊敬。

但是司马迁的伟大就在于他不是一个墨守成规的教条主义者，他大胆创新以成“一家之言”。司马谈发凡起例，“述陶唐以来，至于麟止”，司马迁修正了这一断限，使《史记》的主题更加鲜明，故在《太史公自序》中特地加以说明。最后在全书的结尾中说：“太史公曰：余述历黄帝以来至太初而讫，百三十篇。”

【原文】

昔在颛顼，命南正重以司天，北正黎以司地。唐、虞之际，绍重黎之后，使复典之，至于夏、商，故重黎氏世序天地。其在周，程伯休甫其后也。当周宣王时，失其守而为司马氏。司马氏世典周史。惠、襄之间，司马氏去周适晋。晋中军随会奔秦，而司马氏入少梁。

自司马氏去周适晋，分散，或在卫，或在赵，或在秦。其在卫者，相中山。在赵者，以传剑论显，蒯聩其后也。在秦者名错，与张仪争论，于是惠王使错将伐蜀，遂拔，因而守之。错孙靳，事武安君白起。而少梁更名曰夏阳。靳与武安君坑赵长平军，还而与之俱赐死杜邮，葬于华池。靳孙昌，昌为秦主铁官，当始皇之时。蒯聩玄孙卬为武信君将而徇朝歌。诸侯之相王，王卬于殷。汉之伐楚，卬归汉，以其地为河内郡。昌生无泽，无泽为汉市长。无泽生喜，喜为五大夫，卒，皆葬高门。喜生谈，谈为太史公。

太史公学天官于唐都，受《易》于杨何，习道论于黄子。太史公仕于建元、元封之间，愍学者之不达其意而师悖，乃论六家之要指曰：

> 《易·大传》：“天下一致而百虑，同归而殊涂。”夫阴阳、儒、墨、名、法、道德，此务为治者也，直所从言之异路，有省不省耳。尝窃观阴

阳之术，大祥而众忌讳，使人拘而多所畏；然其序四时之大顺，不可失也。儒者博而寡要，劳而少功，是以其事难尽从；然其序君臣父子之礼，列夫妇长幼之别，不可易也。墨者俭而难遵，是以其事不可遍循；然其强本节用，不可废也。法家严而少恩；然其正君臣上下之分，不可改矣。名家使人俭而善失真；然其正名实，不可不察也。道家使人精神专一，动合无形，赡足万物。其为术也，因阴阳之大顺，采儒、墨之善，撮名、法之要，与时迁移，应物变化，立俗施事，无所不宜，指约而易操，事少而功多。儒者则不然。以为人主天下之仪表也，主倡而臣和，主先而臣随。如此则主劳而臣逸。至于大道之要，去健羡，绌聪明，释此而任术。夫神大用则竭，形大劳则敝。形神骚动，欲与天地长久，非所闻也。

夫阴阳四时、八位、十二度、二十四节各有教令，顺之者昌，逆之者不死则亡。未必然也，故曰“使人拘而多畏”。夫春生夏长，秋收冬藏，此天道之大经也，弗顺则无以为天下纲纪，故曰“四时之大顺，不可失也”。

夫儒者以六艺为法。六艺经传以千万数，累世不能通其学，当年不能究其礼，故曰“博而寡要，劳而少功”。若夫列君臣父子之礼，序夫妇长幼之别，虽百家弗能易也。

墨者亦尚尧、舜道，言其德行曰：“堂高三尺，土阶三等，茅茨不翦，采椽不刮。食土簋，啜土刑，粝粱之食，藜藿之羹。夏日葛衣，冬日鹿裘。”其送死，桐棺三寸，举音不尽其哀。教丧礼，必以此为万民之率。使天下法若此，则尊卑无别也。夫世异时移，事业不必同，故曰“俭而难遵”。要曰强本节用，则人给家足之道也。此墨子之所长，虽百家弗能废也。

法家不别亲疏，不殊贵贱，一断于法，则亲亲尊尊之恩绝矣。可以行一时之计，而不可长用也，故曰“严而少恩”。若尊主卑臣，明分职不得相逾越，虽百家弗能改也。

名家苛察缴绕，使人不得反其意，专决于名而失人情，故曰“使人俭而善失真”。若夫控名责实，参伍不失，此不可不察也。

道家无为，又曰无不为，其实易行，其辞难知。其术以虚无为本，以因循为用。无成势，无常形，故能究万物之情。不为物先，不为物后，故能为万物主。有法无法，因时为业；有度无度，因物与合。故曰“圣人不朽，时变是守。虚者道之常也，因者君之纲”也。群臣并至，使各自明也。其实中其声者谓之端，实不中其声者谓之窾。窾言不听，奸乃不生，贤不肖自分，白黑乃形。在所欲用耳，何事不成。乃合大道，混混冥冥。光耀天下，复反无名。凡人所生者神也，所托者形也。神大用则竭，形大劳则敝，形神离则死。死者不可复生，离者不可复反，故圣人重之。由是观之，神者生之本也，形者生之具也。不先定其神形，而曰“我有以治天下”，何由哉？

太史公既掌天官，不治民。有子曰迁。迁生龙门，耕牧河山之阳。年十岁则诵古文。二十而南游江、淮，上会稽，探禹穴，窥九疑，浮于沅、湘；北涉汶、泗，讲业齐、鲁之都，观孔子之遗风，乡射邹峄；厄困鄱、薛、彭城，过梁、楚以归。于是迁仕为郎中，奉使西征巴、蜀以南，南略邛、笮、昆明，还报命。

是岁天子始建汉家之封，而太史公留滞周南，不得与从事，故发愤且卒。而子迁适使反，见父于河、洛之间。太史公执迁手而泣曰：“余先周室之太史也。自上世尝显功名于虞夏，典天官事。后世中衰，绝于予乎？汝复为太史，则续吾祖矣。今天子接千岁之统，封泰山，而余不得从行，是命也夫，命也夫！余死，汝必为太史；为太史，无忘吾所欲论著矣。且夫孝始于事亲，中于事君，终于立身。扬名于后世，以显父母，此孝之大者。夫天下称诵周公，言其能论歌文、武之德，宣周、邵之风，达太王、王季之思虑，爰及公刘，以尊后稷也。幽、厉之后，王道缺，礼乐衰，孔子修旧起废，论《诗》《书》，作《春秋》，则学者至今则之。自获麟以来四百有余岁，而诸侯相兼，史记放绝。今汉兴，海内一统，明主贤君忠臣死义之士，余为太史而弗论载，废天下之史文，余甚惧焉，汝其念哉！”迁俯首流涕曰：“小子不敏，请悉论先人所次旧闻，弗敢阙。”

卒三岁而迁为太史令，紬史记石室金匮之书。五年而当太初元年，十一月甲子朔旦冬至，天历始改，建于明堂，诸神受纪。

太史公曰：“先人有言：‘自周公卒五百岁而有孔子。孔子卒后至于今五百岁，有能绍明世，正《易经》，继《春秋》，本《诗》《书》《礼》《乐》之际？’

意在斯乎！意在斯乎！小子何敢让焉。”

上大夫壶遂曰：“昔孔子何为而作《春秋》哉？”太史公曰：“余闻董生曰：‘周道衰废，孔子为鲁司寇，诸侯害之，大夫壅之。孔子知言之不用，道之不行也，是非二百四十二年之中，以为天下仪表，贬天子，退诸侯，讨大夫，以达王事而已矣。’子曰：‘我欲载之空言，不如见之于行事之深切著明也。’夫《春秋》，上明三王之道，下辨人事之纪，别嫌疑，明是非，定犹豫，善善恶恶，贤贤贱不肖，存亡国，继绝世，补敝起废，王道之大者也。《易》著天地阴阳四时五行，故长于变；《礼》经纪人伦，故长于行；《书》记先王之事，故长于政；《诗》记山川溪谷禽兽草木牝牡雌雄，故长于风；《乐》乐所以立，故长于和；《春秋》辩是非，故长于治人。是故《礼》以节人，《乐》以发和，《书》以道事，《诗》以达意，《易》以道化，《春秋》以道义。拨乱世反之正，莫近于《春秋》。《春秋》文成数万，其指数千。万物之散聚皆在《春秋》。《春秋》之中，弑君三十六，亡国五十二，诸侯奔走不得保其社稷者不可胜数。察其所以，皆失其本已。故《易》曰‘失之豪厘，差以千里’。故曰‘臣弑君，子弑父，非一旦一夕之故也，其渐久矣’。故有国者不可以不知《春秋》，前有谗而弗见，后有贼而不知。为人臣者不可以不知《春秋》，守经事而不知其宜，遭变事而不知其权。为人君父而不通于《春秋》之义者，必蒙首恶之名。为人臣子而不通于《春秋》之义者，必陷篡弑之诛，死罪之名。其实皆以为善，为之不知其义，被之空言而不敢辞。夫不通礼义之旨，至于君不君，臣不臣，父不父，子不子。夫君不君则犯，臣不臣则诛，父不父则无道，子不子则不孝。此四行者，天下之大过也。以天下之大过予之，则受而弗敢辞。故《春秋》者，礼义之大宗也。夫礼禁未然之前，法施已然之后；法之所为用者易见，而礼之所为禁者难知。”

壶遂曰：“孔子之时，上无明君，下不得任用，故作《春秋》，垂空文以断礼义，当一王之法。今夫子上遇明天子，下得守职，万事既具，咸各序其宜，夫子所论，欲以何明？”

太史公曰：“唯唯，否否，不然。余闻之先人曰：‘伏羲至纯厚，作《易·八卦》。尧、舜之盛，《尚书》载之，礼乐作焉。汤、武之隆，诗人歌之。《春秋》采善贬恶，推三代之德，褒周室，非独刺讥而已也。’汉兴以来，至明天子，获符瑞，封禅，改正朔，易服色，受命于穆清，泽流罔极，海外殊俗，重译款塞，请来献见者，不可胜道。臣下百官力诵圣德，犹不能宣尽其意。且士贤能而不用，有国者之耻；主上明圣而德不布闻，有司之过也。且余尝掌其官，废明圣盛德不载，灭功臣世家贤大夫之业不述，堕先人所言，罪莫大焉。余所谓述故事，整齐其世传，非所谓作也，而君比之于《春秋》，谬矣。”

于是论次其文。七年而太史公遭李陵之祸，幽于缧绁。乃喟然而叹曰：“是余之罪也夫！是余之罪也夫！身毁不用矣。”退而深惟曰：“夫《诗》《书》隐约者，欲遂其志之思也。昔西伯拘羑里，演《周易》；孔子厄陈、蔡，作《春秋》；屈原放逐，著《离骚》；左丘失明，厥有《国语》；孙子膑脚，而论兵法；不韦迁蜀，世传《吕览》；韩非囚秦，《说难》、《孤愤》；《诗》三百篇，大抵贤圣发愤之所为作也。此人皆意有所郁结，不得通其道也，故述往事，思来者。”于是卒述陶唐以来，至于麟止，自黄帝始。

维昔黄帝，法天则地，四圣遵序，各成法度；唐尧逊位，虞舜不台；厥美帝功，万世载之。作《五帝本纪》第一。

维禹之功，九州攸同，光唐、虞际，德流苗裔；夏桀淫骄，乃放鸣条。作《夏本纪》第二。

维契作商，爰及成汤；太甲居桐，德盛阿衡；武丁得说，乃称高宗；帝辛湛湎，诸侯不享。作《殷本纪》第三。

维弃作稷，德盛西伯；武王牧野，实抚天下；幽、厉昏乱，既丧酆、镐；陵迟至赧，洛邑不祀。作《周本纪》第四。

维秦之先，伯翳佐禹；穆公思义，悼豪之旅；以人为殉，诗歌《黄鸟》；昭、襄业帝。作《秦本纪》第五。

始皇既立，并兼六国，销锋铸鐻，维偃干革，尊号称帝，矜武任力；二世受运，子婴降虏。作《始皇本纪》第六。

秦失其道，豪桀并扰；项梁业之，子羽接之；杀庆救赵，诸侯立之；诛婴背怀，天下非之。作《项羽本纪》第七。

子羽暴虐，汉行功德；愤发蜀、汉，还定三秦；诛籍业帝，天下惟宁，改制易俗。作《高祖本纪》第八。

惠之早霣，诸吕不台；崇强禄、产，诸侯谋之；杀隐幽友，大臣洞疑，遂及宗祸。作《吕太后本纪》第九。

汉既初兴，继嗣不明，迎王践祚，天下归心；蠲除肉刑，开通关梁，广恩博施，厥称太宗。作《孝文本纪》第十。

诸侯骄恣，吴首为乱，京师行诛，七国伏辜，天下翕然，大安殷富。作《孝景本纪》第十一。

汉兴五世，隆在建元，外攘夷狄，内修法度，封禅，改正朔，易服色。作《今上本纪》第十二。

维三代尚矣，年纪不可考，盖取之谱牒旧闻，本于兹，于是略推，作《三代世表》第一。

幽、厉之后，周室衰微，诸侯专政，《春秋》有所不纪；而谱牒经略，五霸更盛衰，欲睹周世相先后之意，作《十二诸侯年表》第二。

春秋之后，陪臣秉政，强国相王；以至于秦，卒并诸夏，灭封地，擅其号。作《六国年表》第三。

秦既暴虐，楚人发难，项氏遂乱，汉乃扶义征伐；八年之间，天下三嬗，事繁变众，故详著《秦楚之际月表》第四。

汉兴已来，至于太初百年，诸侯废立分削，谱纪不明，有司靡踵，强弱之原云以世。作《汉兴已来诸侯年表》第五。

维高祖元功，辅臣股肱，剖符而爵，泽流苗裔，忘其昭穆，或杀身陨国。作《高祖功臣侯者年表》第六。

惠、景之间，维申功臣宗属爵邑，作《惠景间侯者年表》第七。

北讨强胡，南诛劲越，征伐夷蛮，武功爰列。作《建元以来侯者年表》第八。

诸侯既强，七国为从，子弟众多，无爵封邑，推恩行义，其势销弱，德归京师。作《王子侯者年表》第九。

国有贤相良将，民之师表也。维见汉兴以来将相名臣年表，贤者记其治，不贤者彰其事。作《汉兴以来将相名臣年表》第十。

维三代之礼，所损益各殊务，然要以近性情，通王道，故礼因人质为之节文，略协古今之变。作《礼书》第一。

乐者，所以移风易俗也。自《雅》、《颂》声兴，则已好《郑》、《卫》之音，《郑》、《卫》之音所从来久矣。人情之所感，远俗则怀。比《乐书》以述来古，作《乐书》第二。

非兵不强，非德不昌，黄帝、汤、武以兴，桀、纣、二世以崩，可不慎欤？《司马法》所从来尚矣，太公、孙、吴、王子能绍而明之，切近世，极人变。作《律书》第三。

律居阴而治阳，历居阳而治阴，律历更相治，间不容翲忽。五家之文怫异，维太初之元论。作《历书》第四。

星气之书，多杂机祥，不经；推其文，考其应，不殊。比集论其行事，验于轨度以次，作《天官书》第五。

受命而王，封禅之符罕用，用则万灵罔不禋祀。追本诸神名山大川礼，作《封禅书》第六。

维禹浚川，九州攸宁；爰及宣防，决渎通沟。作《河渠书》第七。

维币之行，以通农商；其极则玩巧，并兼兹殖，争于机利，去本趋末。作《平准书》以观事变，第八。

太伯避历，江蛮是适；文、武攸兴，古公王迹。阖庐弑僚，宾服荆楚；夫差克齐，子胥鸱夷；信嚭亲越，吴国既灭。嘉伯之让，作《吴世家》第一。

申、吕肖矣，尚父侧微，卒归西伯，文武是师；功冠群公，缪权于幽；番番黄发，爰飨营丘。不背柯盟，桓公以昌，九合诸侯，霸功显彰。田、阚争宠，姜姓解亡。嘉父之谋，作《齐太公世家》第二。

依之违之，周公绥之；愤发文德，天下和之；辅翼成王，诸侯宗周。隐、桓之际，是独何哉？三桓争强，鲁乃不昌。嘉旦《金縢》，作《周公世家》第三。

武王克纣，天下未协而崩。成王既幼，管、蔡疑之，淮夷叛之，于是召公率德，安集王室，以宁东土。燕哙之禅，乃成祸乱。嘉《甘棠》之诗，作《燕世家》第四。

管、蔡相武庚，将宁旧商；及旦摄政，二叔不飨；杀鲜放度，周公为盟；大任十子，周以宗强。嘉仲悔过，作《管蔡世家》第五。

王后不绝，舜、禹是说；维德休明，苗裔蒙烈。百世享祀，爰周陈杞，楚实灭之。齐、田既起，舜何人哉？作《陈杞世家》第六。

收殷余民，叔封始邑，申以商乱，《酒》《材》是告，及朔之生，卫顷不宁；南子恶蒯聩，子父易名。周德卑微，战国既强，卫以小弱，角独后亡。嘉彼《康诰》，作《卫世家》第七。

嗟箕子乎！嗟箕子乎！正言不用，乃反为奴。武庚既死，周封微子。襄公伤于泓，君子孰称。景公谦德，荧惑退行。剔成暴虐，宋乃灭亡。嘉微子问太师，作《宋世家》第八。

武王既崩，叔虞邑唐。君子讥名，卒灭武公。骊姬之爱，乱者五世；重耳不得意，乃能成霸。六卿专权，晋国以秏。嘉文公锡珪鬯，作《晋世家》第九。

重黎业之，吴回接之；殷之季世，粥子牒之。周用熊绎，熊渠是续。庄王之贤，乃复国陈；既赦郑伯，班师华元。怀王客死，兰咎屈原；好谀信谗，楚并于秦。嘉庄王之义，作《楚世家》第十。

少康之子，实宾南海，文身断发，鼋鳝与处，既守封、禺，奉禹之祀。句践困彼，乃用种、蠡。嘉句践夷蛮能修其德，灭强吴以尊周室，作《越王句践世家》第十一。

桓公之东，太史是庸。及侵周禾，王人是议。祭仲要盟，郑久不昌。子产之仁，绍世称贤。三晋侵伐，郑纳于韩。嘉厉公纳惠王，作《郑世家》第十二。

维骥騄耳，乃章造父。赵夙事献，衰续厥绪。佐文尊王，卒为晋辅。襄子困辱，乃禽智伯。主父生缚，饿死探爵。王迁辟淫，良将是斥。嘉鞅讨周乱，作《赵世家》第十三。

毕万爵魏，卜人知之。及绛戮干，戎翟和之。文侯慕义，子夏师之。惠王自矜，齐、秦攻之。既疑信陵，诸侯罢之。卒亡大梁，王假厮之。嘉武佐晋文申霸道，作《魏世家》第十四。

韩厥阴德，赵武攸兴。绍绝立废，晋人宗之。昭侯显列，申子庸之。疑非不信，秦人袭之。嘉厥辅晋匡周天子之赋，作《韩世家》第十五。

完子避难，适齐为援，阴施五世，齐人歌之。成子得政，田和为侯。王建动心，乃迁于共。嘉威、宣能拨浊世而独宗周，作《田敬仲完世家》第十六。

周室既衰，诸侯恣行。仲尼悼礼废乐崩，追修经术，以达王道，匡乱世反之于正，见其文辞，为天下制仪法，垂六艺之统纪于后世。作《孔子世家》第十七。

桀、纣失其道而汤、武作，周失其道而《春秋》作。秦失其政，而陈涉发迹，诸侯作难，风起云蒸，卒亡秦族。天下之端，自涉发难。作《陈涉世家》第十八。

成皋之台，薄氏始基。诎意适代，厥崇诸窦。栗姬偩贵，王氏乃遂。陈后太骄，卒尊子夫。嘉夫德若斯，作《外戚世家》第十九。

汉既谲谋，禽信于陈；越、荆剽轻，乃封弟交为楚王，爰都彭城，以强淮、泗，为汉宗藩。戊溺于邪，礼复绍之。嘉游辅祖，作《楚元王世家》第二十。

维祖师旅，刘贾是与；为布所袭，丧其荆、吴。营陵激吕，乃王琅邪；怵午信齐，往而不归，遂西入关，遭立孝文，获复王燕。天下未集，贾、泽以族，为汉藩辅。作《荆燕世家》第二十一。

天下已平，亲属既寡；悼惠先壮，实镇东土。哀王擅兴，发怒诸吕，驷钧暴戾，京师弗许。厉之内淫，祸成主父。嘉肥股肱，作《齐悼惠王世家》第二十二。

楚人围我荥阳，相守三年，萧何填抚山西，推计踵兵，给粮食不绝，使百姓爱汉，不乐为楚。作《萧相国世家》第二十三。

与信定魏，破赵拔齐，遂弱楚人。续何相国，不变不革，黎庶攸宁。嘉参不伐功矜能，作《曹相国世家》第二十四。

运筹帷幄之中，制胜于无形，子房计谋其事，无知名，无勇功，图难于易，为大于细。作《留侯世家》第二十五。

六奇既用，诸侯宾从于汉；吕氏之事，平为本谋，终安宗庙，定社稷。作《陈丞相世家》第二十六。

诸吕为从，谋弱京师，而勃反经合于权；吴、楚之兵，亚夫驻于昌邑，以厄齐、赵，而出委以梁。作《绛侯世家》第二十七。

七国叛逆，蕃屏京师，唯梁为扞；偩爱矜功，几获于祸。嘉其能距吴、楚，作《梁孝王世家》第二十八。

五宗既王，亲属洽和，诸侯大小为藩，爰得其宜，僭拟之事稍衰贬矣。作《五宗世家》第二十九。

三子之王，文辞可观。作《三王世家》第三十。

末世争利，维彼奔义；让国饿死，天下称之。作《伯夷列传》第一。

晏子俭矣，夷吾则奢；齐桓以霸，景公以治。作《管晏列传》第二。

李耳无为自化，清净自正；韩非揣事情，循势理。作《老子韩非列传》第三。

自古王者而有《司马法》，穰苴能申明之。作《司马穰苴列传》第四。

非信廉仁勇不能传兵论剑，与道同符，内可以治身，外可以应变，君子比德焉。作《孙子吴起列传》第五。

维建遇谗，爰及子奢，尚既匡父，伍员奔吴。作《伍子胥列传》第六。

孔氏述文，弟子兴业，咸为师傅，崇仁厉义。作《仲尼弟子列传》第七。

鞅去卫适秦，能明其术，强霸孝公，后世遵其法。作《商君列传》第八。

天下患衡秦毋餍，而苏子能存诸侯，约从以抑贪强。作《苏秦列传》第九。

六国既从亲，而张仪能明其说，复散解诸侯。作《张仪列传》第十。

秦所以东攘雄诸侯，樗里、甘茂之策。作《樗里甘茂列传》第十一。

苞河山，围大梁，使诸侯敛手而事秦者，魏冉之功。作《穰侯列传》第十二。

南拔鄢、郢，北摧长平，遂围邯郸，武安为率；破荆灭赵，王翦之计。作《白起王翦列传》第十三。

猎儒、墨之遗文，明礼义之统纪，绝惠王利端，列往世兴衰。作《孟子荀卿列传》第十四。

好客喜士，士归于薛，为齐扞楚、魏。作《孟尝君列传》第十五。

争冯亭以权，如楚以救邯郸之围，使其君复称于诸侯。作《平原君虞卿列传》第十六。

能以富贵下贫贱，贤能诎于不肖，唯信陵君为能行之。作《魏公子列传》第十七。

以身徇君，遂脱强秦，使驰说之士南向走楚者，黄歇之义。作《春申君列传》第十八。

能忍訽于魏、齐，而信威于强秦，推贤让位，二子有之。作《范睢蔡泽列传》第十九。

率行其谋，连五国兵，为弱燕报强齐之仇，雪其先君之耻。作《乐毅列传》第二十。

能信意强秦，而屈体廉子，用徇其君，俱重于诸侯。作《廉颇蔺相如列传》第二十一。

湣王既失临菑而奔莒，唯田单用即墨破走骑劫，遂存齐社稷。作《田单列传》第二十二。

能设诡说解患于围城，轻爵禄，乐肆志。作《鲁仲连邹阳列传》第二十三。

作辞以讽谏，连类以争义，《离骚》有之。作《屈原贾生列传》第二十四。

结子楚亲，使诸侯之士斐然争入事秦。作《吕不韦列传》第二十五。

曹子匕首，鲁获其田，齐明其信；豫让义不为二心。作《刺客列传》第二十六。

能明其画，因时推秦，遂得意于海内，斯为谋首。作《李斯列传》第二十七。

为秦开地益众，北靡匈奴，据河为塞，因山为固，建榆中。作《蒙恬列传》第二十八。

填赵塞常山以广河内，弱楚权，明汉王之信于天下。作《张耳陈馀列传》第二十九。

收西河、上党之兵，从至彭城；越之侵掠梁地以苦项羽。作《魏豹彭越列传》第三十。

以淮南叛楚归汉，汉用得大司马殷，卒破子羽于垓下。作《黥布列传》第三十一。

楚人迫我京索，而信拔魏、赵，定燕齐，使汉三分天下有其二，以灭项籍。作《淮阴侯列传》第三十二。

楚、汉相距巩洛，而韩信为填颍川，卢绾绝籍粮饷。作《韩信卢绾列传》第三十三。

诸侯畔项王，唯齐连子羽城阳，汉得以间遂入彭城。作《田儋列传》第三十四。

攻城野战，获功归报，哙、商有力焉，非独鞭策，又与之脱难。作《樊郦列传》第三十五。

汉既初定，文理未明，苍为主计，整齐度量，序律历。作《张丞相列传》第三十六。

结言通使，约怀诸侯；诸侯咸亲，归汉为藩辅。作《郦生陆贾列传》第三十七。

欲详知秦、楚之事，维周緤常从高祖，平定诸侯。作《傅靳蒯成列传》第三十八。

徙强族，都关中，和约匈奴；明朝廷礼，次宗庙仪法。作《刘敬叔孙通列传》第三十九。

能摧刚作柔，卒为列臣；栾公不劫于势而倍死。作《季布栾布列传》第四十。

敢犯颜色以达主义，不顾其身，为国家树长画。作《袁盎朝错列传》第四十一。

守法不失大理，言古贤人，增主之明。作《张释之冯唐列传》第四十二。

敦厚慈孝，讷于言，敏于行，务在鞠躬，君子长者。作《万石张叔列传》第四十三。

守节切直，义足以言廉，行足以厉贤，任重权不可以非理挠。作《田叔列传》第四十四。

扁鹊言医，为方者宗，守数精明；后世循序，弗能易也，而仓公可谓近之矣。作《扁鹊仓公列传》第四十五。

维仲之省，厥濞王吴，遭汉初定，以填抚江、淮之间。作《吴王濞列传》第四十六。

吴、楚为乱，宗属唯婴贤而喜士，士乡之，率师抗山东荥阳。作《魏其武安列传》第四十七。

智足以应近世之变，宽足用得人。作《韩长孺列传》第四十八。

勇于当敌，仁爱士卒，号令不烦，师徒乡之。作《李将军列传》第四十九。

自三代以来，匈奴常为中国患害；欲知强弱之时，设备征讨，作《匈奴列传》第五十。

直曲塞，广河南，破祁连，通西国，靡北胡。作《卫将军骠骑列传》第五十一。

大臣宗室以侈靡相高，唯弘用节衣食为百吏先。作《平津侯列传》第五十二。

汉既平中国，而佗能集杨越以保南藩，纳贡职。作《南越列传》第五十三。

吴之叛逆，瓯人斩濞，葆守封禺为臣。作《东越列传》第五十四。

燕丹散乱辽间，满收其亡民，厥聚海东，以集真藩，葆塞为外臣。作《朝鲜列传》第五十五。

唐蒙使略通夜郎，而邛、笮之君请为内臣受吏。作《西南夷列传》第五十六。

《子虚》之事，《大人》赋说，靡丽多夸，然其指风谏，归于无为。作《司马相如列传》第五十七。

黥布叛逆，子长国之，以填江、淮之南，安剽楚庶民。作《淮南衡山列传》第五十八。

奉法循理之吏，不伐功矜能，百姓无称，亦无过行。作《循吏列传》第五十九。

正衣冠立于朝廷，而群臣莫敢言浮说，长孺矜焉；好荐人，称长者，壮有溉。作《汲郑列传》第六十。

自孔子卒，京师莫崇庠序，唯建元、元狩之间，文辞粲如也。作《儒林列传》第六十一。

民背本多巧，奸轨弄法，善人不能化，唯一切严削为能齐之。作《酷吏列传》第六十二。

汉既通使大夏，而西极远蛮，引领内乡，欲观中国。作《大宛列传》第六十三。

救人于厄，振人不赡，仁者有乎；不既信，不背言，义者有取焉。作《游侠列传》第六十四。

夫事人君能说主耳目，和主颜色，而获亲近，非独色爱，能亦各有所长。作《佞幸列传》第六十五。

不流世俗，不争势利，上下无所疑滞，人莫之害，以道之用。作《滑稽列传》第六十六。

齐、楚、秦、赵为日者，各有俗所用。欲循观其大旨，作《日者列传》第六十七。

三王不同龟，四夷各异卜，然各以决吉凶。略窥其要，作《龟策列传》第六十八。

布衣匹夫之人，不害于政，不妨百姓，取与以时而息财富，智者有采焉。作《货殖列传》第六十九。

维我汉继五帝末流，接三代绝业。周道废，秦拨去古文，焚灭《诗》、《书》，故明堂石室金匮玉版图籍散乱。于是汉兴，萧何次律令，韩信申军法，张苍为章程，叔孙通定礼仪，则文学彬彬稍进，《诗》、《书》往往间出矣。自曹参荐盖公言黄老，而贾生、晁错明申、商，公孙弘以儒显，百年之间，天下遗文古事靡不毕集太史公。太史公仍父子相续纂其职。曰："於戏！余维先人尝掌斯事，显于唐、虞，至于周，复典之，故司马氏世主天官。至于余乎，钦念哉！钦念哉！"罔罗天下放失旧闻，王迹所兴，原始察终，见盛观衰，论考之行事，略推三代，录秦、汉，上记轩辕，下至于兹，著十二本纪，既科条之矣。并时异世，年差不明，作十表。礼乐损益，律历改易，兵权山川鬼神，天人之际，承敝通变，作八书。二十八宿环北辰，三十辐共一毂，运行无穷，辅拂股肱之臣配焉，忠信行道，以奉主上，作三十世家。扶义俶傥，不令己失时，立功名于天下，作七十列传。凡百三十篇，五十二万六千五百字，为《太史公书》。序略，以拾遗补艺，成一家之言，厥协《六经》异传，整齐百家杂语，藏之名山，副在京师，俟后世圣人君子。第七十。

太史公曰：余述历黄帝以来至太初而讫，百三十篇。

附录　史圣颂

史圣故里韩城市建设司马迁文史公园，广场落成，太史公巍巍铜像矗立，征文立碑纪念。中国《史记》研究会会长张大可、理事李永明，文史合璧，应邀共撰《史圣颂》碑文。

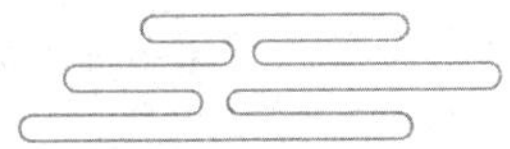

史圣者，司马迁也！史记者，史圣之雄文也！韩城者，史圣之桑梓也！观史圣之才奇，史记之文奇，韩城之气奇，三奇合一，叹为观止也。

史圣者，司马迁，字子长，称太史公，汉夏阳今韩城人也。诞景帝之丙申[1]，与汉武相终始。以史记闻，以风骨奇。十岁诵古文，二十游江淮[2]，讲业齐鲁[3]，问道孔董[4]，观书金匮[5]，考信六艺[6]，斯学殖[7]之奇也。仕为郎中，扈从武帝[8]，奉使西征，设郡置吏[9]，饱览山川壮观，网罗天下遗闻，笼天地之浩气，吐风云而

---

1 诞景帝之丙申：此取王国维说，司马迁生于汉景帝中元五年丙申，即公元前 145 年。

2 二十游江淮：武帝元朔三年，即公元前 126 年，司马迁二十岁，奉父命游历大江南北、讲业齐鲁，过梁楚以归，网罗天下放失旧闻，为修撰《史记》考察社会，储备资料。史称二十壮游，当有数年之久。

3 讲业齐鲁：指司马迁二十壮游，曾到山东齐鲁地区孔子、孟子的故乡去考察民情风俗，研习学问。

4 问道孔董：司马迁壮游归来，在二十二三到二十七岁之间，师从西汉古文学大师孔安国学习古文《尚书》，又师从当时的文学大师董仲舒学习今文学《尚书》。

5 观书金匮：阅览国家图书馆、档案馆的藏书与档案。金匮石室，指坚固、珍藏，为国家图书馆与档案馆之代称。

6 考信六艺：宗仰六经，以之为评判是非之准绳。六艺，即儒家六经：《诗》《书》《礼》《易》《春秋》《乐》。《乐经》亡佚，今存只有五经。

7 学殖：学问增益，学问修养。

8 仕为郎中，扈从武帝：武帝元狩五年，即公元前 118 年，司马迁二十八岁，出仕为郎中。郎中为郎官之一，掌守宫门，皇帝出巡为仪仗警卫。武帝在位，巡游全国各地数十次，司马迁司警卫之职，是为扈从之游。

9 奉使西征，设郡置吏：元鼎六年，即公元前 111 年春正月，司马迁奉命为郎中将监军开拓西南夷，在今云南、贵州以及四川西部置郡有七：犍为、牂柯、越嶲、益州、武都、沈犁、汶山。此为司马迁奉使之游。

成文[1]，斯游历之奇也。蒙冤而身受腐刑，忍辱而发愤著书[2]，效春秋成史记，立令名于天下，生也无悔，死重泰山，斯意志之奇也。忠臣死义之士，辅弼股肱之臣，扶义俶傥之辈，超凡负俗之伦，凡有奇德奇功奇言奇行者，莫不追慕而讴歌，传颂于千秋，斯好尚之奇也。然，斯四奇者，何足道哉！惟高山仰止，景行行止[3]，功追尼父，光争日月[4]，庶几当之。

史记者，天下之奇书也。乃史家之绝唱，无韵之离骚[5]，国学之根柢，

---

1 笼天地之浩气，吐风云而成文：司马迁游览天下，胸襟开阔，胆气豪壮，行文雄峻。苏辙《上枢密韩太尉书》云：“太史公行天下，周览四海名山大川，与燕赵间豪俊交游，故其文疏荡，颇有奇气。此二子者，岂尝执笔学为如此之文哉？其气充乎其中而溢乎其貌，动乎其言而见乎其文，而不自知也。”（《栾城集》卷二二）。

2 蒙冤而身受腐刑，忍辱而发愤著书：腐刑，即宫刑，就是割除生殖器。受此刑法，被视为奇耻大辱，死后不得入祖坟。天汉二年，即公元前 99 年，汉将李陵率五千步兵出征匈奴，遭遇八万匈奴骑兵的围攻，李陵寡不敌众，败降匈奴，司马迁为其申辩。天汉三年，即公元前 98 年，司马迁受李陵案株连，蒙受腐刑，痛不欲生。司马迁为了完成《史记》，隐忍苟活，引古人自况，认为只有那些能够经受得起艰难环境磨炼的人才能做出一番事业来。司马迁效法文王演《周易》、孔子作《春秋》、屈原写《离骚》、左丘明著《国语》、孙膑论《兵法》，终于从个人悲怨中解脱出来，忍辱著书，升华《史记》主题，“贬天子，退诸侯，讨大夫”，留下了宝贵的实录作品。这种精神是值得后人敬仰的。

3 高山仰止，景行行止：这两句诗见《诗经·小雅·车舝》。司马迁在《孔子世家》中引用称赞孔子的道德学问，像高山一样使人瞻仰，像大路一样导人遵循。这里借以称颂司马迁。

4 功追尼父，光争日月：司马迁的成就可与孔子相媲美，光芒与日月同辉。追，相比。尼父，指孔子。孔子名丘，字仲尼。尼父，称其字而尊称。郭沫若诗云：“功业追尼父，千秋太史公。”光争日月，司马迁在《屈原贾生列传》中评价屈原的高尚志节及其《离骚》，“虽与日月争光可也”。这里借以评价司马迁。

5 乃史家之绝唱，无韵之离骚：此乃鲁迅在《汉文学史纲要》中对司马迁《史记》成就的评价。

资治之宝典[1]！溯轩辕，综汉武，包举三千余载，荟萃百三十篇[2]，华夏文明之浓缩，百科全书之大成，斯囊括之奇也。厥协六经异传，整齐百家杂语[3]，开纪传之先河，创五体之仪范，史官必守其法，学人专精其书，斯体制之奇也[4]。其文直，其事核，不虚美，不隐恶，见斥叛道谤书，实乃实录信史[5]，斯史笔之奇也。融风骚之妙，擅古文之长，辞采峻洁，笔力雄健[6]，生与相如交辉[7]，逝后韩柳同崇，斯文采之奇也。究天人之际，通古今之变，熔六家之旨，成一家之言，为后王立法，为人伦立则，颂货殖游侠，重民生

---

1 国学之根柢，资治之宝典：《史记》是一部国学根柢书，它为后王立法，为人伦立准则，是一部治国宝典和人伦道德教科书。根，是树之本；柢，是根中的主根。若把有五千年文明的中华文化，比作一棵参天大树，《史记》就是这棵大树之根之柢，即中华文化之源。在中国文化国学精品中，《史记》是一部百科全书，它生命之树长青，它有取之不尽的思想源泉，养育着一代又一代人的成长，具有极大的凝聚作用。这一特殊的历史价值与地位，奠定了《史记》成为中国人的一部人人必读的国学根柢书。

2 溯轩辕等四句：溯，追溯，上起。综，包举，下讫。《史记》上起黄帝，下讫汉武，贯通三千年历史，全书一百三十篇，计：本纪十二篇、表十篇、书八篇、世家三十篇、列传七十篇。本纪、表、书、世家、列传，合称五体，其中本纪、列传两部分是主干，因此省称纪传体，是司马迁的独创。

3 厥协六经异传，整齐百家杂语：《史记》协调了六经各家的不同解释，整齐了百家互相对抗的异论。这两句是司马迁包容和吸收了六经以及百家学说而自成一家之言。

4 开纪传之先河等句：是对《史记》体制五体创造的评价，涵盖了宋人郑樵和清人赵翼的评价。郑樵曰：“《史记》使百代而下，史官不能易其法，学者不能舍其书，六经之后，惟有此作。”（《通志·总序》）。赵翼曰：“司马迁参酌古今，发凡起例，创为全史。……自此例一定，历代作史者遂不能出其范围。”

5 见斥叛道谤书，实乃实录信史：班固、扬雄、刘向、刘知几等历史学、哲学大家都盛赞《史记》为实录信史，“其文直，其事核，不虚美，不隐恶”。东汉末王允斥责《史记》为谤书，为其滥杀蔡邕找借口。

6 辞采峻洁，笔力雄健：唐代大文学家韩愈、柳宗元发起古文运动，以《史记》为旗帜，叙事用散文，反对骈体文。韩愈论《史记》雄健，柳宗元称《史记》峻洁。

7 生与相如交辉：汉代文章两司马，指散文司马迁与汉赋司马相如两人齐名，共为一代文宗。此出自班固在《公孙弘卜式儿宽传》中的赞语，曰：“文章则司马迁、相如。”

平准[1]，六经之后，唯有此书，斯思想之奇也。然，斯五奇者，形之奇耳。至若神之奇也，浩如太空，质如金刚，仰之弥高，钻之弥坚[2]，岂可尽道哉！

韩城者，天下之奇地也。西枕梁山，东临长河，北倚禹门，南襟韩原，群山环抱而茂树生，众水汇流而膏壤厚，斯山川之奇也。当秦晋之咽喉，扼东西之要津，霸者必图，兵家必争[3]，鼓鸣震于八荒，烽火烛于天际，斯形胜之奇也。地本夏后之墟[4]，民资椒粱[5]之利，承周秦之遗风，薰三晋之殊俗，秉子夏之教[6]，传洙泗之学，诗礼风行，俊彦辈出，斯风教之奇也。今观夫韩城，雄豪之气弥漫乎山川，雅尚之风充盈乎士庶，史圣化成于斯，必也。

嗟乎！二〇一六年，巧逢丙申[7]，令属三秋，陕西韩城司马迁祠文化广

---

1 为后王立法等句：杨向奎在《司马迁的历史哲学》（《中国史研究》1979 年第 1 期）一文中说，司马迁思想的亮点为两颂两立。两颂，一颂货殖，二颂游侠；两立，一为后王立法，二为人伦立则。两颂两立为这几句的主旨精神。碑文改“为后王立法”为“为天地立心”，用张载语，突显了哲理化而失真，还是不改为好，故此复原。

2 仰之弥高，钻之弥坚：语出《论语·子罕篇》，颜渊称赞孔子的学问：“越抬头看，越觉得高；越用力钻研，越觉得深。”这里借以赞颂司马迁。

3 霸者必图，兵家必争：韩城坐落在河西狭长川原地带韩原的北端。韩原西枕梁山，东带黄河，南有少梁渡，北有禹门津，是关中的北门，亦是山、陕交通的咽喉要道，故在古代列国纷争或群雄割据中，这里是兵家必争的形胜要地。公元前 645 年，秦晋韩原大战，秦虏晋惠公。公元前 205 年，汉将韩信以木罂渡少梁而擒魏王豹。公元 618 年，唐高祖起兵太原，南下渡龙门而取关中，奠定了唐室基业。公元 1126 年，金将娄室越龙门冰桥取陕西。公元 1644 年，李自成从陕西出龙门直捣北京，推翻了明朝。在司马迁诞生之前的春秋战国时期，晋取少梁而兴，魏失河西而衰，秦晋、秦魏在这里进行了长期的拉锯战。《史记》记载的大战役就有六次。

4 地本夏后之墟：夏墟，夏朝兴起的遗址。夏朝文化遗存在河东。韩原在河西，位于梁山之东，黄河之西，故秦魏争强，魏失河西少梁，称新都为大梁，秦则更名少梁为夏阳，意为夏墟之阳，其悠久文化盖过大梁。汉置县。

5 椒粱：花椒、高粱。用以指代韩城自古农业发达，物产丰富。韩城大红袍花椒闻名全国。

6 秉子夏之教：韩城文化悠久源长。《史记·仲尼弟子列传》记载：“孔子既没，子夏居西河教授，为魏文侯师。”

7 巧逢丙申：公元2016年，即中国农历丙申年，司马迁祠文化广场告成，立《史圣颂》碑文纪念，恰值司马迁生年，汉景帝中元五年丙申六十甲子年第三十六轮起始之年。“巧逢丙申”指此，仿佛冥冥中有必然。

场告成。司马坡下，芝水河滨，文风郁郁，气象蒸蒸。史圣之风采重光，鸿著之精深弥显。低徊吟咏，遐思翩翩，遂乃纵目长河，击节长歌，曰：

史圣之奇兮，国之素王。与孔子同圣，与日月齐光。

史记之奇兮，国之华章。如苍穹之浩，如瀚海之洋。

韩城之奇兮，国之灵壤。山远横兮昂昂[1]，水长流兮镗镗[2]。

中国《史记》研究会张大可、李永明同撰

公元二〇一六年岁次丙申九月谷旦立

【点评】

《史圣颂》文体，骈散相间，议叙结合，布局仿八股文起承转合应接，内容以人奇、书奇、地奇展开，共有十三奇，囊括古今文史哲大家的评论。上起《司马迁传》作者，下讫《史圣颂》笔者，两千年间班固、刘向、扬雄、刘知几、韩愈、柳宗元、苏辙、郑樵、赵翼、王国维、鲁迅、郭沫若、杨向奎等人的评价精言妙语，悉数采入，融会贯通，以“史圣”定位终篇。《史圣颂》是自古迄今对司马迁最全面最崇高的评价，无一字无来历，无一事无出处。“史圣”二字是首次使用，东圣孔子，西圣司马迁，二圣并立，依据有三：《太史公自序》，太史公自喻孔子，效《春秋》作《史记》；汉代扬雄以“奇”与“义”二字并提司马迁与孔子，《法言·君子篇》：“仲尼多爱，爱义也；子长多爱，爱奇也”；晚近文史大家郭沫若有诗赞曰：“功业追尼父，千秋太史公。”

1 昂昂：摹写山势之态，气宇轩昂，显现无限的灵动与生机。

2 镗镗：形容龙门湍急的流水，发出金属般的声响，比流水泱泱更为浩大壮观。